Johannes Klaus (Hg.)

THE TRAVEL EPISODES

Johannes Klaus (Hg.)

THE TRAVEL EPISODES

Geschichten von
Fernweh und Freiheit

Mit 24 Seiten Farbbildteil,
34 Schwarz-Weiß-Fotos
und zwei Karten

www.cpibooks.de/klimaneutral

Mehr über unsere Autoren und Bücher:
www.malik.de

Das Zitat von S. 5 stammt aus dem Song »Traveling On« von Dylan Kongos.

Bibliografische Information der Deutschen Nationalbibliothek
Die Deutsche Nationalbibliothek verzeichnet diese Publikation in der
Deutschen Nationalbibliografie; detaillierte bibliografische Daten
sind im Internet über http://dnb.d-nb.de abrufbar.

MALIK NATIONAL GEOGRAPHIC

Originalausgabe
1. Auflage Januar 2016
3. Auflage Juli 2016
© Piper Verlag GmbH, München / Berlin 2016
Umschlaggestaltung: Johannes Klaus
Umschlagfotos: Johannes Klaus, Aylin Berktas (vorne); Johannes Klaus (hinten);
Marianna Hillmer (Autorenfoto); Ken Schluchtmann (Klappe hinten)
Karten: Johannes Klaus
Satz: Fotosatz Amann, Memmingen
Gesetzt aus der Utopia
Litho: Lorenz & Zeller, Inning a.A.
Papier: Munken Premium Cream von Arctic Paper Munkedals AB, Schweden
Druck und Bindung: CPI books GmbH, Leck
Printed in Germany   ISBN 978-3-492-40592-8

So long my friend, my foe, my love, my pain
The road's calling out my name
Dreaming of La Boheme
Maybe I'll go to Barbizon
Or see a girl before she catches cold and she's gone
Or maybe I'll just travel on
…
So long my flame, my warmth, my fear, my fight
The road's calling again tonight
Maybe I'll catch a train to Rome
See the world until I can't go on
…
Maybe I'll go it all alone
See the world and make my way back home
Or maybe I'll keep traveling on

Dylan Kongos

Nördliche Hemisphäre

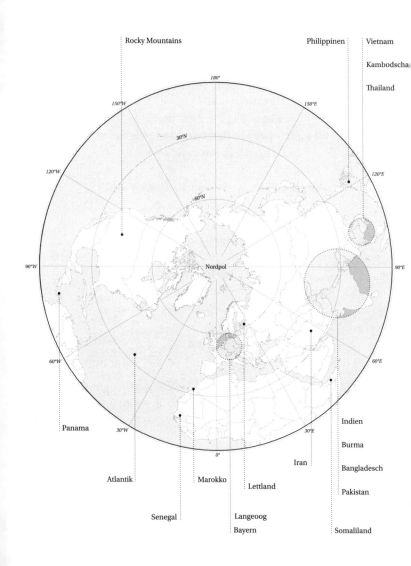

Südliche Hemisphäre

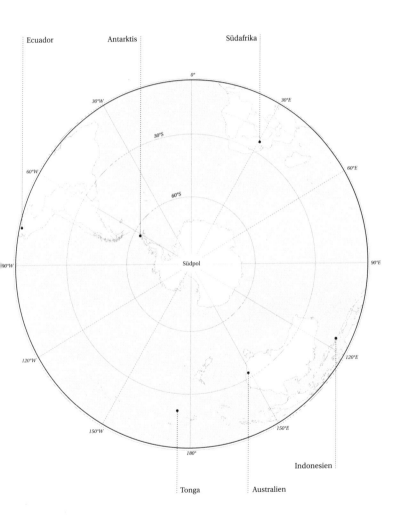

Vorwort von Helge Timmerberg **12**

Vorwort von Johannes Klaus **14**

Teil I
ABWEGIGE LANDPARTIEN

Somaliland – Burma – Senegal – Pakistan – Vietnam – Antarktis
Philippinen – Marokko – Lettland – Europa und Asien

WELCOME TO SOMALIA
von Johannes Klaus **16**

ROAD TO MANDALAY
von Martin Schacht **38**

WEIT WEG, SO NAH
von Markus Steiner **53**

PER ANHALTER DURCH PAKISTAN
von Morten Hübbe & Rochssare Neromand-Soma **58**

LOST IN VIETNAM
von Philipp Laage **88**

HAPPY ANTARCTICA
von Dirk Lehmann **105**

ICH, DIE LIEBE UND ANDERE KATASTROPHEN
von Marco Buch **121**

VON UNGLEICHER GLEICHHEIT
von Lena Kuhlmann **139**

IRGENDWO DA OBEN
von Felicia Englmann **144**

AUF DER STRASSE DES LEBENS
von Jennifer und Peter Glas **161**

Teil II

GEWAGTE UNTERFANGEN

Bangladesch – Atlantik – Indien – Thailand – Colorado – Tonga
Oberbayern – Indonesien – Iran – Ecuador

LEBEN UND STERBEN IM REICH DER TIGER
von Marianna Hillmer 182

DAS ERSTE MAL RICHTIG DIE HOSEN VOLL
von Pia Röder 200

LIEBES INDIEN,
von Jennifer und Peter Glas 205

LOST IN TRANSIT(ION)
von Oleander Auffarth 211

ROCKY MOUNTAIN HIGH
von Dirk Rohrbach 217

FAST KUNST
von Pia Röder 231

OLYMPIA BAVARIA
von Karin Lochner 235

SURFING BALI
von Gesa Neitzel 244

COUCHSURFING BEI DEN MULLAHS
von Stephan Orth 250

OHNE GELD IN ECUADOR
von Ariane Kovac 260

Teil III
INNERE STIMMEN

Berlin – Heimkehr – Ostfriesische Inseln – Kambodscha – Südafrika
Selbstfindung – Vietnam – Australien – Panama – Weltreise

FERNWEH – EIN KRANKHEITSBILD
von Gesa Neitzel 268

DAS ENDE EINER REISE
von Aylin Berktas und Stefan Krieger 271

MEIN LIEBESBRIEF AN LANGEOOG
von Johanna Stöckl 285

ANDACHT IN RUINEN
von Oleander Auffarth 298

THE BIG FIVE
von Johannes Klaus 309

MEINE WICHTIGSTE ERKENNTNIS ÜBER DAS REISEN
von Philipp Laage 318

DIE ENTDECKUNG DES WARTENS
von Markus Steiner 323

DAS BLUMENMÄDCHEN
von Gesa Neitzel 326

ICH GLAUBE, ICH WOHNE HIER
von Lena Kuhlmann 330

20 ERKENNTNISSE AUS VIER JAHREN REISE
von Florian Blümm 334

Die Autoren 344

Bildnachweis 348

Vorwort

von Helge Timmerberg

Augenblicklich ist es so, dass ich lieber heute losfahren würde als morgen. Und lieber morgen als übermorgen. Das Reisefieber kommt wie ein Malariaschub daher. Eigentlich dachte ich, es sei überstanden, aber der Mensch denkt und Gott lenkt, über die endlose Straße.

Ist Reisen eine Religion? Die Bewusstseinserweiterung durch Kulturschocks spricht für diese These. Das Comeback des Augenblicks auch. Der Abschied von der Routine. Witzigerweise beginnt die Reise erst, wenn sie nicht mehr mit unseren Plänen synchron verläuft. Wenn Busse nicht fahren, Aufenthaltsgenehmigungen nicht erteilt werden, Geld geklaut wird. Ohne die Unberechenbarkeit wäre eine Reise so fad wie das Alltagsleben. Abenteuer! Das magische Wort. Noch stärker als die Liebe. Was wäre die Liebe ohne das Abenteuer? Aber Abenteuer ohne Liebe geht durchaus. Auch ohne Geld. Ohne Drogen. Ohne Smartphone. Ohne Diäten.

Ist Reisen das wahre Leben? Es sieht so aus. Und ich will wieder raus. Ich schau aus dem Fenster und meine Seele fliegt schon mal vor. Morgen werde ich den Wagen in die Werkstatt bringen. Zum Checken, zum Ölwechseln, zum Einstimmen. Und zum Zahnarzt muss ich auch. Außerdem brauche ich einen neuen Pass. Der alte läuft in einem halben Jahr ab. Tolle Vision! Ein neuer Pass, frei für die Stempel der nächsten Dekade.

Ist Reisen eine Droge? Das Opium fürs fahrende Volk? Der Suchtfaktor ist gegeben. Der ständige Wechsel von Ankunft und Abschied, das routinierte Balancieren am Abgrund, der Adrenalinregen, der Reiz der halb koscheren Gegenden, all das sind Stimmungsaufheller, die schmerzhaft fehlen, wenn man wieder zu Hause ist.

Wie bei jeder Art von Drogensucht will man hin und wieder mal clean werden. Ich habe es eine Zeit lang versucht. Und dabei Folgendes festgestellt: Sesshaftigkeit hat mit Erwachsenwerden nichts zu tun, wenn man ein Nomade ist.

Und was ist mit der Mission? Jede Reise braucht eine. Die Aufgabe, die Suche, der heilige Gral. Was will ich finden? Das Leben oder den Tod? Wissen oder Wahn? Die Gebenden oder die Nehmenden? Oder will ich einfach nur los? Zurück auf die staubige Straße, um an staubigen Tankstellen ein staubiges Bier zu trinken. Mit dem Rock 'n' Roll der Reise.

Like a Rolling Stone.

Vorwort

von Johannes Klaus

Wir gehen hinaus. Um zu staunen, zu leiden und zu lachen. Um von der Sonne angemalt und vom Wind zerzaust zu werden. Um das Leben zu spüren. Jeden Tag auf eine neue, überraschende Weise.

Die Geschichten in diesem Buch erzählen davon. Von den großen Abenteuern in selten bereisten Ländern wie Pakistan, Somalia, Bangladesch. Es wird deutlich, warum sie kaum besucht werden – aber auch, weshalb sich eine Reise dorthin lohnt. Von den Begegnungen, die unsere vorgefertigten Ideen zersetzen und durch echte Erkenntnisse ersetzen, in Australien, Indien, auch mitten in Deutschland. Von verrückten Husarenstücken in Ecuador, Thailand, Bali, den Ängsten dabei und der Ekstase, die man nur dann erlebt, wenn man etwas Besonderes wagt.

So manche Reise verläuft anders, als wir es uns ausgemalt haben. Und was wir erleben, zeigt oftmals mehr über uns selbst als über die Orte, die wir bereisen. Auch das ist eine der vielen Erkenntnisse, die in diesem Buch beschrieben werden. Doch all das auszuhalten, die Pannen, unerfüllten Erwartungen und einsamen Momente, lohnt sich immer. Tagträume werden durch echte Erlebnisse ersetzt, Stille schafft Tiefe für persönliche Entfaltung, und aus den doofsten Missgeschicken dichten wir die besten Geschichten (und flunkern nur ganz wenig).

Ich danke den Autoren dafür, dass sie mit ihren fantastischen Erlebnissen dieses Buch bereichern. Den Mitarbeitern des Verlages danke ich für ihre Geduld und die erstaunliche Begabung, tolle Bücher zu machen, insbesondere Katharina und Bettina.

Und dir, liebe Leserin, lieber Leser, wünsche ich all die Erlebnisse, die du in diesem Buch findest, irgendwann in echt: zum Fremden werden. Die Euphorie der Freiheit spüren. Und die Stiche des Fernwehs, die dich immer wieder hinaustreiben. Vielleicht bis bald, irgendwo!

TEIL I

ABWEGIGE LANDPARTIEN

Somaliland

WELCOME TO SOMALIA

Somaliland. Ein aussichtsloser Ort, so scheint es, von dem wenigen, was man hört. Zwei Freunde machen sich auf eine Reise in ein Land, das es offiziell gar nicht gibt.

Von Johannes Klaus

»Ist das Haschisch?«, fragt mich der somalische Grenzbeamte, als ich auf meinen Pass warte und mir dabei eine Zigarette drehe.

»Oh ... nein! Nur Tabak!«, entgegne ich vorsichtig.

»Wie schade ...«, murmelt der Mann enttäuscht. In seiner linken Backe zeichnet sich deutlich ein Klumpen der berauschenden Khat-Blätter ab, den er jetzt auf die rechte Mundseite schiebt. Er wendet sich wieder dem Bündel Zweige zu, die neben ihm liegen, und zupft ein paar junge Blätter ab. Ich lache erleichtert.

»Anyway, guys ... welcome to Somalia!«

Wajaale ist ein kleiner, staubiger Grenzübergang. Kleine Häuser und Baracken säumen die steinige Straße, die Äthiopien mit Somalia verbindet. Bunt bemalte Trucks stehen am Rand und warten darauf, die Grenze überqueren zu dürfen oder mit Baumaterial, Lebensmitteln und allerlei anderen Handelsgütern beladen zu werden. Im Schatten unter den Lastwagen kauen Ziegen auf gammligen Melonenschalen herum, die Sonne brennt herzlos vom unbewölkten Himmel.

Das Ende der Welt, so muss es aussehen, denke ich, als ich über die Brücke laufe, die ein ausgetrocknetes Flussbett überspannt. Dies ist das Niemandsland zwischen zwei armen Staaten, doch es ist voll: voll mit dem Plastikmüll der Menschen, die auf beiden Seiten der Grenze leben. Niemand kümmert sich darum. Quer über der Straße hängt eine Schnur.

Ich hebe sie an – und bin in Somalia.

Die politische Situation ist hier durchaus verwirrend. Während der Kolonialzeit war Somalia zweigeteilt: Das Gebiet im Süden, von Italien beherrscht mit Mogadischu als Hauptstadt, bildete das sogenannte Italienisch-Somaliland. Im weitaus kleineren Nordteil, an der Grenze zu Äthiopien, etablierten sich die Briten und machten Hargeisa zu ihrem Hauptsitz. 1960 wurden beide Teile Somalias unabhängig, und vereinbarten nach kurzer Zeit, sich zu einem vereinigten Somalia zusammenzuschließen.

Neun Jahre später putschte sich der Offizier Siad Barre an die Macht und errichtete ein Regime, das sich stark an der Sowjetunion orientierte – und von dort auch unterstützt wurde.

In den 1980er-Jahren schwand der Rückhalt der Regierung Barres in der Bevölkerung. Das Regime verfolgte die Opposition immer stärker. 1991 stürzten Rebellengruppen den diktatorischen Machthaber.

Das Land zerfiel in viele umkämpfte Gebiete. Der nördliche Teil erklärte sich als Somaliland vom Rest Somalias unabhängig. Der Konflikt zwischen Nord und Süd hatte jedoch die beiden größten Städte Somalilands bereits fast völlig zerstört. Als nach fünf Jahren Krieg in Somaliland Frieden einkehrte, wurde der Rest Somalias weiter von Terror und Krieg gebeutelt.

Heute freut sich der Somaliländer über ein stabiles Regierungs- und Rechtssystem, ziemlich beständigen Frieden und ein abgeschossenes Kampfflugzeug, welches an einer Kreuzung der sandigen Hauptstadt Hargeisa als Denkmal aufgestellt wurde. Einen Wermutstropfen gibt es: Kein Land der Welt erkennt Somaliland als unabhängigen Staat an, völkerrechtlich bleibt es ein Teil Somalias. Dafür mag es einige Gründe geben, zum Beispiel die Angst vor Nachahmern in den anderen, von ehemaligen Kolonialmächten willkürlich zusammengefügten Staaten Afrikas. Oder die Hoffnung, dass die spröde Stabilität auf die anderen Teile Somalias ausstrahlen könnte. Oder vielleicht, dass in Somaliland keine interessanten Rohstoffe zu erbeuten sind.

Wie dem auch sei – die Menschen Somalilands haben dadurch viele Nachteile. Seien es staatliche Entwicklungshilfen, Kredite, Versicherungsbeiträge oder Tourismus: Es ist die ungünstigste mögliche Situation, offiziell zwar ein Teil Somalias zu sein, de facto aber von allen Zahlungen an Somalia abgeschnitten zu sein. Ohne die Aufmerksamkeit, die man als Mitglied der Vereinten Nationen bekommt, wird sich Somaliland nicht weiterentwickeln können.

Ich bin in dieser vergessenen Gegend nicht allein unterwegs. Alex der Schwede begleitet mich. Wir haben uns in Montenegro kennengelernt, als die Verkäuferin eines Minimarktes uns verwechselte, obwohl wir uns nicht im Entferntesten ähnlich sehen. Wir wurden beste Freunde.

> Zusammen abgelegene Gegenden zu erkunden – darin sind wir ein gutes Team.

Wir starten unsere Reise in Äthiopien, in Wajaale gehen wir über die Grenze. Für Reisende stehen einige fünfsitzige Toyota Kombis aus den 1970er- und 1980er-Jahren bereit, sie sind das übliche Transportmittel in Somaliland. Hier und da liegen einige Menschen im Schatten von kleinen Häusern und alten Bäumen, etwas weiter entfernt stehen ein paar Männer bei ihren Autos und winken uns. Wir schwingen unsere Rucksäcke auf den Rücken und stolpern über den staubig-steinigen Platz zu ihnen. Der alte, fast zahnlose Mann lächelt freundlich, als er und seine Frau im Kofferraum zusammenrücken, um für uns Platz zu machen.

Mit uns wird das Taxi komplett: Zwölf Personen werden auf fünf Sitzen und in den Kofferraum gequetscht, genießen so die nächsten Stunden feuchtheiße Körperwärme, während wir von der Grenzstation in Richtung Hargeisa rumpeln.

Doch nicht so schnell, mein Freund! Wir warten noch unmotiviert eine halbe Stunde lang auf – nichts. Dann, als unsere Hoffnung fast versiegt ist, setzen wir uns in Bewegung. Leider nur für etwa zwei Minuten, denn jetzt wird getankt, der Reifendruck angepasst und noch ein Schwätzchen gehalten. Nun endlich geht es los, und wie! Der junge Fahrer will uns offensichtlich beweisen, dass er die Rallye Paris-Dakar mit links und Kippe im Mundwinkel gewinnen würde. Ich jedenfalls glaube das aus vollem Herzen.

Unser Sitznachbar, der ältere Somali, hat offensichtlich Mitleid mit mir. Ich bin wohl etwas weiß im Gesicht. Er reicht mir ein paar Zweige mit Khat-Blättern und ermuntert mich sanft und nachdrücklich, es ihm gleichzutun. Khat? Diesen Busch kenne ich schon aus Äthiopien, wo auch die größten Anbaugebiete sind. Die jungen Zweige werden abgeschnitten und in Bündeln verkauft. Im Jemen, in Äthiopien und Somalia ist dies für Männer die Droge der Wahl – der Saft der Blätter wird über die Mundschleimhaut aufgenommen und hat eine Wirkung, die sich wohl am ehesten mit dem Genuss von Marihuana vergleichen lässt. Das hatte ich zumindest gehört.

Ich zupfe ein paar der Blätter ab und kaue gespannt darauf herum. Wie es schmeckt, fragt sich der wissbegierige Leser? Ich schiebe den Blätterbrei von einer Wange in die andere und differenziere die Nuancen: rotfruchtige Aromen im Spiel mit floralen Anklängen, Noten von Mokka und einem Hauch Vanille, ausgewogen und saftig am Gaumen, würziger Abgang ... Ach Quatsch: Es schmeckt, als ob man im Wald ein paar saftige Birkenzweige abknabberte oder sich an einem Haselbusch verginge. Nicht gut. Grünblättrig. (Nicht, dass ich das regelmäßig tun würde, das Blätterknabbern im heimischen Mittelgebirge.) Doch zurück zum Geschmack. Ebendiesen nehme ich alsbald nämlich nicht mehr wahr, denn mein Mundraum wird taub, als stünde ich kurz vor der Wurzelbehandlung beim Zahnarzt. Weil ich nichts anderes in diesem engen Kofferraum zu tun habe, kaue ich weiter.

Plötzlich stoppen wir. Ein paar Häuser stehen entlang der Straße, der Fahrer möchte Mittagspause machen. Es kann nicht mehr weit bis zum Ziel sein, aber das interessiert offenbar niemanden. Der Fahrer von einem Taxi, Bus, Truck oder sonst irgendeinem motorisierten Fahrzeug (jedes Gefährt ist hier in der Lage, Menschen zu befördern) hat in Ostafrika die absolute Macht. Egal, was er tut, fast nie hört man ein Widerwort der Passagiere. Geduldig und folgsam wie Untertanen ertragen sie jede seiner Launen. Ein Transportmittel zu fahren ist echte Macht.

Vorsichtig nähere ich mich dem Imbiss, es gibt Spaghetti und ein paar Stücke Hammel, die in einer braunen Sauce vor sich hin köcheln. Neben dem Topf mit dem Fleisch hängt der Rest des Tieres in der

Sonne, ein Schwarm schwarzer Fliegen findet das durchaus lecker. Ich nicht so sehr.

Trotzdem lasse ich mir eine Portion auftun, denn ich habe wirklich Hunger! Auch eine Gabel wird mir gegeben, obwohl die anderen Gäste ausschließlich die Hände benutzen. Ein paar Tische stehen im Schatten des Vordaches, auf einem der Plastikstühle nehme ich Platz. Vorsichtig schabe ich ein Stück des Fleisches ab und rieche daran. Oha. Ich beschränke mich auf die Nudeln.

Kurz nachdem wir wieder losgefahren sind, erreichen wir die ersten Vororte der Hauptstadt. An einem kleinen Platz voller Autos, Busse, Tiere und kleinen Marktständen werden wir kommentarlos herausgelassen – ohne jeden Schimmer, wo wir uns befinden. Das ist eine ziemlich blöde Situation, denn die Verhandlungslage um einen Taxipreis ist damit katastrophal. In Situationen wie dieser entferne ich mich erst einmal etwas von dem Trubel und versuche, mich zu orientieren.

Leider war der Genuss der Khat-Blätter nicht sehr zuträglich, um geistige Höchstleistungen zu vollbringen. Trotzdem gelingt es uns, durch reges Herumfragen eine wage Andeutung zu bekommen, in welche Richtung wir uns weiterbewegen sollen.

Und so stapfen wir los. Immer tiefer hinein in die Hauptstadt eines Landes, das es nicht gibt.

Eine Hauptstadt, oder so ähnlich

Was die Studentin Amina über die Gleichberechtigung von Frauen denkt. Und wieso der Dekan glücklich ist.

Das »Oriental Hotel« ist eine Institution. Nicht mehr und nicht weniger. Schon zu Kolonialzeiten war es auf den britischen Karten verzeichnet und ruht noch immer in sich, unaufgeregt, wie es sich ziemt für ein ehrwürdiges Haus mit Geschichte.

Natürlich haben sich die Zeiten geändert, es gibt heute teurere und größere Hotels als das »Oriental« in Hargeisa, doch keines liegt so zentral und ist gleichzeitig so günstig. Fünfzehn Dollar kostet ein Zimmer – natürlich ohne Klimaanlage, aber dafür mit dem Fenster zur Straße. Und da ist so einiges los.

Die Geldwechsler etwa sind ein erstaunlicher Anblick: Bündel über Bündel liegen die Somaliland-Shilling-Scheine vor ihnen, aufgetürmt zu dicken Mäuerchen! Die gebräuchlichsten sind die 500-Shilling-Scheine, und auch wenn ein solcher nicht mal acht Eurocent wert ist, sind es für hiesige Verhältnisse doch enorme Mengen Geld, die hier auf der Straße liegen. Hinter den Geldmauern fläzen sich die Wechsler auf kleinen Teppichen, dösen im Schatten von Sonnenschirmen oder palavern mit ihren Freunden. Natürlich wird auch eifrig Khat gekaut.

Einhundert US-Dollar möchte ich wechseln.

Fast zweitausend Scheine bekomme ich für meinen einzigen – das ist ein beeindruckender Stapel Geld! Selbstverständlich liegt eine Plastiktüte bereit, in der ich meinen neuen Reichtum ins Hotel tragen kann. Ich frage den Wechsler, ob er keine Angst um sein Geld hat, hier so mitten auf der Straße. »No!«, lacht er. »Here everything's safe.« Er sieht überzeugt aus.

Einige Frauen laufen vorbei, bepackt mit Tüten voller Einkäufe. Sie haben nach muslimischer Tradition alle ihr Haar bedeckt, und man sieht bis auf Hände und Gesicht keine Haut. Manche sind mit bunten Burkas bekleidet, andere tragen ein Kopftuch.

Ein paar Meter weiter schreit ein Mann. Bewaffnet mit einem furchterregenden Schwert, fuchtelt er wild herum, während er lautstark den allerneuesten Dschihad verkündet. Ich halte lieber etwas Abstand. Vielleicht findet er aber auch nur seine Wassermelonen besonders toll, die ihm zu Füßen liegen, wer weiß.

Am nächsten Stand gibt es getragene Schuhe, die säuberlich auf einer Plastikplane aufgereiht sind. Ein Junge justiert liebevoll nach. Mir fällt sofort ein besonders schönes Paar auf, ich verlangsame meine Schritte.

Heute noch rätsle ich in schlaflosen Nächten, wie Plateausohlen mit neongrünem Kunstfellbesatz nach Somaliland gelangen konnten.

Wie es sich für eine fast echte Hauptstadt gehört, gibt es auch allerhand Verkehr. Eselskarren überall, die Tiere bleiben vollkommen unbeeindruckt vom Gehupe der Minibusse asiatischer Produktion, die ihre Sammeltaxitouren drehen.

Leider weiß ich nicht, wer die großartige Idee hatte, hier ein Zeichen echter Zivilisierung zu installieren, aber er muss auf jeden Fall ein Idealist gewesen sein! An einer Kreuzung der zentral gelegenen Independence Avenue wurde Somalilands erste Ampel aufgestellt. Es überrascht vielleicht nicht, dass wir sie fern jeder Funktionstüchtigkeit vorgefunden haben, so fern davon, wie eine Ampel nur sein kann. Die Idee hat zugegebenermaßen aber Charme ...

Immer mehr Menschen ziehen in die größte Stadt Somalilands. Schätzungen zufolge sind es schon zwei oder drei Millionen, die in der Hauptstadt ihr Glück suchen. Und so breitet es sich stetig weiter über die trockenen Hügel des Umlands aus, das Meer aus Hütten und Häusern. Zu schwer ist das Leben als Nomade, zu verlockend die vermeintlichen Möglichkeiten in der Stadt. Eine der besten davon ist eine höhere Bildung.

Auf gut Glück nehmen Alex und ich ein Taxi zur Universität, die etwas außerhalb auf einem Hügel liegt. Wir hoffen, uns dort mit ein paar Studenten unterhalten zu können, um mehr über das Leben in Somaliland zu erfahren. Es sind Semesterferien, und nur wenige Studenten sitzen in der Bibliothek. Die meisten vor ein paar Computern, wo sie sich auf Facebook rumtreiben. Einer bemüht die Google-Bildersuche, ihm ein paar Tittenbilder zu zeigen, und öffnet hektisch ein Word-Dokument, als er uns bemerkt. Zu doof, dass der Computer nicht mehr zu den schnellsten zählt.

Wir treffen eine Betriebswirtschaftsstudentin, Amina. Sie trägt ein blaues Kopftuch, hat ein weiches Gesicht und große, strahlende Augen. Amina hat nichts dagegen, sich mit uns zu unterhalten, und das ist ein großes Glück, denn Frauen sind uns bisher aus dem Weg gegangen. Alex fragt sie nach ihren Wünschen für die Zukunft.

»Ich möchte zehn Kinder haben und, wenn ich fertig studiert habe, für die UN arbeiten«, sagt sie in gebrochenem Englisch. »Zehn Kinder?«, hakt Alex ungläubig nach. »Ja!«, lacht sie. »Wisst ihr, in Somalia sagt man: Kinder sind die Schönheit unseres Landes.«

»Wie ist das hier als Frau? Dürft ihr denn Jungs treffen?«

»Ich darf überall mitmachen – aber es ist nicht so üblich, dass man Zeit miteinander verbringt. Man darf sich auf keinen Fall berühren, also keine Hände schütteln oder gar zur Begrüßung küssen. Aber sonst darf ich alles, es ist alles gut.«

Eine etwas ältere Studentin, Zahka, gesellt sich dazu. Sie studiert Ernährungswissenschaften, ist mit einem Arzt verheiratet und hat bereits ein Kind. Bald wird sie ihren Abschluss machen. Sie hat andere Vorstellungen und möchte höchstens noch ein oder zwei Kinder bekommen. Sie erzählt, dass es immer mehr Studentinnen gibt.

»Früher haben die Leute gesagt: Frauen sollen bitte schön in der Küche und im Haushalt studieren. Doch das ändert sich jetzt, und Mädchen wollen auch an die Universität und danach arbeiten. Aber«, fügt sie hinzu, »es gibt noch viel, was sich ändern muss in den Köpfen.« Sie klopft mit ihrer Hand bei jedem ihrer letzten Worte bekräftigend auf den Holztisch.

Als wir auf dem Weg aus der Bibliothek sind, kommt uns ein weißhaariger, rasierter Mann entgegen, der uns anstrahlt. »Hallo! Ich bin der Dean!« Er ist der Dekan der medizinischen Fakultät und wird von allen nur Dean genannt – seinen richtigen Namen erfahren wir nie. Er führt uns in sein Büro. Die Wände sind blassrosa gestrichen, ein Skelett steht in der Ecke, daneben ein alter Computer. Überall liegen Bücher herum. Als er erfährt, dass ich Deutscher bin, sprudelt es begeistert aus ihm heraus: »Ich war auch in Deutschland, in der DDR, ein Jahr lang! Ein tolles Land, ich habe so viel gesehen: Schwerin, Dresden, Leipzig, Halle ... Aber ich habe keinen Kontakt mehr, leider.«

Er zeigt uns stolz seine kleine Fakultätsbibliothek. Er wirkt wie ein Mensch, der viel erlebt und gesehen hat und dabei eine positive Einstellung zum Leben behalten hat. Ich möchte mehr wissen.

»Was ist Ihnen wichtig im Leben?«

»Es gibt mehrere Dinge. Um glücklich zu sein, ist vor allem eines wesentlich: Bescheidenheit. Das ist ganz entscheidend! Und: Ich möchte immer weiter lernen, denn die Welt ist so spannend!« Dabei strahlt er. »Schauen Sie mal: Ich bin seit vielen Jahren Professor, und trotzdem besitze ich kein Haus – ich zahle Miete! Ich bin mir ganz sicher, dass Geld nicht glücklich macht. Was mich glücklich macht, ist, dass ich keinen Hass in meinem Herzen habe, und keine Gier. Das ist das Wichtigste!«

Das ist das Wichtigste: Kein Hass, keine Gier. Der Dean hat mich beeindruckt, weil nicht nur seine Worte weise waren, sein ganzes Wesen hat dies ausgestrahlt. Er ist mir ein Vorbild, die Dinge zu verfolgen, die mich begeistern, immer wieder aufs Neue. Um Ideen zu ringen, nicht um Wohlstand, Inhalten einen höheren Wert beizumessen als Materiellem. Mich nicht mit anderen zu vergleichen. Und bei allem ein wohlwollendes Herz zu behalten.

Las Geel

Wie wir große Kunst in der Wüste finden.
Und die somalischen Frauen im Kofferraum letztendlich
doch Alex' gute Laune trüben werden.

Am nächsten Tag verlassen wir Hargeisa. Auf der Straße nach Berbera, nur etwa fünfzig Kilometer nordöstlich, kommen wir zu einer Abzweigung. Eine steinige Piste führt nach Las Geel. Hier sollen wir eine der Hauptattraktionen von Somaliland finden. Man munkelt, dass sie schon längst von der UNESCO geschützt worden wäre, wenn die politische Situation dies zulassen würde. »Las Geel bedeutet eigentlich Kamelwasser«, erklärt uns der Fahrer, während er mit der Linken das Auto um die größten Steine herumsteuert und mit der Rechten ein paar Blätter Khat in den Mund befördert. »Früher war hier wohl eine Wasserstelle, wo die Herden getränkt wurden.«

Davon ist nichts mehr zu sehen, als das Auto scheppernd vor ein paar Felshügeln zum Stehen kommt. Ein sandiges, ausgetrocknetes Flussbett zeugt davon, dass hier in der Regenzeit wohl Niederschlag fällt – jetzt ist es aber staubtrocken. Ziemlich unspektakulär sieht die Gegend hier so weit aus. Hinter dem schmalen Flussbett wurde eine bescheidene Hütte aufgestellt, im Schatten der schmucklosen Veranda liegt ein Mann auf dem Betonboden. Er trägt einen traditionellen Arbeitsanzug aus luftigem hellblauen Tuch, an seiner Seite hängt ein langer Dolch mit einem Griff aus Horn. Er rührt sich nicht, bis wir kurz vor ihm stehen. Mühsam hebt er dann den Kopf, um ihn sogleich wieder erschöpft sinken zu lassen. Es ist nicht allzu heiß, aber die Lethargie hat ihn völlig übermannt.

Nach ein paar Momenten des Besinnens wieder Bewegung: Sein rechter Arm streckt sich uns gelangweilt entgegen, und ich drücke ihm den Briefumschlag mit der Genehmigung des Tourismusministeriums in die Hand. Diese hat uns in Hargeisa der Hotelmanager des »Oriental« organisiert und uns dafür einige Dollar abgeknöpft – aber man braucht diesen Wisch, um Las Geel besuchen zu dürfen. Was in dem Kuvert ist, interessiert den Mann auf dem Boden jedoch nicht weiter, er schließt kommentarlos seine Augen. Wie in Zeitlupe sackt sein Arm zurück auf den Boden.

Hinter der Hütte erheben sich aus der savannenähnlichen Ebene einige Felshügel. Wir klettern die kleineren und größeren Felsen hinauf, es gibt keine Pfade oder auch nur Wegweiser. Ein Junge steht auf dem Plateau eines gegenüberliegenden Hügels und sieht uns regungslos an, während seine Ziegen eifrig die wenigen Blätter der stacheligen

Büsche abknabbern. Als ich um einen Vorsprung trete, sehe ich endlich, warum wir uns die Mühe gemacht haben hierherzukommen.

Es hat sich wirklich gelohnt: Überhängende Felsen bilden halboffene Höhlen, und diese sind über und über von Felsmalereien in Weiß-, Gelb- und Rottönen bedeckt. Ich entdecke Kühe, Hunde, Ziegen und andere Tiere. Ab und zu gibt es auch Menschen, die vor allem die Kühe anzubeten scheinen. Der teilweise fast abstrakte Stil der Zeichnungen könnte auch aus der Feder eines modernen Illustrators stammen.

Es ist beeindruckend, dass diese viele Tausend Jahre alten Kunstwerke heute immer noch perfekt erhalten sind. Fast völlig schutzlos halten sie den Widrigkeiten der Halbwüste unbeeindruckt stand. Ziegen springen darin herum, und alle paar Wochen mal ein Tourist. Ich fühle mich sehr privilegiert, dass ich diese mystische Stätte mitten im Nirgendwo erleben kann.

Die Landschaft wird immer unwirklicher, als wir nach Berbera weiterfahren, Richtung Küste. Die Büsche weichen einer öden felsigen Wüste, einige perfekt kegelförmige Berge erheben sich ein paar Hundert Meter aus der flachen Ebene. Waren wir bisher die einzigen Passagiere, steigen nach kurzer Zeit in einem kleinen Ort am Rand der Straße sieben Mitfahrer ein, die auch an die Küste wollen. Das bedeutet: zusammenrücken!

Während wir dieses Mal Plätze auf den Rücksitzen ergattern konnten, mussten es sich zwei vollverschleierte Damen mit weniger Glück zusammen mit einem älteren Mann im Kofferraum gemütlich machen. Je weiter wir Richtung Küste kommen, desto heißer und dunstiger wird es, Staub bedeckt uns alle mit einer feinen Schicht.

Mohamad, ein junger Mann, der dasselbe Glück gehabt hat wie wir und sich nun an Alex schmiegt, stammt aus Mogadischu. Er ist gerade auf der langen Rückreise dorthin, weil die Kämpfe abgeflaut sind und er zu seiner Familie zurückkehren will. Schätzungsweise vier Tage wird er unterwegs sein, um die achthundert Kilometer in seine Heimat zu schaffen. Er spricht gut Englisch und trägt über seinem kräftigen Körper ein oranges Poloshirt. Hektisch fordert er plötzlich vom Fahrer eine Tüte und gibt sie nach hinten durch. Die beiden Frauen zetern und jammern lauthals.

Die grün verschleierte Frau kotzt. Alex unterhält sich derweil fröhlich mit Mohamad, der sein Gesicht gequält verzieht und durch den Kragen seines Hemds atmet.

»Ist es wegen dem Wind?« erkundigt sich Alex, auf den Kragen deutend.

»Eh ...«, fehlen dem Somali die Worte, um die Situation zu erklären. Alex hat überhaupt nicht mitbekommen, was vor sich geht. »Sind Sie auf Wind allergisch?«, fragt er scherzend. Mohamad reagiert nicht mehr. Alex wendet scih amüsiert mir zu. »Das ist ein Teil der Erfahrung! Nicht wahr, Johannes?«

»Solange die Frau mir nicht auf die Schulter kotzt, ist alles okay«, antworte ich missmutig.

Alex schweigt, während sein Lächeln langsam erstirbt. »Ah«, murmelt er, »jetzt verstehe ich, was passiert!« Stille. Kurz darauf kotzt auch die Frau im braunen Schleier.

Die Bucht von Berbera

Die unerträgliche Hitze. Eine zerfallende Stadt.
Und wie wir uns in die Hände von Piraten begeben.

Mit traurigen Augen blickt der Mann abwesend in die Ferne. Er lehnt an einer bröckelnden Säule der alten Villa aus der Zeit der osmanischen Herrschaft, die bis zum Ende des 19. Jahrhunderts andauerte. Das Gebäude war uns aufgefallen, denn die meisten Häuser der Altstadt sind einstöckige weiß verputzte Gebäude – durchaus charmant, aber einfach. An einem kleinen Hang gelegen, mit einem aufwendigen Holzbalkon und reichlich Platz drum herum, ragte diese Villa weit heraus, und so wollten wir sie von Nahem betrachten. Hier treffen wir Ahmed.

Ahmed ist wohl Ende zwanzig und trägt ein ärmelloses Shirt. In gebrochenem Englisch begrüßt er uns herzlich. Wir stellen uns zu ihm in den Schatten der Veranda und unterhalten uns, so gut es geht.

Seine Frau ist drinnen und bereitet das Essen vor. »Wir haben noch keine Kinder«, sagt er leise. »Unser erstes Kind starb bei der Geburt.« Niedergeschlagen hält er inne. Dann hellt sich sein Blick auf. »Doch jetzt ist meine Frau wieder schwanger.« Er lächelt schüchtern. Beide stammen aus Hargeisa, doch hier in Berbera hat er Arbeit im Hafen gefunden. In der alten Villa haben sie sich einquartiert, wie viele der schönen alten Gebäude müsste sie dringend renoviert werden. Doch dazu fehlt vieles, vor allem aber das Geld. Und viel lieber will er zurück in die Hauptstadt ziehen: Hier an der Küste ist es ihm viel zu heiß!

Und heiß ist es, halleluja.
Schwüle siebenundvierzig Grad!

»Das Essen ist fertig!«, ruft Ahmeds Frau aus dem Haus, und wir verabschieden uns von ihm. Die Hitze wird jetzt, am späten Vormittag, vollkommen unerträglich, und wir haben unsere stinkende Klimaanlage sehr lieb gewonnen.

»Ihr seid immer herzlich willkommen«, sagt er mit einem kräftigen Händedruck. »Und eins noch: Grüßt die Menschen in Deutschland von mir!«

Als wir am Vortag in Berbera ankamen, wunderten wir uns nicht schlecht, als wir von jedem der wenigen Hotels eine sofortige Absage erhielten: *Fully booked!* Warum dieser Ort als Ausflugsziel fürs Wochenende so beliebt ist, sodass alle Hotels voll belegt waren, wurde uns nie ganz klar – denn die schwüle Hitze machte jeden Schritt zur Qual.

Es wurde schon Abend, und langsam wurden wir nervös. Eine Nacht ohne Zimmer, in einer fremden Stadt an der somalischen Küste – das war nicht das, was wir uns vorgestellt hatten! Unsere Ansprüche an ein Zimmer sanken in Windeseile. Aber alles, was wir hörten, war: »*Sorry, we are full!*« Dann, endlich: In einem Hof stehen in engen Abständen unverputzte Baracken. Wir bekommen einen Raum, ohne Fenster, darin zwei klapprige Betten. Die Lücken in der Mauer sind notdürftig mit Pappe verklebt. Das Highlight ist eine ratternde und spuckende Klimaanlage – ein Geschenk des Himmels bei diesen Temperaturen. Fünfundzwanzig US-Dollar die Nacht. *Thank you and good night.*

Am Morgen machen wir uns schon bei Sonnenaufgang auf Erkundungstour. Bereits im Morgengrauen fegt der starke, heiße Wind wie ein Heizgebläse durch die breiten, ungeteerten Straßen der Altstadt, und mir wird klar, dass wir nur wenige Stunden haben, bis die Temperatur unerträglich wird. Langsam kommen die Menschen aus ihren Häusern, gähnen und strecken sich. Den Frauen bläst der Wind die bunten Burkas auf, wie die Segel lustiger Jollen auf See. Einige Kamele streiten sich um das Futter, das ihnen in einem Metalltopf hingestellt wurde. Der alte Hafen, der Berbera über Jahrhunderte zu einem wichtigen Handelsstützpunkt gemacht hat, wird heute nur noch von ein paar Fischern genutzt, denn ein paar Kilometer weiter wurde in den 60er-Jahren ein großer Tiefseehafen gebaut.

Am Wasser ist es für die kleinen Boote noch zu windig, um hinausfahren zu können, deswegen werden andere Arbeiten verrichtet: Die meisten Männer sitzen neben den riesigen Netzen auf dem Boden und flicken die Löcher mit neuen Schnüren, die statt der zerrissenen hineingeknotet werden.

Etwa hundert Meter vom Ufer entfernt liegen drei riesige Schiffwracks halb versunken in der Bucht. Diese Frachter wurden wohl im Zuge der Bombardierungen in den 90ern versenkt, doch so richtig kann oder will mir darüber niemand Auskunft erteilen. Nun rosten sie malerisch vor sich hin, die Wellen schwappen über die Decks, brechen an den sich gemächlich zersetzenden Bordwänden. Es wirkt so unwirklich wie eine Hollywood-Szenerie, die sich ein einigermaßen einfallsloser Kulissenbauer für einen Bürgerkriegsfilm in Somalia ausgedacht hat. Ist aber echt. Verrückt.

Als wäre das noch nicht genug der skurrilen Szenerie, vergnügen sich, einige Meter vor den Wracks, Gruppen von Kindern, voll bekleideten Frauen und einige struppige Hunde im flachen Meer, während die Ebbe gerade einsetzt. Sie spielen schreiend in den Wellen oder stehen bewegungslos im Wasser, um die sich ausbreitende Hitze besser ertragen zu können. Schwärme von Krähen stürzen sich auf alles, was im angespülten Müll irgendwie nach Essen aussieht. Ein paar von ihnen erfreuen sich daran, einen Hund zu ärgern, indem sie ihm aufs Hinterteil springen und dann höhnisch kreischend wieder außer Reichweite flattern, wenn er nach ihnen schnappen will.

Der Strand ist so dreckig, dass der Sand an manchen Stellen völlig unter einer Decke aus bläulich schimmernden Plastikflaschen verschwindet. Im Dunst erkennt man im Norden die Ladekräne des Tiefseehafens. Wir wenden uns wieder der Stadt zu. Die alten, meist ein- oder zweistöckigen Gebäude sind weiß verputzt, aber in der Regel in einem bemitleidenswerten Zustand. Manche Häuser sind komplett in sich zusammengefallen, andere bröckeln vor sich hin. Schöne alte Bäume säumen die breiten, staubigen Straßen. Und auch wenn vieles kaputt ist, hat dieser Ort eine ganz besondere Atmosphäre, so fern ist er dem Bekannten, so voll mit Geschichte und Exotik.

Erektionsprobleme

Musiker machen Musik, kauen Khat und erzählen
von den Konsequenzen des Krauts. Nicht schön.

Reden wir über Musik. Ganz schwieriges Thema hier. Laufe ich durch die Straßen, vorbei an Läden, kleinen Marktständen und wartenden Taxis, dann ist so einiges zu hören. Menschen palavern, lärmen, preisen ihre Waren an. Esel schreien, und Hühner gackern, Motoren stottern, und Autofahrer hupen. Muezzins singen zur Gebetszeit von den Minaretten der zahlreichen Moscheen.

So viel höre ich – nur keine Musik. Kein Radio plärrt vor sich hin. Nur wenn man in ein Taxi steigt, ist es an. Doch auch im Auto: Statt Gesang und Instrumenten lauscht man Männerstimmen, die Suren des Korans rezitieren. Denn Musik, ob traditionell oder modern, ist hier seltsam verpönt. Das finde ich wirklich komisch. Die streng islamische Mehrheit der somalischen Gesellschaft scheint eine sehr spaßfeindliche Philosophie zu verfolgen – zumindest was die Dinge angeht, die man im Westen gemeinhin unter Spaß versteht. So ziemlich alles (mit Ausnahme der berauschenden Khat-Blätter) wird vor der Öffentlichkeit verborgen: Tanzen, Musik, Alkohol.

Das bedeutet natürlich keineswegs, dass alle Menschen darauf verzichten würden. Nein, dieser Aspekt des Lebens wird ins Private verschoben, dorthin, wo man mit Gleichgesinnten zusammensitzt und sich entspannen kann.

In einem Café kommen wir mit einem Mann ins Gespräch, er ist Musiker und heißt Al-Dawid. Er lädt uns für den Nachmittag zu sich nach Hause ein, dort will er uns seine Musik vorspielen. Diese Gelegenheit lassen wir uns in dieser musikfeindlich erscheinenden Gegend nicht entgehen! Ein paar Stunden später klopfen wir an die Tür seines recht großen Hauses. Als Gastgeschenk haben wir zwei Tüten voller Khat-Zweige dabei. Er öffnet und führt uns in sein Wohnzimmer. Viel gibt es hier nicht, ein paar Teppiche und Kissen auf dem gekachelten Boden, eine Energiesparbirne hängt schmucklos von der Decke und verbreitet kaltes Licht. Aber es ist angenehm kühl hier. Vier junge Männer liegen auf dem Boden und begrüßen uns freundlich. Sie kauen schon büschelweise Khat, einige Colaflaschen stehen herum, Zigaretten werden geraucht.

Es dauert nicht lange, bis das erste Lied angestimmt wird, Al-Dawid nimmt dazu ein großes Saiteninstrument. Und spielen kann er es,

holla! Nach ein paar Minuten fangen alle an, dazu zu singen, fremd-
artige Melodien, mehrstimmig. Einer der Freunde hält sein Handy in
die Luft, mit dem er die Performance aufzeichnet.

Nach ein paar Liedern beginnt auch das Khat, seine entspannende
Wirkung zu entfalten, und die Gespräche werden durchaus offenher-
zig. Diesmal lassen wir die anderen alleine kauen – mir reicht die erste
Erfahrung, die ich im Taxi damit haben durfte. Uns interessiert aber,
was die Blätter für eine langfristige Wirkung haben.

Machen sie süchtig?

»Nein!«, antwortet einer der Jungs. »Süchtig nicht. Aber wenn ich
kein Khat habe, bin ich nicht so zufrieden. Immer wenn ich ein Problem habe, kaue ich, und dann ist das Problem weg.«

»Hmm«, erwidere ich, »das klingt aber doch etwas nach Sucht.«

»Nun... um ehrlich zu sein, gibt es ein großes Problem bei uns«,
schaltet sich Mohammad, der Arzt in einer Klinik ist, ein. »Khat ist
teuer: Ein Büschel kostet fünf Dollar. Doch die meisten hier haben
nicht so viel Geld. Das heißt, wenn die Männer das Geld für Khat ausgeben, haben ihre Frauen und Kinder nichts zu essen. Außerdem macht
es sehr lethargisch, alles wird weniger wichtig. Vor allem die Arbeit.
Und es gibt auch noch ein anderes Problem«, legt er nach: »Wenn ich
Khat kaue, möchte ich nach ein paar Stunden Frauen sehen und küssen. Wenn ich um sieben Uhr abends aufhöre, muss ich die ganze
Nacht daran denken!«

»Ah«, wirft Alex ein, »du kommst mit Khat also in Stimmung?«

»Genau. Aber das ist nicht alles! Wenn man dann eine Erektion hat
und man denkt nur kurz an etwas anderes, geht sie sofort weg. Und
dann dauert es ein oder zwei Stunden, bis es wieder klappt.«

»Das klingt aber alles nicht nach allzu viel Spaß, wenn es so viele
Probleme bereitet!«, sinniert Alex über die neuen Erkenntnisse. Die
Männer nicken eifrig.

Alex und ich packen unsere Ukulelen aus und singen mehr schlecht
als recht »Dream a little dream of me«. Auch dies wird mit dem Handy

aufgezeichnet – vielleicht sind wir bald Somalilands geheime You-Tube-Stars? Unsere Performance ist ein fantastischer Erfolg. Offensichtlich schränkt Khat auch dramatisch die Urteilsfähigkeit ein.

Ein tolles Zeug, diese Blätter.

Eine mündliche Genehmigung

Wie wir unserem unwillkommenen Schutzengel entkommen,
und das böse Ende unseres Streiches.

Wenn Ausländer in Somaliland von Stadt zu Stadt reisen, müssen sie einen Polizisten der sogenannten »Special Protection Unit«, kurz SPU, mitnehmen. Das hatten wir bereits auf unserer Reise von Hargeisa nach Las Geel und Berbera erlebt: Der Polizist setzte sich gelangweilt neben den Fahrer, kaute Khat und maulte rum, wenn wir anhielten, um Fotos zu machen oder uns mal ein wenig umzusehen. Das nervte gewaltig. So ein Polizist hilft allerdings ungemein dabei, durch die Straßensperren zu kommen, die alle paar Kilometer mit ebenso gelangweilten Soldaten besetzt sind. Das ist recht praktisch.

Wir hatten gerüchteweise gehört, dass man sich im Hauptquartier der Polizei in Hargeisa einen Brief ausstellen lassen kann, der berechtigt, ohne diesen Polizisten zu reisen. Und tatsächlich: Als wir dort nach einer solchen Genehmigung fragten, wurde sie uns ohne Umschweife erteilt – es sei völlig sicher für Ausländer, auf den Straßen zwischen den Städten zu reisen. Doch es gebe eine Einschränkung: Der Polizeichef verstehe sich nicht mit dem Tourismusminister. Und dieser wolle unbedingt, dass ein Sicherheitsoffizier mitreise! Um den Streit nicht eskalieren zu lassen, gebe der Polizeichef sein Einverständnis zum Alleinreisen daher nur noch mündlich.

Das ist offensichtlich ein Problem. Eine mündliche Genehmigung ist hier so viel Wert wie ... gar keine. Denn die Soldaten an den Kontrollstationen können meist kein Wort Englisch, und viele können auch nicht lesen. Gelangweilt warten sie an den Stationen darauf, dass irgendwas (!) passiert, und da kommen ein paar Ausländer gerade recht! Wenn man ihnen also kein offiziell aussehendes Dokument vor die Nase halten kann, wird es sehr kompliziert.

Jetzt in Berbera hat Alex eine Idee. »Wie wäre es, die mündliche Genehmigung schriftlich festzuhalten und auszudrucken, ohne inhaltlich etwas zu ändern?«, sagt er zu mir. Und selbstverständlich ohne eine Unterschrift oder einen Stempel zu fälschen – einfach nur das festzuhalten, was uns gesagt wurde.

Ich mag den Plan. Gesagt, getan. Ein Word-Dokument ist schnell erstellt, wir schreiben unsere Passnummern dazu, und in einem Copyshop können wir das Dokument ausdrucken. Es sieht nicht besonders offiziell aus, aber allein durch die Tatsache, dass es etwas Gedrucktes ist, hoffen wir, genug Eindruck damit zu machen.

Der Hotelmanager organisiert uns einen Fahrer, und am nächsten Morgen starten wir – etwas nervös – unsere letzte Reise durch Somaliland. Hinauf in die Berge soll es gehen, dann zurück nach Hargeisa und weiter an die Grenze nach Äthiopien. Werden die Soldaten unsere Genehmigung akzeptieren oder uns gleich wieder nach Berbera zurückschicken?

Gespannt fahren wir los.

Es ist eine wahre Freude, als wir an den ersten Kontrollen durchgewunken werden! Jedes Mal hebt sich die Schranke, und wir dürfen passieren – aber immer erst dann, wenn wir den Zettel vorgezeigt haben. Was kommen wir uns durchtrieben vor! Hinauf in die Berge geht es, dann wieder in die Ebene, zurück in die Hauptstadt. Schranke um Schranke hebt sich, und wir freuen uns mächtig. Ja, etwas übermütig werden wir!

Denn hätten wir gewusst, was uns erwartet,
wären wir wohl vorsichtiger gewesen.

Als wir gerade von Hargeisa aus die letzte Etappe zurück zur Grenze beginnen wollen, wird unser mit elf Passagieren vollgepackter Toyota Kombi an die Seite gewunken und sorgfältig inspiziert. Wir machen uns keine Gedanken, denn den Weg zur Grenze kann man normalerweise auch ohne eine zusätzliche Eskorte als Ausländer mitfahren. Doch plötzlich will es der inspizierende Polizist anders sehen: Wir müssten einen SPU mitnehmen! Als wir gewohnheitsmäßig unseren Wisch hervorziehen, um das Problem zu lösen, eskaliert die Situation. Der eifrige Polizist läuft stürmisch davon, holt seinen Vorgesetzten. Ein älterer Mann mit weißem Bart und einem kleinen Bäuchlein kommt nervös auf uns zu und befiehlt uns barsch auszusteigen. Der Fahrer des Taxis versucht zu diskutieren und wird ebenfalls verdonnert mitzukommen. Zusammen steigen wir in einen klapprigen Polizeiwagen und rumpeln über die sandigen Straßen zum Hauptquartier der somaliländischen Polizei. Das liegt etwas außerhalb, und wir kennen es schon, denn dort hatten wir unsere mündliche Genehmigung erteilt bekommen. Ich bin jetzt doch etwas nervös, denn am nächsten Tag müssen wir in Äthiopien unseren Rückflug in die Heimat bekommen. Was, wenn wir hier wegen dieser Sache festgehalten werden?

Nach kurzem Warten werden wir dem Kommandeur vorgeführt. In seinem Büro sitzen weitere Polizisten, die auf seine Befehle warten. Er trägt eine Uniform, eine dunkle Brille und schaut uns finster an. »Was soll denn das bitte?«, fragt er uns ungehalten.

Wir blicken demütig zu Boden. »Wir dachten ... wir wussten nicht ... es tut uns leid!«, murmeln wir.

»Macht das nicht noch mal! Tschüs!«

Verstohlen blicken wir uns an. Wir lassen uns unsere Erleichterung nicht anmerken. Der Polizist führt uns zurück zum Polizeiauto.

»Puh«, sage ich zu Alex, »grade noch mal gut gegangen ...« Wir lachen erlöst. Was für eine Aktion! Das hätte auch richtig schiefgehen können.

Wieder beim Taxi angekommen, steigen wir zu den anderen acht Passagieren, die auf uns fast zwei Stunden warten mussten. Doch warten ist hier normal und nichts, weswegen man sich beschweren würde. Der ältere Polizist verabschiedet sich mit einem liebenswürdigen Lächeln.

»Gute Reise! Und bis bald wieder!« Überschwänglich winkt er uns hinterher, als wir langsam Richtung Grenze holpern.

Als ich wieder über die Brücke gehe, die das Niemandsland zwischen Somaliland und Äthiopien überquert, bin ich froh. Somaliland hat es uns nicht leicht gemacht. Es ist schwer, in ein paar Wochen auch nur ansatzweise ein Land zu verstehen, was so weit weg ist von dem Gewohnten, welches so viele Bereiche des Lebens nicht öffentlich zeigt. Es war sehr anstrengend hier zu reisen, die Hitze und die unbequemen Fahrten machten uns zu schaffen. Manche Reaktion auf der Straße war ruppig oder abwehrend, und mit unserer kleinen Überheblichkeit, eine Genehmigung selbst zu verfassen, kamen wir schlussendlich nicht durch.

Wenn wir aber ins Gespräch kamen, ließen uns liebenswerte Menschen wie die Studentin Amina, der Musiker Al-Dawid oder der schüchterne Ahmed ein wenig hineinblicken in die Gedanken und Wünsche der Somali. Keine Spur von Feindseligkeit uns oder dem Westen gegenüber, sondern der Wunsch, sich anzunähern, ein besseres, freieres Leben zu führen, ohne die eigene Identität zu verlieren. Entwicklungen wie die wachsende Zahl von Studentinnen machen Hoffnung, dass Somaliland trotz der Ignorierung durch den Rest der Welt seinen Bewohnern ein immer besseres, friedliches Leben ermöglicht.

Und irgendwann braucht es dann vielleicht auch funktionierende Ampeln. Die schaue ich mir dann an.

Versprochen.

Burma

ROAD TO MANDALAY

*Ein Flottenschiff aus dem Britischen Empire.
Ein Kapitän, der Karaoke singt. Geister im Morgengrauen.
Eine Dampferfahrt auf dem Ayeyarwady von
Nord nach Süd, bis nach Mandalay.*

Von Martin Schacht

Wie kein anderes Land beherrscht Burma das Kunststück, entweder staubig zu sein oder schlammig. Manchmal sogar beides gleichzeitig. Völlig unvermittelt wechselt das Erdreich zwischen den beiden Aggregatzuständen, unabhängig von Regen- oder Trockenzeit, Norden oder Süden, Stadt oder Land. Es ist die Wiedergeburt von Staub aus Schlamm aus Staub, ein Samsara des Schmutzes. Denn bei Kontakt mit Wasser verwandelt sich der Staub augenblicklich in einen zähen Schlamm, der zudem eine stark rot färbende Eigenschaft besitzt.

Anhand der Farbe deiner Schuhe und Füße kann man erkennen, ob du in Burma gewesen bist.

» When you're in Rome, do as the romans do«, sagt das Sprichwort, und die Burmesen tragen zu jeder Gelegenheit Latschen, selbst zum Galadinner. Als Europäer jedoch fühlt man sich damit manchmal nackt. Oder du hast Angst, dir die Zehen zu stoßen, nicht ganz unberechtigt in einem Land voller Schlaglöcher und offener Abwasserkanäle, in die du schnell achtlos hineinstolperst. Und im Winter ist es kalt. Im Norden Burmas gehen die Temperaturen bis auf den Gefrierpunkt zurück. Kein Klima für Flipflops.

Unsere Reise in den Norden Burmas, um dort einen Dampfer zurück nach Mandalay zu besteigen, wird die letzte sein für ein Paar marineblaue Prada-Slipper, das mir über fünf Jahre gute Dienste geleistet hat, sich aber inzwischen in einem fortgeschrittenen Zustand der Auflösung befindet. Mandalay, Ausgangs- und Zielpunkt unserer Reise, ist eine der staubigsten Städte der Welt, eine absolut tödliche Umgebung für Schuhe, zumal für solche aus Wildleder ... aber erst einmal soll es in die Berge gehen.

Vom Flughafen fahren wir mit dem Sammeltaxi, einem alten, weißen Toyota, direkt auf das Shan-Plateau. Das ehemalige Maymyo (benannt nach dem englischen Colonel May und dem burmesischen Wort

Myo für Stadt) und heutige Pyin Oo Lwin war dank der europäisch anmutenden Temperaturen zu Kolonialzeiten die beliebteste Sommerfrische der Briten. Im Sommer gedeihen hier Erdbeeren und Äpfel, im Winter ist es frisch, aber sonnig.

Nur ein paar Kilometer nach dem Flughafen schraubt sich der Wagen die Berge hinauf, Mandalay versinkt in Dunst und Staub, während die Temperaturen stetig fallen. Pyin Oo Lwin liegt tausend Meter über dem Meeresspiegel. Zahlreiche Bauten im kolonialen Stil, wie das berühmte und heute als Hotel genutzte »Candacraig« oder der »Craddock Court«, erinnern an die Vergangenheit der Stadt. Damals wurde sie »Hill Station« genannt, da sie am Beginn der Burma Road liegt, einer strategisch wichtigen Nachschubstraße im Zweiten Weltkrieg, die Burma mit der südchinesischen Provinz Yunnan verband. Inzwischen rasen hier mit Baumstämmen beladene Tieflader Richtung China, und jedes Überqueren der Straße wird zum Glücksspiel.

Noch heute leben hier zahlreiche Nachfahren von indischen Militärangehörigen und nepalesischen Gurkhas, die ähnliche Probleme mit der Staatsbürgerschaft haben wie die muslimische Volksgruppe Rohingya im Rhakine-Staat. Ihre charakteristische Zuverlässigkeit, die schon die Briten zu schätzen wussten, macht die Nepalis übrigens zu beliebten Arbeitskräften in der Gastronomie im benachbarten Thailand. Ein amerikanischer Gastronom in Bangkok verriet mir letztens, er gebe ihnen heimlich mehr Geld als den Thais, weil sie allein die ganze Arbeit erledigten.

Die Nacht im Hotel ist eisig, ich kann meinen Atem sehen, doch die Tage sind sonnig, die Luft am Morgen herrlich klar. Neben mehreren Lagen von Steppdecken hat man uns ein tönernes Stövchen mit glühenden Kohlen ins Zimmer gestellt, das am Morgen ausgebrannt ist. Ich habe eine Daunenjacke dabei, aber insgeheim bedauere ich schon jetzt, dass ich keine Socken mitgenommen habe. Aber wer trägt schon Slipper mit Socken? Da muss ich jetzt durch. Das Personal, bekleidet mit *Longyis* – den traditionellen Wickelröcken –, dicken Jacken, Pudelmützen und Handschuhen mit abgeschnittenen Fingern, serviert das typisch burmesische Frühstück für Ausländer: zwei ölige Spiegeleier, einen seltsam süßlichen Toastersatz, Streichfett und undefinierbare Konfitüre, die sich keiner Frucht zuordnen lässt. Die üblichen Bananen überlasse ich meinen Mitreisenden. Ich konnte Bananen und ihre schleimige Konsistenz noch nie leiden.

Wer morgens Fisch-Nudel-Suppe mag, sollte sich lieber das burmesische Frühstück, eine *Mohinga*, servieren lassen. Wenn man nicht gerade in Luxushotels unterwegs ist, ist die immer die bessere Wahl.

Ruckelnd über den Abgrund

Die berühmte Gokteik-Eisenbahnbrücke ist ein waghalsiges Konstruktionswunder. Und eine Bahnfahrt eine Prêt-à-porter-Show der burmesischen Art.

Unbedingt wollen wir die Brücke überqueren, die jahrzehntelang für Ausländer gesperrt war und auf der – weil es als ein strategisches Bauwerk galt – Fotoverbot herrschte. Der 1900 fertiggestellte Viadukt, einst die zweithöchste Brücke der Welt, ist siebenhundert Meter lang und hat mehr als hundert Jahre fast ohne Wartung überstanden. Eine neue Brücke, welche die Regierung vor ein paar Jahren durch das Tal bauen ließ, wurde prompt in der ersten Regenzeit weggeschwemmt, ihre Überreste lassen sich bei der Fahrt über die alte Brücke von oben bewundern.

Interessant in Burma ist die Prozedur des Fahrkartenkaufs. Als Ausländer benötigt man dafür einen Reisepass, dessen Nummer penibel in allerlei Listen und Bücher übertragen wird. Wie früher das ganze Land, so erinnert heute zumindest noch die Bürokratie an eine tropische DDR. Zugfahren selbst ist unschlagbar billig und ein umfassendes Erlebnis, besonders in der zweiten Klasse, die dem Wort »Holz-

41

klasse« seine ganz reale Bedeutung zurückgibt. Hier sitzen die Einheimischen, gern im Schneidersitz, auf den Bänken, mit Taschen aller Art
voller Waren für ihre Dörfer.

Noch vor der Abfahrt und an jedem Halt drängen Männer und
Frauen, die riesige Tabletts auf dem Kopf balancieren, durch die
Gänge, um diverse Snacks zu verkaufen. Die kleinen Wachteleier, ab-
gepackt in Plastiktüten, sind wirklich lecker, man bekommt sie überall.
Dabei habe ich in Burma noch nie eine Wachtel gesehen. Irgendwo
muss es riesige, geheime Wachtelfarmen geben.

Der Zug bietet ausgiebig Gelegenheit, die burmesische Wintermode
zu studieren, die einen ganz eigenen Chic besitzt, der rein gar nichts
mit unseren westlichen Stilvorstellungen zu tun hat. Burmesinnen sind
Meisterinnen im Mustermix, und auch der Farbgeschmack ist ein völlig
anderer, gern werden matte Pastellfarben der Fünfzigerjahre mit traditionellen Mustern kombiniert. Zum *Longyi* tragen sie gern mehrere
Lagen Oberbekleidung, eine Mütze in Comic-Tierform und ein farblich
passend gekleidetes Kind im Arm. Dazu Trachtenteile der entsprechenden Bergvölker, denen die Trägerinnen angehören, und indivi-
duelle Muster im Gesicht, die mit *Thanaka*-Paste gemalt werden. Hand-
tuchartige karierte Stoffe mit Fransen werden manchmal noch zum
Turban um den Kopf geschlungen – alles in allem ein Ethno-Asia-
meets-Comic-Look, der auch in westlichen Großstädten gut funktionieren könnte. Nach etwa zwei Stunden ruckeliger Fahrt – die Waggons
des Zuges sind ein Geschenk aus Nordkorea, das bis vor nicht allzu langer Zeit das einzige Land war, das freundschaftliche Beziehungen zu
Burma pflegte –, kriecht und ächzt der Zug in einer lang gezogenen
Linkskurve auf den Viadukt zu, und der Blick wird frei auf die Schlucht.

Bevor er sie überquert, stoppt der Zug ein paar Minuten,
als ob er Luft holen müsste. Dann fährt er wieder weiter,
nicht schneller als im Schritttempo.

Man will der altersschwachen Konstruktion nicht zu viel zumuten, und tatsächlich: Die Brücke ist einspurig und so schmal, dass man aus dem Fenster direkt in einen dreihundert Meter tiefen Abgrund schaut.

Ich muss daran denken, dass ein Einheimischer mir einmal erzählte, dass die Brücke alle fünf Jahre von Dorfbewohnern gestrichen wird, die dafür zehn Dollar pro Tag bekommen. Ein gut bezahlter und gesuchter Job hier.

An der Station nach dem Gokteik steigen wir wieder aus, aber auf den Zug zurück wollen wir nicht warten. Taxis gibt es nicht, Busse auch nicht, doch ein freundlicher Bahnwärter bringt uns einen nach dem anderen mit dem Moped an die Hauptstraße und hält einen Pick-up für uns an. Nach fast vier Stunden über Serpentinen und Staubstraßen sind wir zurück in Pyin Oo Lwin und genehmigen uns in dem netten »Golden Triangle«-Café an der Hauptstraße einen erstaunlich guten Cappuccino und ein Stück Torte.

Für eine Handvoll Kyat

Buddha ist uns wohlgesonnen: Wir dürfen nach Bhamo fliegen. Aktuell kein Sperrgebiet, wollen wir hier unseren Dampfer nach Mandalay besteigen.

Tatsächlich lässt sich Burma bestens bereisen, obwohl es auf den ersten Blick kein Verkehrsmittel gibt – solange man kein Problem damit hat, mal auf einem Pick-up oder Ochsenkarren mitzufahren. Und solange es nicht wichtig ist, einen Tag früher oder später irgendwo anzukommen. Irgendeine Art der Fortbewegung lässt sich immer finden für eine Handvoll Kyat, wenn du dich ein bisschen entschleunigst. Nur bei Flügen sollte man sich nicht auf den Zufall verlassen. Mein letzter Versuch, den Ayeyarwady mit dem Boot hinunterzufahren, war schlicht daran gescheitert, dass ich keine zwei Wochen auf einen Inlandflug warten konnte, der mich in die Stadt Bhamo im nördlichen Kachin-Staat hätte bringen sollen.

Außerdem waren die Informationen damals widersprüchlich, ob Ausländer überhaupt mit dem lokalen Boot weiterfahren durften oder ob man Myitkyina und Bhamo nur mit dem Flugzeug besuchen kann. Eine Weiterreise von dort aus über Land ist aber in jedem Falle verboten oder an eine Sondergenehmigung gebunden, da sich Rebellen mal wieder Scharmützel mit der Armee liefern. Seit sich Burma plötzlich so gut mit den USA versteht, werden die Kachin-Rebellen nämlich mit Geld und Waffen von den Chinesen unterstützt.

Diesmal haben wir bereits im Vorfeld Flugtickets nach Bhamo ergattert, von wo uns ein Boot in drei Tagen nach Mandalay bringen soll. Bhamo selbst erweist sich als angenehme Überraschung, nicht zuletzt dank eines Guides, den wir gebucht haben. Generell ist ein Guide immer dann von Vorteil, wenn man wenig Zeit hat und es auf den ersten Blick keine besonderen Sensationen vor Ort gibt (abgesehen von einer farbenprächtigen Prozession von Kindermönchen, die unseren Weg kreuzt). Schließlich kennen Guides sich aus. Unserer heißt Sein Win und ist ein rüstiger Endsechziger, dazu noch eine lokale Berühmtheit.

In vierzig Jahren Heimarbeit hat er in seinem Vorgarten einen funktionstüchtigen Helikopter gebastelt.

Dieser ist die eine Attraktion Bhamos und hebt nur deshalb nicht ab, weil Sein Win das Geld für den passenden Motor fehlt. Die andere ist Bhamos bekannteste Sehenswürdigkeit, die längste Bambusbrücke der Welt. Diese Auszeichnung allein hatte mich in der Theorie noch nicht begeistern können. Brücken sind das Letzte, was ich aufsuche, erst wenn mir gar nichts anderes mehr einfällt. Auch die berühmte U-Bein-Brücke bei Mandalay ist für mich nicht mehr als ein abgedroschenes Fotomotiv mit von herumfliegendem Müll übersäten Dörfern zu beiden Enden. Und die spannendste Brücke des Landes, den Gokteik, haben wir ja gerade erst hinter uns. Im Hotel »Friendship« funktioniert zur Abwechslung das Internet, vermutlich dank eines ganzen Stockwerks voller Uno-Mitarbeiter, die in weißen, blitzblanken Geländewagen durch die Stadt cruisen. Aber auch das Internet weiß außer der Bambusbrücke nichts zu empfehlen. Also gut.

Wir erreichen die Brücke kurz vor Sonnenuntergang. Und wieder bin ich angenehm überrascht: Gar nicht so schlecht für eine Brücke. Menschen, Mopeds, Fahrräder und Ziegen überqueren das fünfhundert Meter lange, fragile Bauwerk, das jedes Jahr in der Regenzeit vom Strom weggeschwemmt wird. In der ersten Dezemberwoche wird, je nach Mondstand, die Brücke von den Männern der umliegenden Dörfer wieder aufgebaut. Die Fertigstellung wird mit einem mehrtägigen Fest gefeiert.

Am Morgen kurz nach Sonnenaufgang ist die Stimmung auf dem Markt am Flussufer wie verwunschen. Zu kaufen gibt es zwar nur Obst und Gemüse und vollkommen sinnlosen chinesischen Plunder, der über die nahe Grenze kommt, doch das Morgenlicht verwandelt alles in ein ganz großes Kino.

Warten und Whisky

Wir gehen an Bord, doch unser Schiff legt nicht ab.
Burma-Hip-Hop, Ehekrisen und Grand Royal Whisky bis
zum Morgengrauen. Und dann erscheinen die Geister.

»*Bus?*«, fragen meine Begleiter gelegentlich an der Rezeption. Und immer erhalten sie die gleiche Antwort: »*Coming.*« Ich glaube, das Geheimnis des Reisens in Asien besteht darin, dass du den Menschen das Gefühl gibst, gern in ihrer Obhut zu sein. Dann nehmen sie die entsprechende Verantwortung an und kümmern sich um einen. Heute vergisst der Bus uns zwar, aber auch das ist kein Problem.

Als es dann so weit ist und der Bus auch uns abholen kommt, hören wir ein »*coming back*« von der Frau an der Rezeption, und sie drückt uns Fresspakete in die Hand. Vermutlich ahnt sie, was auf uns zukommt.

Der Ayeyarwady ist ein langer, ruhiger und über weite Strecken auch sehr flacher Fluss, der bis zu vierhundert Meter breit wird. Schon immer die wichtigste Lebensader Burmas, sah er an seinen Ufern mächtige Königreiche entstehen und vergehen, von den meisten sind nur Ruinen und goldglänzende Stupas, die Grabstätten auf den Hügeln, geblieben. Hier besetzt der Glaube die Berge. Gespeist vom Schmelzwasser des Himalajas und den Regengüssen des Monsuns, schiebt sich der Strom träge durch die Mitte Burmas, bis er sich nach über zweitausend Kilometern im Delta bei Yangon verliert. Dort befindet sich das einst größte Reisanbaugebiet der Welt, neben Teak und Bodenschätzen einer der Gründe, die Burma für das Britische Empire so begehrenswert machte. Für die Briten war der Ayeyarwady – oder Irrawaddy, wie man ihn damals nannte – die Straße nach Mandalay, die sie ihre Flotte hinaufschickten, um das Land zu erobern.

Später wurde der Fluss die Heimat der legendären »Irrawaddy Flottila«, der größten Binnenflotte der Welt, die ihr Ende in den Wirren des Zweiten Weltkriegs fand. Mehr als zweihundert Schiffe wurden bei Katha versenkt, um zu verhindern, dass sie den Japanern in die Hände fielen. Der ehemalige Geschäftssitz der »Irrawaddy Flottilla Company« in Yangons Pansodan Road ist mit seiner dorischen Säulenfassade immer noch eines der prächtigsten Gebäude der ehemaligen Hauptstadt. Überreste der Flotte versehen auch fast siebzig Jahre nach Ende des Krieges noch ihren Dienst auf den Flüssen Burmas. So wie der dreistöckige Dampfer, der uns nach Mandalay bringen soll. Unser Seelenverkäufer hat schon einiges erlebt.

Irgendwann kam zwar unser Bus, aber die Abfahrt unseres Schiffes verschiebt sich trotzdem locker um einen Tag, einen halben davon sitzen wir auf kleinen Hockern am Ufer im Staub. Kein Grund zur Panik,

man bringt uns kalte und warme Getränke, und wir haben die Fresspakete bei uns.

Die Passagiere ohne Kabine fahren in die Stadt und in das Hotel
»Friendship« zurück. Wir hingegen können jetzt schon einmal einche-
cken. Eine dünne Schaumstoffmatratze, ein Bullauge, ein Stuhl, eine
nackte Glühbirne – die Kabine ist eine ehrliche Sache. Die Schublade
mit der riesigen Kakerlake im Nachttisch wird für immer mit Gaffa-
Tape verschlossen.

Im letzten Licht der untergehenden Sonne werfen Träger Säcke
über ihre Schultern, als wären die fünfzig Kilo Reis darin gar nichts.
Braun gebrannt, mit freiem Oberkörper und barfuß balancieren sie
über die Planken und versenken ihre Last im Bauch des Schiffes. Kaum
ist einer der ratternden Pick-ups entladen, kommt der nächste.

Bei Flutlicht geht das so weiter bis zum Morgengrauen, untermalt
von ohrenbetäubendem Burma-Hip-Hop, der aus mannshohen Boxen
am Ufer scheppert. Wer nicht gerade die Ladung schleppt, hockt im
Staub und trinkt Mandalay-Bier – für zehn Kronenkorken bekommt
man ein Werbe-T-Shirt – oder vertreibt sich die Zeit mit Karaoke, einer
vielstimmigen Kakofonie, die so gar nicht zu der sternklaren Nacht
passen will. Aber die Burmesen sind nicht anders als die anderen Asiaten: Sie mögen es laut.

Lärm vertreibt die Geister.

Die erscheinen dann im Morgengrauen. Wir sitzen mit einer Flasche
»Grand Royal Whisky« auf der dem Ufer und dem Lärm abgewandten
Seite unseres Dampfers und blicken auf eine sich verdichtende weiße
Wand. Nebelschwaden erheben sich aus dem Wasser, bis man kaum
mehr die Hand vor Augen sieht. Der Schatten, ein großer Vogel? Das
Plätschern, ein Ruderboot? Das Dröhnen der Musik und der Genera-
toren sind hier nur ein Echo, und das abgestellte Glas auf der Reling
scheppert ein wenig im Rhythmus.

Die Mannschaft hat sich mit ein paar Flaschen Whisky und einem Blecheimer voller Eiswürfel in einer Kabine eingeschlossen und unterhält sich bei Karaoke. Die Frau des Kapitäns versucht, mit einem Dietrich die Tür zu öffnen. Sie kann es offenbar nicht leiden, wenn die Männer trinken. Stumm und verbissen werkelt sie fast eine Stunde an dem Schloss herum, unsere Anwesenheit scheint sie dabei nicht zu stören. Schließlich fliegt die Tür auf, und nach einem lautstarken Wortgefecht fliegen in hohem Bogen Flaschen ins Wasser. Die Party ist vorbei.

Ein hölzernes Fischerboot verschwindet im Nebel und setzt wohl zu einer Sandbank über. Auf diesen temporären Inseln leben während der Trockenzeit ganze Familien, die Kies aus dem Flussbett schürfen, den sie an Baufirmen verkaufen.

Denn so breit und mächtig der Ayeyarwady ist, so flach ist er acht Monate des Jahres auf dem größten Teil seines Verlaufes. Sandbänke und Felsen sind tückisch für die Schifffahrt, die für die meisten Waren und Passagiere immer noch das einzige Verkehrsmittel durch das Land darstellt. Erst als die Sonne den Dunst auflöst, kann unser Schiff am Morgen ablegen. Am Bug stochern zwei Männer mit langen Bambusstangen im Schlamm, um den Wasserstand zu kontrollieren. Bei eins fünfzig ist Schluss. So viel brauchen die Frachter und Fähren mindestens unter dem Kiel. Wenn das Boot trotzdem auf Grund läuft, manövriert es einfach solange vor und zurück, bis es wieder ein paar Hundert Meter weitergeht. Nur die Flöße aus Teakstämmen oder Bambus kommen mit noch weniger Wasser unterm Kiel aus und treiben beständig im Schritttempo Richtung Süden.

Der Spion, der General und der Irre

*Drei Tage bis Mandalay. Auf dem Fluss kommt uns
die Zeit abhanden. Aber warum sollte man sich
auch beeilen?*

Irgendwann kommt man eben an. Irgendwo, und wenn es auf dem
Fluss nicht weitergeht, dann mit irgendeinem anderen fahrbaren
Untersatz. Da habe ich keine Sorge. Das Phlegma ergreift ganz schnell
Besitz von mir, und die Landschaft zieht vorbei wie ein Film: Pagoden,
Klippen, Wasser, auffliegende Reiher. Buddhas Botschaft scheppert
aus den Lautsprechern eines entgegenkommenden Schiffes. Zum Glück
muss ich mich nicht groß bewegen.

> »On the road to Mandalay, where the
> flying fishes play ...«

Vielleicht meinte Rudyard Kipling in seinem berühmten Gedicht die
seltenen Ayeyarwady-Delfine, die den lokalen Fischern angeblich
gegen eine Umsatzbeteiligung beim Fischen helfen. Als tatsächlich
jemand »*Dolphin!*« ruft, habe ich das Tier natürlich verpasst. Rasch ist
es wieder abgetaucht in die unergründlich schlammigen Fluten.

Wie vor Jahrhunderten waschen Frauen am Ufer ihre Wäsche, spie-
len nackte Kinder im Schlamm, verlieren sich Hütten unter den gro-
ßen Bäumen am Ufer. Nur wenn das Schiff anlegt, bricht Hektik aus.
Frauen mit Körben voller Lunchboxen, Snacks und Getränke springen
an Bord, Hände voller Obst strecken sich den Reisenden entgegen,
Kinder winken, undefinierbare Säcke und Kisten werden von oder an
Bord getragen. Vom Landungssteg in den Alltag sind es nur ein paar
Schritte. Ein Kloster, eine kleine Schule und ein Laden, wenn man
Glück hat. Staubfarbene Hunde dösen im Schatten. Wer etwas an Land

zu erledigen hatte, drängt sich rasch wieder auf das Schiff. Bis das nächste kommt, kann es dauern. Der Ort liegt schon beim Ablegen wieder wie ausgestorben da.

Meine Schuhe halten sich ganz gut, sie sind jetzt zweifarbig. Der rote Staub hat sich in den Nähten und Falten abgesetzt, ein interessanter modischer Farbverlauf. Außerdem haben sie einen Wasserrand, da auf der Bordtoilette immer ein paar Zentimeter hoch Wasser steht und ständig nachläuft, gespeist aus der Druckspülung, die wie eine Sprinkleranlage vor sich hin sprüht. Immerhin ist es sauberes Wasser. Es gibt ein paar Holzklötze, auf denen man trockenen Fußes zum Hockklo balancieren kann. An Duschen ist natürlich nicht zu denken, und auch auf weitere Waschungen an einer Tonne verzichte ich.

Im unbedachten Teil des Unterdecks gibt es eine Art Restaurant mit offenem Feuer und einem großen verbeulten Topf, in dem Reis gekocht wird. Ansonsten im Sortiment: Bier, Whisky, Cracker und unglaublich süßer *Coffee-3-in-1*-Mix. Die Verkäuferinnen schlafen, dick eingemummelt in chinesische Plüschdecken mit Blumenmuster, hinter ihrem Tresen oder um den Herd.

Die einheimischen Gäste – und ein deutsches Paar von dem *Best-Ager*-Blog »Silverpacker« – lagern auf dem Zwischendeck. Auf dem Metallboden sind nummerierte Schlafplätze eingezeichnet, morgens ist das Deck kalt, feucht und rutschig vom Tau. Die »Silverpacker« wissen einfach alles und verfügen über sich selbstaufblasende Isomatten, allerlei Funktionswäsche und vermutlich auch über Nachtsichtgeräte und mobile Wasseraufbereitungsanlagen. Ich finde unsere Bekanntschaft ausgesprochen informativ und schöpfe Wissen über entlegene Gegenden dieser Welt ab, die selbst zu recherchieren eine Ewigkeit dauern würde. Wenn jetzt der Krieg ausbräche, würde ich mich sofort den beiden anschließen und meine Mitreisenden ihrem Schicksal überlassen.

Mein Fotograf Ken Schluchtmann scheint das zu spüren. Ihm sind sie ein Dorn im Auge. »Ein einziger Europäer macht das Bild kaputt«, pflegt er zu sagen, und prinzipiell hasst er jeden, der nicht in sein Bild passt. Er atmet auf, als die »Silverpacker« in Katha, wo einst George Orwell als Offizier in der englischen Armee diente, mitten in der Nacht (dank der Verspätung) und ohne ein gebuchtes Hotel von Bord gehen. Man muss sich um sie keine Sorgen machen.

Die anderen Passagiere passen perfekt ins Szenario, wir haben ihnen Spitznamen verpasst: »der Spion«, »der General« und »der Irre«. Man weiß nicht, ob sich »der Spion« nur wichtig macht, aber vor ein paar Jahren noch hätte ich geschworen, die Regierung habe ihn zur Überwachung auf uns angesetzt. Er kaut Betel und trinkt schon am Vormittag, von der Haltung her ist er ein mageres Fragezeichen mit krallenartigen Füßen. Er spricht überraschend gut Englisch, und Ken, der sich auf Kontaktaufnahme eingelassen hat, wird ihn nicht mehr los. Er wird von ihm und einer Gruppe Männer genötigt, eine Flasche »Grand Royal Whisky« auszugeben. Ich hingegen verschanze mich hinter Buch und Sonnenbrille auf dem Oberdeck. Drei Tage Geschwafel der angetrunkenen Locals verkrafte ich nicht.

Man grüßt mich respektvoll, wegen des Buches gelte ich als gelehrt. Mich interessieren eher die beiden Soldaten. »Der General« ist ein sonnenverbrannter, etwa eins fünfzig im Quadrat großer Nepali, der seine Augen überall hat. Er begleitet einen jüngeren, stummen Soldaten, der mit aufgerissenen Augen ins Nichts starrt, als hätte er schreckliche Visionen. Er lässt sich nur von Kens Kamera aus seinem katatonischen Zustand locken. Als ihm Ken auch seine Kopfhörer leiht, ist er für Minuten völlig entrückt.

Wir bekommen heraus, dass »der Irre« bei einem Gefecht einen Knacks erlitten habe und dass »der General« ihn zur psychologischen Behandlung nach Mandalay bringe. »Der General« wirkt wie ein knuddeliger Teddy in Uniform mit Pistole am Gürtel, ist aber jemand, mit dem man rechnen muss. Im Dunkeln und auf der falschen Seite möchte man ihm nicht begegnen. Wir malen uns aus, was »den Irren« traumatisiert haben könnte, irgendwas mit den Rebellen sicher, ganze

Dörfer sollen ja letztens wieder abgefackelt worden sein, aber so genau wollen wir es auch nicht wissen. Und da ist es wieder, dieses Gefühl, das mich an Burma schon immer fasziniert hat: Du kannst eine Situation und ihre Akteure manchmal beim besten Willen nicht einschätzen.

Vielleicht ist alles ganz harmlos, vielleicht aber auch nicht.

Nach anfänglicher Fahrt durch spektakuläre Schluchten wird der Fluss immer breiter und langsamer, es wird wärmer, und an Bord breitet sich Routine aus. Man nickt sich zu oder wechselt ein paar Worte mit »dem Spion« oder »dem General«. Die Schnapskumpel von Ken füttern uns mit Pistazien, die sie beim Anlegen in einem auf der Karte nicht verzeichneten Dorf in großen Mengen gekauft haben. Das ganze Deck ist bereits übersät von Schalen.

Bald wird der Wind sie weggeweht haben.

Bis jetzt haben wir achtzehn Stunden Verspätung, einen Tag habe ich als Puffer eingeplant. Aber dann geht alles plötzlich ganz schnell. Eine letzte Brücke und schon, hinter einer Flussbiegung, liegt Mandalay. Wir legen irgendwo am Ufer an, warum nicht an dem Steg weiß der Himmel, und balancieren auf Planken ans Ufer. Ein letzter Aufstieg über die feucht-schlammige Böschung, dann stehen wir wieder im Staub, freudig erwartet von einer Horde Rikscha-Fahrer.

Natürlich haben wir unseren Flug nach Bangkok gerade verpasst, vielleicht um eine Stunde, aber was soll's. Wenn man sich aufregt, wird es auch nicht besser. Ein paar Meter weiter steht ein Stupa. Ich stelle meine Tasche auf dessen Absatz und hole meine Flipflops heraus.

Fast tun sie mir leid, meine treuen Schuhe, wie sie da stehen, so allein, und ich werfe einen letzten Blick zurück, als die Rikscha anfährt. Macht's gut, denke ich.

Irgendjemandem werdet ihr schon gefallen.

Senegal

WEIT WEG, SO NAH

Ein gaunerhaftes Talent für Streiche. Ein Pingpongspiel aus freundlichen Stimmen. Makellose Dunkelheit. Über die Entdeckung des Friedens in Afrika.

Von Markus Steiner

Der Abend war längst im Gange, und die Regenzeit ließ seit Kurzem wieder hoffen, als Afrika endlich das erste Mal durch mich hindurchkroch – oder das, was ich mir darunter vorstellen wollte.

Im Westen markiert der Senegal den Übergang von der Sahelzone zu den Tropen, dem tödlichen Malariagürtel, der sich bis nach Namibia ausstreckt. Südlich des Senegal war vor wenigen Wochen das Ebolavirus ausgebrochen. Nun war es kaum wieder einzufangen. Wer weiterwollte, musste sich durchschlagen und hoffen oder Länder wie Guinea, Liberia und Sierra Leone überfliegen.

Nie finde ich die rechte Route für eine Reise. Immer flickt die Reise die wahre Route. Nie will ich dabei hoch fliegen, immer tief eintauchen. Will ganz nah ranrücken, die Sinne scharf gestellt. Reisen bedeutet erfahren, fühlen, bewegen, aufzulesen, was am Wegesrand sich herumtreibt: Unzucht, Verführung, Leben.

Vor mir lag der Senegal.

In diesem Winkel der Welt ist das hauchdünne Leben täglich aus einer anderen Ecke unter Beschuss. Bald würde überall dichter Regen wie Silberpfeile aus den chromgrauen Wolken hinabjagen. Die verstreuten Teerflecken – die sie hier Straßen nennen – würden gänzlich unpassierbar, und entfernte Orte wie dieser so gut wie unerreichbar werden. In Dakar oder St. Louis würden sie aus den Häusern laufen, tanzen, sich freuen und jeden einzelnen Tropfen Wasser, der sich packen ließ, mit Eimern, Schüsseln und Plastiktonnen einfangen.

Aber noch waberte alles entlang des Weges glühend heiß, ausgedörrt, wie verschmort. Alles lag träge auf der losen Erde, lustlos, leblos. Ein Rind am Rand: alle vier Beine wie ein letzter Protest von sich gestreckt, starr von der Hitze. Und von Todeswehen. Einzig die Baobabs trugen grüne Blätter. Wer waren diese Königinnen der Bäume? Sie hissten die Segel der Hoffnung für die Durstigen, die Hungrigen und Entbehrenden. Sie waren Schönheiten, monumentaler, vornehmer, fantastischer als jeder andere Baum, den ich je sah, dachte ich gebannt – fast schon gelähmt –, als wir müde vom Tag um die Ecke bogen und auf die Straße, die uns endlich in das Dorf brachte.

Ich war seit sieben Wochen auf dem Kontinent unterwegs. Nun saß ich am Rand der Straße von Mbake nach Touba. Es fühlte sich an, als wäre eine meiner Rippen gebrochen. Ich hatte mich gerade nach einer siebenstündigen Taxifahrt in einem zerbeulten weißen Peugeot 504 aus dem Wagen geschält. Schon während der Fahrt kam es mir vor, als würde mir jemand mit einem Revolver im Rücken rumstochern. Ich hatte das meiste Geld bezahlt und wie immer den schlechtesten Platz dafür bekommen – den auf der zweiten Rückbank, auf die man zu dritt gepresst wird, obwohl sie kaum Raum für zwei nahelegt. Senegalesische Eleganz und das gaunerhafte Talent für Streiche.

Für die Fahrt zur einzigen Unterkunft des Dorfes wollte mir der Taxifahrer am *Gare Routière* anschließend dann mehr Geld abknöpfen, als für die mehrere Hundert Kilometer lange Autofahrt zuvor. Immer sitzt eine ganze Gruppe Afrikaner um die Wagen herum. Die meisten von ihnen schauen nur. Herumsitzen und schauen, weil das alles ist, was es zu tun gibt. Und weil ein Weißer in der Hitparade der rätselhaften Zwischenfälle die ersten drei Plätze belegt. Diejenigen, die etwas zum Handeln haben, versuchen, loszuschlagen, was sie gerade besitzen – jetzt oder nie.

Am Ärmel meines Hemdes zupften die Finger von fünf lumpigen, lachenden Kindern und forderten etwas Geld, etwas zu essen, verdammt noch mal etwas. In diesem Land hat immer jemand Hunger, Tag wie Nacht, weil es nie genug für alle gibt, obwohl immer alles geteilt wird, jeder Brocken, der gerade wieder aufzutreiben war: ein Stück Brot, eine Mango, ein Klumpen Reis.

Ich gab einem Motorradtaxi den Zuschlag und schwang mich mit meinem Rucksack auf den Sozius. Dem Piloten steckte ich ein paar Münzen extra zu. Ich mag die Taxifahrer nicht. Ich halte ihre Gier und ihre Ignoranz nicht aus und vor allem, dass sie meinen, sie seien mehr wert als der Rest ihrer Brüder, nur weil sie den *Toubab* – den Weißen, den Fremden – übers Ohr zu hauen und zu erpressen wissen. Zu selten ein guter Junge dabei, der mich für weniger als vereinbart mitnimmt, oder auf einen *Cafe Touba*.

Dann saß ich auf einem der rot-weißen Markierungssteine und schaute einer ganzen Reihe Autos, Busse und Trucks auf der endlos scheinenden Straße hinterher, die nur ihre roten Rücklichter zurückließen. Alles andere nahmen sie mit. Vor allem ihren Mut. Das beeindruckt mich immer am meisten, wie die Leute ihren Vorrat an Mut plündern, um aufzubrechen. Weil sie doch nie wissen, wie sie ankommen werden. Ein Mann mit einem Eselskarren schleppte sich, den Esel und den Karren vorwärts und las im Gehen tief versunken im Koran, ohne dabei einmal aufzublicken. Allah weiß, wo es langgeht.

Die Straße führte direkt am Dorf vorbei. Die Siedlung folgte keiner sichtbaren Struktur. Es gab keine Begrenzungen, keine Wege. Die Lehmhütten waren einfach an einer freien Stelle errichtet worden. Einige in der Nähe eines Baums, der Schatten spendete. In der Trockenzeit sitzen die Männer den ganzen Tag darunter, weil auf den vertrockneten Feldern keine Arbeit zu verrichten ist. Jetzt knieten einige auf einem Teppich im Sand, auf dem Boden die Stirn, nach Mekka gerichtet.

Die Frauen taten auch am Abend noch einmal das, was sie immer morgens als Erstes machten, lange bevor die lähmende Hitze kam und blieb: Sie balancierten kunstvoll auf ihrem Kopf Metallschüsseln und Plastikkanister, die mit Wasser aus dem Brunnen gefüllt waren, und brachten sie in ihre Lehmhütten. Sie trugen hübsche, gemusterte Gewänder, die bunten *Boubou*. Sie verdecken den Blick auf die noch hübscheren Körperformen der Frauen. Das nahe Touba ist das Mekka des Senegal. Allah duldet hier keine Ablenkung.

Die Frauen bereiten auch die Mahlzeiten zu, was oft den ganzen Tag beansprucht. Weil niemand einen Vorrat hat, muss immer wieder alles neu beschafft werden, jeden Tag. Zum Kochen sitzen die Frauen auf alten Plastikkanistern im Schatten, den Oberkörper tief hinabgebeugt, eine Kelle in der Hand und dazu das Rauschen des Gaskochers. Nebenan spielen Kinder barfuß.

»*Ça va?*«, hörte ich freundliche Stimmen aus wechselnden Richtungen rufen. Eine Stimme erwiderte daraufhin etwas, und so ging es immer weiter, ein Pingpongsspiel, bei dem jeder das letzte Wort reservieren will, so scheint es. Selbst wenn man schon weit auseinandergelaufen ist, hallen die Salven nach, je länger, umso größer der Respekt. Immer grüßt jemand, erkundigt sich nach dem Lebenszustand. Immer wuseln Kinder durch das Dorf. Immer lacht jemand von irgendwo.

Es brauchte nicht lange, und ich wusste: alles, was ich wollte, war dieses Afrika. Dass es mich – wie jetzt – wie eine Welle die friedliche See durchfährt, ganz langsam. Langsam, in einer Art John-Franklin-Tempo, damit man alles festhalten und irgendwo befestigen konnte. Weil dieser Frieden war, was ich zu entdecken gewagt hatte. Doch ich wusste, das war nicht möglich. Ich wusste, man muss sich hüten. Denn sobald man etwas besitzt, hat man nichts mehr. Versickert alle Schönheit. Geht alle Rastlosigkeit von vorne los.

Es war jetzt stockfinster, niemand machte Licht. Weil keiner welches besitzt, weil Licht Luxus ist, genau wie das Glimmen einer Zigarette am Straßenrand. Mir gefiel das, weil man nicht sah, was als Nächstes kam. Neben mir saß schweigend ein Junge und nahm einen Schluck aus meiner Flasche *Flag*. Ich wollte bleiben. Genau hier, umarmt von makelloser Dunkelheit, einem lauwarmen Windhauch und der dämmernden Kühle, dem Geruch von Beinaheregen, huschenden Geräuschen und den leisen Stimmen in einer wachsenden Stille. Wollte barfuß im heißen Sand sitzen, wie in einem grenzenlosen Garten, mitten im Senegal oder irgendwo – Hauptsache, in Afrika.

Pakistan

PER ANHALTER DURCH PAKISTAN

Fliegende Teppiche auf Rädern. Stelldichein mit Mafiabossen. Allabendlicher Zirkus einer Grenzschließungszeremonie. Eine abenteuerliche Reise quer durch Pakistan bis an die chinesische und indische Grenze.

Von Morten Hübbe und Rochssare Neromand-Soma

Dicke Schweißperlen rollen träge über meine Stirn, verfangen sich in meinen Brauen und suchen ihren Weg entlang meiner Schläfen. Als wir die Grenze zwischen Iran und Pakistan überschreiten, sind wir bereits von der Reise gezeichnet. Um uns herum tobt ein heftiger Sturm. Kleine Sandkörner peitschen unsere Körper. Jeder Versuch, uns vor ihnen zu schützen, scheitert. Der Sand ist zu fein, dringt durch jede kleine Öffnung, erschwert das Atmen, knirscht zwischen den Zähnen. Wir sind mitten in Belutschistan, einer Region, die seit Jahrzehnten von Unruhen, Rebellion, Unabhängigkeitsbewegung und Terrorismus gezeichnet ist. Sicherheit ist hier ein seltenes Gut.

Wir betreten Terrorgebiet – das sagt unser Auswärtiges Amt. Doch die pakistanischen Grenzbeamten sind auffällig entspannt. Dafür, dass wir hier in realer Gefahr sind, entführt zu werden, ist die Stimmung recht gelöst. Wir erledigen die Einreiseprozedur und werden fünfhundert Meter weiter querfeldein zur Polizeistation des Grenzortes Taftan geschickt. Niemand begleitet uns, niemand sorgt sich um unsere Sicherheit. Alles halb so schlimm?

Taftan in der Dunkelheit

In der Polizeistation sitzen wir im Dunkeln. Taftan, an das iranische Elektrizitätsnetz angeschlossen, ist vom wütenden Sandsturm lahmgelegt, der irgendwo im Nachbarland mehrere Strommasten umgeknickt hat. Allein durch die offene Tür dringt etwas Licht in das dunkle Büro des diensthabenden Kommandanten. Das dicke Registerbuch, in das wir uns eintragen, ist mit feinem Sand überzogen, genauso wie alles andere im Zimmer auch.

Heute gibt es kein Weiterkommen. Eine Eskorte, für Reisende durch Belutschistan unabdingbar, steht nicht zur Verfügung, und so verbringen wir den Rest des Tages in der Polizeistation. Der Stromausfall hat weitreichende Folgen für uns. Das Computernetz der einzigen Bank im Ort fällt aus. Wir haben weder Geld für eine Unterkunft noch für die allerkleinste Mahlzeit. Stattdessen verbringen wir die Nacht bei Kerzenschein in einem Büro der Polizeiwache und essen mit dem Kommandanten zu Abend. Dieser gibt sich große Mühe, damit wir unsere Unbekümmertheit bewahren können. Im lustigen Akzent des Subkontinents stimmt er uns auf sein Land ein. Ja, wir sind in Pakistan. Nein, das Kopftuch ist hier, anders als im Iran, keine Pflicht mehr. Ja, in Belutschistan kam es bereits zu Entführungen und tödlichen Angriffen. Nein, wir brauchen uns nicht zu sorgen – heute Nacht können wir ganz unbeschwert schlafen. Wir sind sicher.

Draußen, im Innenhof der Polizeistation, versammeln sich ein paar Männer – Polizisten und Dorfbewohner. Lebhafte Gespräche dringen durch die Dunkelheit, und ab und an klingt offenherziges Lachen zu uns herüber.

Die Karawane zieht weiter:
Mit den Levies durch Belutschistan

Am nächsten Morgen steigen wir in einen rostigen Geländewagen – das erste von vielen pakistanischen Militär- und Polizeifahrzeugen auf dem Weg durch Belutschistan. Eskortiert werden wir von drei bewaffneten Levies: Mitglieder einer paramilitärischen Einheit aus einheimischen Wehrpflichtigen, Offizieren, Soldaten und Polizisten. Nur wenige Kilometer trennen uns hier vom Territorium der Taliban in Afghanistan. Die Levies patrouillieren entlang der einzigen asphaltierten Straße, haben stets die Wüste und alles, was sich in ihr bewegt, im Blick.

Unsere drei Bewacher dienen schon lange in dieser Gegend. Weiße Bartstoppeln sprießen auf der wettergegerbten Haut ihrer Gesichter. Die Augen liegen in tiefen Höhlen. Die ganze Erscheinung der Männer lässt das harte Leben in Pakistans größtem Bundesstaat erahnen.

Seit der Gründung Pakistans 1947 schwelen immer wieder Konflikte in Belutschistan. Obwohl sich die Region gegen eine Fusion mit dem neuen Staat ausspricht, annektiert das pakistanische Militär 1948 das Gebiet. Unruhen und gewalttätige Auseinandersetzungen zwischen Separatisten und Militär gehören seitdem zum Leben in der ärmsten und unterentwickeltsten Provinz des Landes.

Die ersten von etwa sechshundert Kilometern durch die Wüste sind eine Katastrophe. Die Löcher, die sich hier auf der Straße aneinander-reihen, sind so tief, dass unser Fahrzeug alle paar Meter zu springen beginnt. Das Fahrzeug ist zu klein für uns und unsere Begleiter, sodass vor allem der Levie im Kofferraum leidet unter den Stößen, denen wir ausgesetzt sind.

Etwa eine Stunde reisen wir so durch Belutschistans Wildnis, bis wir an einer kleinen Hütte halten. Mitten im Nichts, umgeben von Sand, Staub und Wind, tauchen immer wieder kleine Baracken, Hütten und Unterstände am Straßenrand auf. Überall die gleiche Einrichtung: ein Raum, eine Pritsche, ein Stuhl, ein schweres Maschinengewehr und ein dickes Register. Von hier wird die Straße quer durch Belutschistan überwacht. Ein Wachposten folgt auf den nächsten, und jedes Mal heißt es für uns, Pässe vorzeigen und im Register unterschreiben. Unsere Fahrt wird genauestens dokumentiert. Oft wechseln wir bei diesen Kontrollen auch das Fahrzeug, sodass wir im Laufe der Zeit immer mehr Levies kennenlernen.

Von Beruf Soldat, aber keine Berufssoldaten. Statt einer Uniform tragen die Levies ihr *Shalwar Kamiz*, die traditionelle Kleidung Belut-schistans. Weite Pumphosen und ein langärmeliges Oberteil, das bis zu den Knien reicht. Gegen Wind und Sand schützen sie sich mit Decken und Tüchern, die sie um Kopf und Körper schlingen.

Als der Wind endlich nachlässt, gibt er den Blick in die weite Wüste frei. Sand und grauer Stein erstrecken sich bis zum Horizont, wo ein grauer, wolkenverhangener Himmel das Ende des Nichts begründet. Riesige Sandwehen versperren unsere Fahrbahn, denen wir in ständigem Zickzackkurs ausweichen. Ein paar Dromedare schaukeln nur wenige Meter neben der Straße durch die Wüste.

Auf der Ladefläche lächelt mir der Levie in der Cordjacke aufmunternd zu. In gebrochenem Englisch erkundigt er sich über mein Wohlbefinden, bevor er nach rechts auf die Berg- und Hügelkette in einiger Entfernung weist. Dort drüben liegt Afghanistan.

Hinter den Hügeln, keine fünfzig Kilometer entfernt, herrschen die Taliban, die auch immer wieder in pakistanisches Territorium eindringen. Dann sprechen wir über Familie, Frauen und Kinder. Terror und Alltag liegen in Belutschistan nah beieinander. Die Levies selbst sind immer wieder Opfer terroristischer Übergriffe. Zuletzt sterben im Januar 2014 sechs Levies bei einem Schusswechsel, als sie einen spanischen Radfahrer durch Belutschistan eskortieren, fünf weitere Levies und der Spanier selbst werden verletzt.

Dennoch, die Gelassenheit und Freundlichkeit, mit der die Levies uns gegenübertreten, erstaunt mich. Wir sind mit den Gedanken stets bei all den Schrecken, die uns hier zustoßen könnten. Doch unsere Begleiter freuen sich über unseren Besuch, und im Nu werden wir Facebookfreunde.

Gastfreundschaft in der Wüste

Zwei Tage reisen wir so durch die Wüste in Richtung Quetta, der Hauptstadt Belutschistans. Nach dem Sandsturm begleiten uns nun dunkle Regenwolken.

In einer der Lehmhütten erwarten uns bereits drei Levies. Auf einer Decke auf dem staubigen Boden sitzend, servieren sie uns Chai in kleinen Gläsern und teilen ihr Essen mit uns. Saif, einer der Levies, präsentiert uns stolz seinen eben zubereiteten Salat. Gurken, Tomaten, Kichererbsen, Kartoffeln, Zwiebeln – gemeinsam greifen wir tief hinein in die Schüssel, bis metallisches Kratzen am Boden das Ende der Mahlzeit verkündet. Wir sind satt und zufrieden. Dann kramt Saif ein Handy hervor. Mit breitem Grinsen zeigt er uns Fotos seines zweijährigen Sohnes und erzählt von den ersten Sprechversuchen des Nachwuchses. Aus dem rauen Beschützer der Wüste ist schlagartig ein freundlicher Familienvater geworden.

Doch Saif ist nicht der einzige Levie, der uns im Gedächtnis bleibt: Wir werden von Baba Saeed eskortiert, sein ganzes Wesen strahlt eine unbändige Fröhlichkeit aus. Jedes seiner Worte ergänzt er mit einem warmen Lächeln. Als wir vom Regen durchnässt in einer kleinen Baracke pausieren und bei einem heißen Chai erneut auf die nächste Eskorte warten, dreht Baba Saeed eine Karaffe auf den Kopf, schlägt ein paar Takte auf dem metallenen Boden und beginnt, für uns Liebeslieder auf Urdu und Belutsch zu singen.

Mitten in der verregneten Wüste Belutschistans und weit weg von allem, was uns vertraut ist, fühlen wir uns plötzlich ganz heimisch. Wären da nicht die vielen Waffen und die Patrouille vor der Tür, wir würden nichts von der schwierigen Lage um uns herum bemerken.

Dann endlich erreichen wir Quetta, von wo wir uns mit dem Zug in den Süden aufmachen – diesmal eskortiert von der pakistanischen Polizei. Unser Ziel ist die Megametropole Karachi.

Phool Patti – Pakistans ureigene Kunstform

Karachi ist ein Monster, eine Megacity. In der Stadt am Arabischen Meer leben dreiundzwanzig Millionen Menschen – mehr als auf dem australischen Kontinent insgesamt. Karachi ist das Wirtschafts- und Handelszentrum Pakistans und zugleich Spielwiese der Schönen und Reichen. Für uns bedeutet Karachi aber vor allem, dass wir uns zum ersten Mal während unserer Pakistanreise ohne Polizeischutz bewegen dürfen. So bleibt im Anblick des Molochs ein Lächeln auf unseren Gesichtern zurück.

So bedeutend Karachi für Pakistan ist, so mäßig ist der Ruf der Stadt. Schon als wir mit dem Zug die Stadtgrenze erreichen, fallen uns die vielen heruntergekommenen Zeltunterkünfte entlang der Gleise auf. Gleichzeitig taucht Karachi immer wieder auf den vorderen Plätzen in den Rankings der gefährlichsten Städte der Welt auf. Es heißt, in keiner anderen Stadt werden so viele Menschen ermordet wie hier. Das alles erfahren wir jedoch erst, als wir Karachi bereits verlassen haben.

Unsere Zeit in Karachi ist dagegen phänomenal. Mit Freunden trinken wir Whisky am Strand der Hawks Bay, betrachten aufwendig geschmückte Kamele am Clifton Beach, treffen Musiker, Filmemacher und Journalisten. Wir sind fasziniert von der Vielfalt Karachis – Armut und Gewalt neben schicken Cafés und riesigen Einkaufszentren, in denen sich die High Society des Landes regelmäßig über den Weg läuft. Eine hochwertige Oldtimer-Ausstellung mitten in der Stadt ist der für uns überraschendste Höhepunkt dieser Glitzerwelt.

Draußen, auf den Straßen Karachis, geht es chaotisch zu. Fußgänger, Eselskarren, Kamele, Motorräder, Autorikschas, PKWs und Minibusse drängen sich durch ein heruntergekommenes koloniales Ambiente. Ambulante Obst- und Gemüsehändler verengen die ohnehin schon völlig überfüllten Straßen. Die Luftverschmutzung ist hoch, die Abgase sind giftig. Dennoch sind wir gerne hier. An jeder Ecke lächelt man uns freundlich zu. Wir werden mehrfach im Vorbeigehen zum Chai eingeladen; einfach, weil man sich mit uns unterhalten möchte. Viele zeigen sich erfreut über unseren Besuch, ohne jedoch aufdringlich zu werden. Von Neppern und Schleppern fehlt hier jede Spur.

Doch noch etwas treibt uns immer wieder auf die Straßen. Es sind die aufwendig geschmückten und eindrucksvoll dekorierten LKWs, die schwer durch die Stadt donnern. Die Könige der Straße erscheinen in majestätischem Gewand. Auf Hochglanz poliert, klingeln, rasseln und rauschen sie mit Hunderten kleiner Glöckchen und Ketten. Nie zuvor haben wir etwas Derartiges gesehen: kräftige, leuchtende Farben, detaillierte Motive, umfangreiche Dekorationen.

In Somaliland entdecken Johannes Klaus und Alex der Schwede sehr eigenwillige Sehenswürdigkeiten – sei es ein Panzer am Wegesrand ...

... oder die Straße der Geldwechsler in der Hauptstadt Hargeisa. Wie kleine Mauern schichten die Männer dort Geldbündel vor sich auf. Für einhundert US-Dollar bekommt man eine Menge Papier: fast zweitausend Scheine à fünfhundert Somaliland-Shilling.

Vor Senegals Küste sind Fischer in traditionellen Pirogen unterwegs und beherrschen das Spiel mit dem Netz wie ein Musikinstrument.

Halong Bay ist eine der größten Attraktionen Vietnams. Eine Bootstour für Touristen ist die einfachste Art, sie zu erkunden – aber nicht die schönste ...

»Anhand der Farbe deiner Schuhe und Füße kann man erkennen, ob du in Burma gewesen bist.«

Der Fotograf Ken Schluchtmann (vorne) und der Autor Martin Schacht (Mitte) reisen gemeinsam durch Burma: im Zug, auf Pick-ups und schließlich auf einem rostigen Dampfer aus dem Britischen Empire.

Die Salisbury Plain an der Nordküste Südgeorgiens: Rund fünfzigtausend Königspinguine nisten hier. Ohrenbetäubendes Kreischen und atemraubender Gestank erfüllen die Luft.

Dirk Lehmann schreibt, Susanne Baade fotografiert. Und gemeinsam suchen (und finden) sie das Glück – auf einer Expeditionskreuzfahrt von Südamerika in die Antarktis.

»Begegnung mit
der Welt des ewigen Eises.
Unwirtlich. Schroff. Hart.
Nirgends auf der Welt ist es so
menschenleer wie in der
Antarktis.«

Warten auf eine Mitfahrgelegenheit auf dem Karakorum Highway, der höchstgelegenen Fernstraße der Welt, im Norden Pakistans.

In Belutschistan, einer Region, die sich über die Grenzen zu Iran und Afghanistan erstreckt, werden Rochssare Neromand-Soma und Morten Hübbe von bewaffneten paramilitärischen Einheiten begleitet.

Nach nur wenigen Monaten Beziehung kaufen sich Jennifer und Peter Glas einen alten Unimog, kündigen ihre Jobs, heiraten – und beginnen die Reise ihres Lebens.

»Es geht um die Liebe. Ich liebe die Straße. Ich liebe das endlose Fahren. Weil es mit dir ist.«

Draußen, auf den Straßen des kleinen Berberörtchens in Marokko, wirken die Frauen traditionell verschlossen. Doch drinnen, im Hamam, lassen sie die Hüllen fallen.

In Lettland: das Badehaus der Kuranstalt am Strand von Majori. 1916 wurde es eröffnet, seit 2003 steht es leer.

Mit Walhaien zu schwimmen ist auf Cebu, einer Insel der Philippinen, ein gut organisiertes Touristenspektakel. Bezahlen, Nummer bekommen, ab aufs Boot. Erst einmal im Wasser, ist Marco Buch aber tief beeindruckt: was für ein unvergleichliches Erlebnis!

Pakistans LKWs sind mit Abstand die schönsten der Welt. Den dekorierten Schwerlastern widmet sich eine ganze Kunstszene. *Phool Patti* – »Blume und Blatt«, so der Name dieser ureigenen Kunstform.

Wir sitzen auf einer Pritsche in einem kleinen zementierten Raum in einer engen Gasse irgendwo in der 23-Millionen-Metropole und schlürfen Chai. Uns gegenüber sitzen Ali und Haider, zwei sogenannte *Truck Artists*, deren rollende Kunst wir bereits seit Tagen bestaunen. Haider, mittlerweile vierunddreißig Jahre alt, schmückt seit seinem achten Lebensjahr LKWs. Zunächst an der Seite des Vaters und nun selbstständig mit etwa zehn Mitarbeitern.

Wenn Ali und Haider von ihrer Arbeit berichten, dann schwärmen sie: *Phool Patti* ist tief verwurzelt in der pakistanischen Kultur. Es ist Pakistans einzige originäre Kunstform, besitzt einen eigenen Stil, eigene Designs, Muster und Motive. Sie verwandelt monströse Trucks und Abgasbestien in fliegende Teppiche auf Rädern. Die dekorierten LKWs sind Statussymbole ihrer stolzen Besitzer. Nicht selten geben die Fahrer mehr Geld für die Verzierung ihrer Fahrzeuge aus als für ihre Häuser und Familien.

Auf den LKWs prangen vor allem volkstümliche Motive Pakistans. Übergroße Blüten und Blätter, wie der Name *Phool Patti* es bereits andeutet, tragen eine übergeordnete Rolle. Daneben sind es Landschaften und Wahrzeichen aus der Heimat der Fahrer, die auf den Außenwänden der Trucks verewigt werden. Die Fahrer, so erklärt uns Haider, wollen zeigen, woher sie stammen. Auch Kalligrafie und Tierzeichnungen sind allgegenwärtig. Vor allem der Bengalische Tiger als Ausdruck für Stärke und Eleganz taucht immer wieder auf. Heldenszenen aus der pakistanischen Mythologie zieren einige Trucks, und nicht wenige Helden ähneln dabei ganz zufällig den Fahrern selbst. Mit diesen Darstellungen suchen die Straßenkapitäne spirituelle Unterstützung für die langen Wege kreuz und quer durchs Land – vom Arabischen Meer bis in den Himalaja. Religiös, sentimental, emotional, regional – das sind die prägenden Attribute des *Phool Patti*.

Doch *Phool Patti* ist mehr als nur kräftige Farbe und bunte Motive. Die LKWs werden komplett neu auf- und umgebaut, erzählen Ali und Haider. Wir wollen es genau wissen und treten hinaus aus dem zementierten Raum in die gleißende Sonne. Eine enge Gasse, wenige Hundert Meter lang, erstreckt sich vor uns. Alle paar Schritte öffnen sich eine Tür, ein Tor, eine Pforte. Dahinter schweißen, klopfen, hämmern und feilen die Arbeiter.

Hier wird Metall zu langen Auspuffrohren gedreht, dort werden Gewinde gefräst. In dunklen, hohen Hallen türmen sich die unterschiedlichsten Metallarbeiten. In einem Hinterhof bearbeiten drei Männer etwas, das irgendwann einmal ein Tank für Benzin oder Öl werden wird. In einer Ecke sitzen zwei Arbeiter um einen Schraubstock und biegen zentimeterdicke Eisenstäbe. An anderer Stelle werden gerade zwei LKWs lackiert. Jeder beliebige Aufbau eines LKWs wird in diesen Werkstätten hergestellt – von der Ladefläche bis zur Fahrerkabine. Reifenmacher recyceln abgenutzte Reifen. Sattler beziehen Fahrer- und Beifahrersitze.

Ali führt uns in einen weiteren Hof. Hier ist die Basis eines LKWs aufgebahrt. Eine lange, schmale, simple Konstruktion, die weit davon entfernt scheint, einmal schwere Lasten durchs Land zu transportieren. Es ist das einzige Element des späteren Trucks, das nicht in dieser Gasse hergestellt und stattdessen aus Japan importiert wird.

Unweit entfernt steht ein LKW, an dem die letzten dekorativen Feinheiten vorgenommen werden. Eine riesige, bunt geschmückte Konstruktion ragt wie eine Krone über der Fahrerkabine. Verschiedenfarbige Aufkleber sind zu kunstvollen Motiven zusammengefügt, Ketten und Glöckchen an Stoßstangen und Kühlergrill befestigt. Kleine Spiegel, Teil der Dekoration, lassen den LKW im Sonnenlicht glitzern.

Karachi ist die wichtigste Stadt für die Kunst des *Phool Patti*. Aus dem ganzen Land kommen Anfragen für LKW-Dekorationen und die Anfertigung spezieller Aufbauten. Einige Fahrer legen mehrere Hundert oder gar tausend Kilometer zurück, nur um ihren alten Redfort Trucks hier ein neues Gesicht zu verleihen.

So verschieden die Dekorationen der einzelnen LKWs sind, so verschieden sind auch die Schulen der Dekorateure. Karachi und die Provinz Sindh im Süden Pakistans sind berühmt für Arbeiten aus Kamelknochen. Besonders eindrucksvoll sind die aus Holz angefertigten Arbeiten in Belutschistan und um Peschawar im Nordwesten. Wunderschön geschnitzte Holzverkleidungen zieren die Fahrerkabinen, massive Holztüren ersetzen die Originale aus Metall. Rund um Islamabad setzt man dagegen hauptsächlich auf Kunststoff.

Nachdem wir die Werkstatt verlassen und Haider und Ali schon lange aus dem Gedächtnis verloren haben, bleibt *Phool Patti* doch stets unser Begleiter. Im ganzen Land sehen wir die kunstvoll dekorierten LKWs, Minibusse und Rikschas – in Karachi, auf der Landstraße, in Islamabad und auf dem Weg in den Himalaja. Überall begegnen uns die fliegenden Teppiche auf Rädern.

Die Zwillingsschwestern Islamabad und Rawalpindi

Wir erreichen Islamabad nach einer unbequemen Nacht. Von der Polizei eskortiert, wechseln wir im 20-Minuten-Takt das Fahrzeug. An Schlaf ist so nicht zu denken. Im Morgengrauen, wenige Kilometer vor Islamabad, geht unserem Polizeigefährt jedoch das Benzin aus. In der Vorstadt bleiben wir stehen, und nach einigem hilflosen Beratschlagen der Beamten setzen sie uns in ein Taxi, und wir tauchen ein in die Hauptstadt des Landes.

In Islamabad verlassen wir gefühlt Pakistan. Vom chaotischen Verkehr, der uns bis hierher begleitete, ist nicht mehr viel übrig. Die Straßen sind breit und sauber, Parks und Grünflächen lockern die Betonödnis auf, wildes Marihuana wächst am Straßenrand. Die umherziehenden Eselskarren sind verschwunden. Stattdessen finden wir westliche Cafés, Fast-Food-Ketten und Restaurants – ein Einfluss der vielen ausländischen Diplomaten und Expats.

Islamabad ist geprägt von Ordnung und Regelmäßigkeit. Als sich die pakistanische Regierung in den 1950er-Jahren dazu entschließt, Karachi als Hauptstadt abzulösen, wird in wenigen Jahren eine Planstadt aus dem Boden gestampft – Islamabad.

Die Stadt vom Reißbrett ist unterteilt in Sektoren, gerade Linien, rechte Winkel. Breite Alleen führen kilometerlang in eine Richtung. Der mehrspurige Kashmir Highway durchschneidet die Stadt exakt in der Mitte. Adressen sind kryptisch: Man wohnt in G-11/3 st. 110 #112 oder F-7/4 st. 28 #20. Jeder Sektor ist um einen eigenen Markt angeordnet, in dem alles Wichtige erledigt wird: einkaufen, essen, Haare schneiden. Islamabad ist der symmetrische Stolz des Landes.

Ein richtiges Stadtzentrum gibt es dagegen nicht. Wer ausgehen möchte, den verschlägt es in die bessergestellten Sektoren F-7 und F-6. Der Khosar Market ist fest in ausländischer Hand. Kaffeehausketten und teure Restaurants reihen sich hier aneinander, ein privater Sicherheitsservice und Videokameras überwachen den Parkplatz davor. Taschenkontrollen sollen vor Terroristen schützen. Es heißt sogar, dass in einem der Lokale Pakistanis nicht willkommen seien, sie seien schlecht für das Geschäft. Stattdessen schlürfen hellhäutige Diplomaten und Anzugträger an ihren Frappuccinos, während nicht einmal hundert Meter entfernt Bettler auf der Straße sitzen.

Doch nicht nur Expats begegnen uns hier. Wir treffen Studenten, angehende Grafiker, Webdesigner und Kommunisten. Eines Abends sitzen wir in einer dunklen Dreizimmerwohnung. In Pakistan herrscht Energienotstand. Elektrizität gibt es nur für zwei Stunden am Stück, dann wird der Strom per Dekret für eine Stunde abgeschaltet. Lichter gehen aus, Computerbildschirme erlöschen, das Wi-Fi-Signal verschwindet: Zeit für Gespräche. Mit Murad, Politikdoktorand an der Militärakademie, und Muhammad werden wir politisch. Die beiden

Studenten in ihren beginnenden Dreißigern nehmen dabei kein Blatt vor den Mund. Die Regierung sei vom Militär gelenkt, das Land versinke in Korruption auf allen Ebenen, Kontrollinstanzen gebe es keine. Probleme werden mit Geld gelöst. Wer kein Geld hat, der hat Probleme.

Unweigerlich kommen wir auf Pakistans Image als Terrorstaat zu sprechen und erfahren Delikates. Der Terrorismus im Staat war lange Zeit Teil der Bildungspolitik. Von der Hilfsorganisation USAID finanziell unterstützt, wurden in den 1980er-Jahren Millionen ideologisch aufgeheizte Schulbücher im Land verteilt, die den Dschihad, den Heiligen Krieg, propagierten. Während in deutschen Klassenzimmern mit Äpfeln und Birnen gerechnet wurde, multiplizierten pakistanische Schüler mit Bomben und Maschinengewehren. Sie sollten vorbereitet werden, als junge Männer in die nahe Sowjetunion zu ziehen, um dort als Mudschahedin das Land zu destabilisieren.

Auch Murad und Muhammad erinnern sich noch immer an damalige Aufgabenstellungen: Wenn du zehn Bomben hast und eine zündest... Mittlerweile sind sie und viele ihrer Kommilitonen desillusioniert. Pakistan bietet ihnen keine Möglichkeiten. Doch das Land verlassen können sie auch nicht. Der pakistanische Pass ist nicht viel Wert in der Welt – das scheint für viele von ihnen das schlimmste Schicksal zu sein.

Wir treffen Kamran, Geschäftsmann aus Islamabad, zum Mittagessen. Der begeisterte Radfahrer und große Fan des VW-Käfers zeigt uns die Beletage des Lebens in Islamabad. Auf Kamrans Anraten nehmen wir uns vor, durch die Margalla Hills zu wandern. Die grün bewachsene Hügelkette im Norden der Stadt ist durchzogen von mehreren Wanderwegen und verspricht eine herrliche Aussicht auf Islamabad. Hauptstädter verbringen hier ihre Wochenenden, picknicken mit der Familie oder halten ihre Körper beim Joggen fit. Wir genießen einfach die Natur, bis wir auf halber Strecke von zwei Soldaten aufgehalten werden. Es geht nicht weiter. Keine Erklärung. Nachfragen uner-

69

wünscht. Es ist nicht das erste Mal, dass wir ohne ersichtlichen Grund von den Autoritäten aufgehalten werden, natürlich immer im Namen der Sicherheit. Wir vermuten, dass irgendein General oder Politiker in einem nahen Restaurant zu Mittag isst. Derlei Triviales liegt meistens zugrunde.

Unangenehm sind diese »Sicherheitsaktionen« für uns vor allem durch die allgemeine, beinahe arrogante Einstellung des Sicherheitspersonals. Als wir mit unseren Rucksäcken auf einer Bank in einem der bessergestellten Sektoren sitzen, kommt plötzlich ein Typ auf uns zu und fängt selbstgefällig und kommentarlos an, unser Hab und Gut zu untersuchen. Erst auf unsere Empörung hin gibt er sich als Angestellter eines Sicherheitsdienstes aus. An seinem Aussehen ist das jedoch nicht zu erkennen.

Überall wimmelt es von Sicherheitskräften und Checkpoints. Vor jedem Café und jedem Restaurant warten mindestens zwei Sicherheitskräfte, um uns gründlich zu kontrollieren. Immer wieder betonen sie, dass es unserer Sicherheit diene – wir fühlen uns jedoch eher als potenziell Verdächtige. Manche ausländischen Lokale gleichen regelrechten Festungen. Wer mit dem Auto zum McDrive will, muss seine Karosse erst einmal nach Bomben untersuchen lassen. Selbst Spürhunde kommen dabei zum Einsatz.

Die diplomatische Enklave im Osten der Stadt, in der sich fast alle Botschaften und Konsulate hinter einem hohen Sicherheitszaun befinden, sticht besonders hervor. Hierhin gelangt man nur durch mehrere Checkpoints und Sicherheitskontrollen. Pro Besuch der Enklave wird nur eine Genehmigung für eine Botschaft erteilt. Ein Shuttleservice bringt die Besucher zu ihrer gewünschten Botschaft und holt sie von dort auch wieder ab. Wer eine zweite Botschaft besuchen möchte, muss sich eine neue Genehmigung ausstellen lassen. Ein Spaziergang durch die Diplomatenstadt? Ausgeschlossen!

Auf dem Weg zur indischen Botschaft, in der wir unsere Visa für die Weiterreise beantragen müssen, sehen wir die verschiedensten Flaggen im Wind wehen: China, Kuwait, Saudi-Arabien, Finnland. Auf einer Fläche, so groß wie einundzwanzig Fußballfelder, lassen die USA gerade ihre neue Botschaft errichten. Was hier entsteht, dient ganz offensichtlich mehr als bloßem Konsularwesen.

Wir sehen einen in die Jahre gekommenen Diplomaten in hellblauem T-Shirt und neongrüner Hose die Straße hinunterjoggen – im Schritttempo gefolgt von einer schwarzen Limousine mit verdunkelten Fensterscheiben. Cafés und Bankautomaten ziehen durch unser Blickfeld. Es gibt kaum einen Grund für die Diplomaten, ihren Hochsicherheitstrakt zu verlassen. Hier wird sogar gefeiert. Die kanadische und französische Botschaft unterhalten jeweils einen eigenen Club mit Livemusik und Alkoholausschank – Eintritt nur für Ausländer.

Islamabad ist komfortabel, perfekt, um ein paar Tage abzuschalten, nichts zu tun außer essen und schlafen. Doch der Stadt fehlt auch das Besondere. Für uns ist Islamabad kein Ort, der lange in Erinnerung bleibt.

Ganz anders dagegen Rawalpindi, liebevoll Pindi genannt, angrenzend an den Süden Islamabads. Rawalpindi, so sagt man, sei die hässliche Schwester der Hauptstadt. Tatsächlich scheinen Islamabad und Rawalpindi wie Zwillinge. Sie liegen so nah beieinander, dass kaum ein Blatt Papier zwischen sie passt. Dort, wo die eine Stadt endet, beginnt die nächste.

In Rawalpindi ist es staubig und laut, hupender Verkehr zwängt sich ununterbrochen durch die überfüllten Straßen der Stadt. Kleine Gassen und heruntergekommene Häuser prägen das Bild. Ambulante Händler verkaufen Obst und Gemüse auf riesigen, improvisiert zusammengehämmerten Holzkarren. Ganze Straßenzüge sind gesäumt von Sockenverkäufern und Blumenbindern. Hier gibt es alles, von Abführmitteln bis Zahnersatz. *Chai Wallahs*, Teeverkäufer, hetzen von einer Straßenseite zur anderen, um ihre Ware möglichst heiß zum nächsten Kunden zu bringen. Die hässliche Schwester ist für uns die wesentlich charismatischere.

Jeder macht hier seine Geschäfte. In Rawalpindi fühlen wir schnell, dass Pakistan ein Land ist, in dem alles passieren kann. Es gibt keine Begrenzungen, keine Schranken, solange man mit den gegebenen Umständen umzugehen weiß.

Wir lernen Babar kennen. Der Mann mit dem freundlichen Gemüt und dicken Schnauzer unter der Nase lässt es sich nicht nehmen, uns sein ganz persönliches Rawalpindi zu zeigen – und das liegt tief in der dunklen Unterwelt. Babar, bis vor Kurzem Immobilienmakler, träumt schon seit seiner Kindheit von Mafiageschichten. Während Gleichaltrige Feuerwehrmann oder Polizist werden wollten, hatte Babar nur einen Wunsch: Pate sein.

Doch die Karriere im Familiengeschäft, so merkt Babar mit der Zeit, entspricht nicht seinem Naturell. Babar ist kein Krimineller, sondern nur ein Sympathisant. Er zieht sich aus dem Geschäft zurück, doch die Mafia bleibt ihm treu. Noch immer trifft er sich mit Paten und Oberhäuptern der Klans. Auch wir bekommen während unserer Zeit mit Babar die Gelegenheit, mit einem der Mafiabosse Rawalpindis betrunken am Tisch zu sitzen.

Unsere Bekanntschaft zahlt sich aus: Plötzlich arbeitet der Schneider viel schneller, und beim Obsthändler zahlen wir nur noch die Hälfte. Doch das bleibt nicht unser einziger Kontakt mit der Unterwelt. Babar, so scheint es, weiß alles und kennt alle. Korruption bei Bauprojekten? Da drüben! Illegaler Verkauf von Schmuggelware? Hier entlang! Drogen und Prostitution? Zwei Straßen weiter!

Über allem steht die Mafia, die sich aber auch um die Probleme der Bevölkerung zu kümmern weiß. Der Polizei und den staatlichen Behörden traut hier in Pakistan kaum jemand. Stattdessen hilft die Mafia mit ihrer parallelen Gesetzgebung.

Bei einem unserer Spaziergänge bleiben wir vor riesigen Mauern und einer Menschenmenge stehen, die sich vor einem verschnörkelten, eisernen Tor drängt. Dutzende Männer haben sich hier versammelt. Einige in schicken Anzügen, andere im traditionellen *Shalwar Kamiz*.

Sie tragen Blumenketten und kiloschwere Schachteln voller Süßigkeiten in ihren Händen. In ihrer Mitte stehen zwei Schimmel, gestriegelt und herausgeputzt. Wir stellen uns zu der Menge, und in wenigen Sekunden wird auch Babar ein Blumenkranz in die Hand gedrückt.

Wir befinden uns kurz vor der öffentlichen Gratulation zur Ernennung eines Senators. Das schwere Eisentor öffnet sich und gibt den Blick auf ein riesiges Grundstück frei. Rosengärten, Springbrunnen, Alleen – und am Ende einer lang gezogenen Auffahrt eine riesige, säulenumringte Villa.

Die Menge strömt auf das Grundstück, Musik erklingt, die Pferde beginnen zu tanzen, Konfetti regnet, und ein älterer Herr mit schwarz gefärbtem Haar und tief liegenden braunen Augen wird von allen Seiten mit Blumenketten geschmückt, nimmt Glückwünsche entgegen, lächelt mal nach links und mal nach rechts. Der neue Senator.

Babar klärt uns auf: Wer in Pakistan zum Senator ernannt wird, hat nur in den wenigsten Fällen eine starke politische Laufbahn hinter sich. Stattdessen ist jede Menge Geld geflossen. Etwa elf Millionen US-Dollar kostet ein Senatorposten für die Regierungspartei (in der Opposition ist er naturgemäß etwas günstiger). Das ist eine stolze Summe, die von niemandem allein getragen werden kann. Wer also Senator werden möchte, der sucht sich Sponsoren, und er sucht in allen Ecken, auch in den dunklen. Die öffentliche Gratulation ist weniger eine Feier für den neu ernannten Senator als vielmehr eine Vorstellung seiner Finanziers.

Draußen vor der Villa steht eine lange Tafel. Getränke werden ausgeschenkt, Häppchen serviert. Wir schauen uns auf dem Gelände um und finden uns bald vor der riesigen Eingangstür zur Villa wieder. Bedienstete hetzen hinein und wieder heraus, ein paar Gäste versammeln sich in der Vorhalle, und auch wir treten ein. Plötzlich eilt ein Mann herbei, verspricht uns Chai und schickt uns energisch in geschlechtergetrennte Säle. Ich finde mich in einem kolossal eingerichteten Wohnzimmer wieder. Ölgemälde hängen an der Wand, ein Kristallleuchter strahlt von der Decke, dicke Teppiche dämpfen meine Schritte, schwere Polstermöbel stehen in der Mitte des Raumes. Es ist totenstill, doch ich bin nicht allein. Ungefähr zwanzig Männer sitzen um mich herum, alte und junge, im feinen Anzug oder in Lederjacke. Die meisten tragen Schnurrbärte, buschig oder dünn gestutzt. Was sie alle eint, ist der finstere Blick. Ich lasse mich auf den einzigen freien Platz auf einer Couch nieder, wage ein freundliches »*Salaam*« und lächle schüchtern in die Runde. Keine Reaktion – und wenn doch, dann nur, weil einige finstere Blicke noch etwas grimmiger werden. Unruhig rutsche ich hin und her, betrachte meinen Nebenmann, einen Lederjackenträger, der stur geradeaus starrt. Ich fühle mich fehl am Platz und suche das Weite, noch bevor mich der versprochene Chai erreicht.

Im Nebenzimmer treffe ich Babar in einem vergoldeten, samtbezogenen Ohrensessel sitzend. Hinter ihm faucht ein ausgestopfter Leopard vom Beistelltisch, davor steht ein Familienfoto. Als ich Babar von der merkwürdigen Konstellation, aus der ich gerade flüchtete, erzähle, bricht dieser in Gelächter aus. Ich saß, so erfahre ich von Babar, zwischen den wichtigsten Mafiabossen Rawalpindis und Vertretern verschiedenster Klans. Sie alle haben den neuen Senator finanziell unterstützt und erwarten nun Gegenleistungen. Tatsächlich huscht der Senator wenig später an uns vorbei ins Zimmer der Männer, und nur wenige Minuten später verlässt die Gruppe geschlossen die Villa.

Rawalpindi raubt uns den Atem. Wir atmen den Dreck der Stadt und kommen aus dem Lachen nicht mehr heraus. Wo sind wir hier nur hineingeraten? Doch irgendwann ist es Zeit für uns zu gehen. Über den Karakorum Highway gelangen wir tief hinein ins Himalajagebirge.

Northern Area – Pakistans Himalajaregion

Der Weg in den Norden, der Weg durch die Berge ist naturgemäß ein schwieriger. Schmale, von Erdrutschen stark beschädigte Straßen und das ständige Hin und Her entlang der kurvenreichen Strecke halten uns im Tempo zurück. Unser Geschwindigkeitsrausch setzt bereits bei 40 km/h ein, und bei einer Geschwindigkeit von 50 km/h, was zugegebenermaßen nur selten vorkommt, schlottern uns angesichts des katastrophalen Weges bereits die Knie. Wir befinden uns auf dem Karakorum Highway (KKH), der höchstgelegenen Fernstraße der Welt. Unter uns fließt der Indus in Richtung Arabisches Meer, und um uns herum erheben sich faszinierende Berghöhen. Imposante Massive wie der Nanga Parbat, der Killerberg, stechen in den Himmel. Die drei höchsten Gebirgsketten der Welt – Hindukusch, Karakorum und Himalaja – treffen hier aufeinander.

Noch bevor wir ins Gebirge eindringen, durchqueren wir einen brisanten Ort. Nur fünfzig Kilometer von Islamabad entfernt, erreichen wir Abbottabad, die Stadt, in der am 2. Mai 2011 eine US-Spezialeinheit Osama bin Ladens Anwesen stürmte und den Kopf der Terrororganisation al-Qaida nach kurzem Feuergefecht erschoss. So präsent ist uns der gottgeführte Terror, dass wir auch jetzt, vier Jahre danach, noch ehrfürchtig und etwas verängstigt aus dem Fenster starren. Viel Militär ist auf den Straßen unterwegs. Mehrere Checkpoints liegen entlang des Highways. Doch in der Stadt selbst scheint das Leben normal zu verlaufen, wir sehen Marktstände und Händler, ein paar Eselskarren.

Dann reisen wir drei Tage durch das Gebirge, bis wir das Hunza-Tal erreichen. Plötzlich rücken die umliegenden Berge auseinander und geben eines der malerischsten Täler Asiens frei. Hunderte Aprikosen- und Mandelbäume tragen rosafarbene und weiße Blüten. Dahinter ragen massive, schneebedeckte Sechs- und Siebentausender empor.

Das Hunza-Tal liegt zentral auf dem Karakorum Highway, galt aber lange Zeit als isoliert, abgeschnitten vom Rest des Landes. Mythen und Legenden ranken sich um die Region. Von einer besonderen Langlebigkeit der Menschen ist die Rede. Hunza gilt als Tal der Hundertjährigen. Es heißt, Hunza sei eines der letzten Paradiese – ein Himmel auf Erden.

In Karimabad, Hunzas Hauptort, richten wir uns ein. Stundenlang sitzen wir zwischen den Obstbäumen des Ortes und betrachten die Landschaft oder wandern durch die nahe gelegenen Berge. Weit über Karimabad führen schmale, nur wenige Fuß breite Pfade am Fels entlang. Schroffes Gestein ragt über unseren Köpfen empor und senkt sich nur eine Armlänge weiter in einen tiefen Abgrund, dessen Ausmaß wir nur erahnen können. Was die Natur hier schuf, ist in seiner Schönheit nur schwer zu beschreiben. Karimabad und das Baltit-Fort, ein Königspalast aus dem 13. Jahrhundert, stechen aus den grün leuchtenden Feldern hervor. Dahinter, an den unteren Berghängen, ebbt das Meer der rosafarbenen und weißen Blüten langsam ab, bis nur noch die Braun- und Beigetöne des nackten Felsens zu sehen sind. Darüber glitzern schneebedeckte Bergkuppen und raue Gletscher. Auch der 7788 Meter hohe, eisige Rakaposhi gehört zu ihnen.

Mit ein paar getrockneten Aprikosen und Maulbeeren lassen wir uns auf einem Felsvorsprung am Wegrand nieder. Der Himmel auf Erden offenbart ungewöhnliche Gaumenfreuden. Vor allem Aprikosengerichte sind sehr populär. Die getrockneten Früchte, zerstoßenen Kerne und das gepresste Öl sind Bestandteile vieler Gerichte. Sandwiches, gefüllt mit gehackter Minze, Koriander, Käse und Aprikosenkernen, oder eine süße Aprikosensuppe. Die Hunza-Schokolade, ein Energieriegel aus getrockneten Aprikosen und Aprikosenkernen, die mit Honig und weiteren Früchten und Nüssen zubereitet wird, ist besonders lecker.

Derart gestärkt, treffen wir Mumtaz, einen jungen Naturkundelehrer der örtlichen Schule, in Karimabad. Viel sei hier in der 7000-Einwohner-Stadt nicht los, erklärt er ohne Umschweife. Doch dem begeisterten Cricketspieler wird es dennoch nicht langweilig. Jede freie Minute verbringt er mit seinen Freunden auf dem nahen Cricketfeld, einem Schotterplatz, auf dem einst Material für den Straßenbau abgetragen wurde. Gerade beginnt die neue Trainingssaison, und scheinbar alle jungen Männer Karimabads haben sich versammelt, um ihren Platz im Team zu ergattern. Auch Mumtaz ist hoch motiviert und schwingt einen imaginären Schläger durch die Luft. Überhaupt ist Cricket der mit Abstand beliebteste Sport in Pakistan. Überall im Land werden Bälle geworfen und mit breiten Holzschlägern in die Ferne gedroschen.

Nach Sonnenuntergang lädt uns Mumtaz ein, ihn ins nahe Kasino zu begleiten. Wir stutzen ungläubig: Ein Kasino im Paradies? Die Spielhalle ist das Foyer eines heruntergekommenen Hotels. Mehrere Tische stehen in dem schmalen, lang gezogenen Raum. Eine Gasfunzel spendet schummriges Licht, um welches Rauchschwaden aus Dutzenden Zigaretten wabern. Es sind ausschließlich Männer im Raum. Stimmengewirr dringt zu uns herüber, Lachen. Würfel rollen über die Tische, Karten fliegen von links nach rechts, Spielfiguren klacken auf Spielbretter. Es wird Tee serviert.

Glücksspiel ist im muslimischen Pakistan eigentlich untersagt, doch hier geht es nicht um Black Jack und Roulette, sondern um Mühle, Dame und Mensch-ärgere-dich-nicht. Die komplette Spielesammlung meiner frühen Kindheit liegt hier ausgebreitet auf den Tischen. Mit Mumtaz versuche ich mich an einer Partie Dame und muss mich bereits nach wenigen Zügen geschlagen geben. Im Kasino gibt es kein Pardon. Die Spieler sind pfeilschnell, und jeder Fehler wird gnadenlos bestraft. Bis spät in die Nacht ertönt das Klack-klack-klack in irrsinnigem Tempo – jeden Abend, jedes Jahr.

Shimshal: Eine ungeplante Wanderung

Wir verlassen Karimabad entlang des Karakorum Highways in Richtung Norden. Doch schon nach ein paar Dutzenden Kilometern endet die Straße vor einem ausufernden See, dem Attabad-See. Von einem gewaltigen Erdrutsch blockiert, staute sich der Hunza-Fluss 2010 zu einem gigantischen Wasserreservoir. Umliegende Dörfer wurden ganz oder teilweise überflutet, Felder vernichtet. Der Weg in den Norden ist zerstört, der Karakorum Highway verschwindet auf einer Länge von fünfundzwanzig Kilometern in den Fluten.

Heute setzen Langboote über den See und befördern Passagiere und Waren auf die andere Seite. Alles wird hier per Hand verladen: schwere Zementsäcke ebenso wie Kisten voller lebender Hühner. Etwa vierzig Minuten dauert die Überfahrt. Wer mit dem Auto über den See setzen muss, dem steht ein wackeliger Balanceakt bevor. Auf zwei Planken, die im 90-Grad-Winkel über den Langbooten liegen, wird das Fahrzeug ausgerichtet – gesichert nur mit ein paar Steinen, die die Räder blockieren.

Hinter dem Attabad-See ist der ohnehin schon geringe Verkehr merklich ausgedünnt. Kaum ein Fahrzeug ist auf dem Highway unterwegs. Doch wir haben Glück und gelangen mit ein paar Einheimischen bis nach Passu. Von hier wollen wir in das Seitental Shimshal, fünfzig Kilometer abseits des KKH, trampen. Doch auf der staubigen Piste, die zwischen gigantischen Felswänden in Haarnadelkurven entlangführt, ist außer uns niemand unterwegs. So laufen wir durch die enge Schlucht hinein in die Berge, immer entlang der Shimshal, dem gleichnamigen Fluss.

Völlig unvorbereitet machen wir uns auf den Weg. Wir rechnen nicht damit, eine weite Strecke zu Fuß zurückzulegen. Außer einigen getrockneten Maulbeeren haben wir kaum Proviant dabei. Auch die Gaskartusche für unseren Campingkocher ist schon lange aufgebraucht. Doch unsere Kalkulation schlägt völlig fehl. Wir bleiben allein auf der Straße.

Als die Sonne untergeht und es empfindlich kalt wird, ist noch immer kein einziges Fahrzeug zu sehen. Wir beginnen, vereinzelte trockene Sträucher einzusammeln. Mit ein bisschen Holz, das wir am Wegrand finden, entzünden wir ein Feuer, kochen die spärlichen Pasta-Reste, die als Notration irgendwann einmal den Weg in unsere Rucksäcke gefunden haben, und kriechen zitternd in unsere Schlafsäcke.

Am nächsten Morgen machen wir uns schon früh wieder auf den Weg. Hungrig schleppen wir uns vorwärts, wandern auf gleicher Ebene am Fluss entlang oder steigen mehrere Hundert Meter weit über ihn hinauf. Die Straße, noch immer staubig, steinig und unbefahren, führt uns immer weiter durch das Gebirge. Gletscherzungen lecken über die Steilhänge bis zur Straße. Riesige Geröllawinen und tonnenschwere Gesteinsbrocken säumen unseren Weg. Hoch über uns leuchten schneeweiße Berggipfel unter einem strahlend blauen Himmel.

Den ganzen Tag laufen wir in dieselbe Richtung. Ab und an überqueren wir eine Brücke, hören das Rauschen des Flusses unter uns. Unsere Mägen knurren, die Höhensonne verbrennt unsere Gesichter, und bis nach Shimshal ist es noch sehr weit. Als die Sonne bereits hinter der Bergkette verschwindet, ist noch immer kein einziges Auto an uns vorbeigefahren. Langsam plagen uns ernste Zweifel, wie wir die eiskalte Nacht überstehen sollen. Brennmaterial haben wir schon länger nicht mehr gesehen und seit knapp vierundzwanzig Stunden außer ein paar getrockneten Maulbeeren auch nichts gegessen. Uns bleiben zweihundert Gramm Instantnudeln, doch der Versuch, ein Feuer mithilfe einiger grüner Sträucher zu entfachen, misslingt. Statt wärmender Flammen stechen dicke Rauchschwaden in unsere Nasen, lassen unsere Augen tränen. Als unsere Not gerade am größten scheint, hören wir ein fernes Motorengeräusch. Tatsächlich erreicht uns kurz vor Einbruch der Dunkelheit ein Fahrzeug auf dem Weg nach Shimshal und nimmt uns die letzten verbleibenden Kilometer mit.

In Shimshal ist das Leben schwierig. Nicht nur, weil der Weg hierher weit und beschwerlich ist. Der Boden ist trocken, die Nächte sind eiskalt. Wer hier überleben will, muss hart arbeiten. Es gibt keine Wasserleitungen, keine Heizungen und kein dauerhaft funktionierendes Stromnetz. Nur im Sommer, wenn die Gletscherschmelze einsetzt, produziert ein kleines Wasserkraftwerk Elektrizität. Leben in Shimshal besteht vor allem darin, die Felder zu bestellen und mühsam Wasser vom Fluss zu holen. Feuerholz muss kilometerweit herangeschafft werden. Bauern treiben riesige Schaf-, Ziegen- und Yakherden durch das Tal zu ihren Weidegründen. Keine Arbeit dient hier einem niederen Zweck, nur dem puren Überleben.

Und dennoch: Die Menschen in Shimshal genießen etwas ganz Besonderes. Beinahe jeder ist ein Bergsteiger. Hier gibt es eine eigene Bergsteigerschule, und stolz erzählt man sich, dass die besten Kletterer in diesem kleinen Tal geboren werden.

Auf unserem Weg durch das 2000-Seelen-Dorf Shimshal werden wir von Niamat angesprochen. Der junge Mann lädt uns zu seiner Familie nach Hause ein. Gerade bäckt seine Schwägerin auf der heißen Metallplatte eines niedrigen Ofens Brot. Um die Feuerstelle herum versammelt sich die Familie. Niamat reicht uns Chai. Sein Haus besteht aus einem einzigen Zimmer. An der hinteren Wand befindet sich ein kleiner Küchenschrank, daneben ein Schlaflager. Der Wohnbereich wird durch ein einziges Loch im Flachdach über dem Ofen erhellt. Fenster gibt es nicht. In einem Regal stapeln sich Haushaltsutensilien und ein paar Bücher. Auf dem Boden liegen zahlreiche Kissen und Decken. Hier isst, schläft und lebt die Familie auf wenigen Quadratmetern. Das kleine Kofferradio in der Ecke wird mit Batterien betrieben. Über ein Solarpanel werden Taschenlampen geladen. Strom gibt es erst wieder in ein paar Wochen – dann beginnen die Gletscher zu schmelzen.

Wir sprechen über den harten Alltag in Shimshal und die Freuden, in diesem abgelegenen Winkel zu leben. Mehr durch Zufall erfahren wir, dass Niamat und sein ebenfalls anwesender jüngerer Bruder Mansoor pakistanische Geschichte geschrieben haben. 2013 sind Niamat und Mansoor die ersten Pakistanis, die erfolgreich eine Alpinski-Expedition im eigenen Land unternehmen. Die beiden Abenteurer erklimmen in sechs Stunden den Gipfel des 6050 Meter hohen Manglik Sar, nur um in weiteren siebzehn Minuten auf ihren Skiern bis hinab zum Basislager zu rasen. Innerhalb von fünf Tagen bezwingen sie drei weitere Sechstausender und hinterlassen mit ihren Skiern tiefe Spuren im Pulverschnee. Rekord!

Doch Niamat und Mansoor sind nicht die einzigen Teufelskerle im Ort. Wir treffen Hasil in einem kleinen Restaurant. Auch er ist Bergsteiger und Erstbezwinger eines der höchsten Gipfel im Shimshal-Tal, der nun den Namen Sunset Peak trägt. Doch Hasil klettert nicht nur in der nahen Umgebung, sondern nimmt auch regelmäßig an Expeditionen zum K2 und Nanga Parbat teil. Er erzählt von den schwierigen, oft tödlich endenden Aufstiegen an diesen unberechenbaren Bergen und den mit Leichen und Körperteilen übersäten Routen zur Spitze. Dann folgen die Anekdoten: Lachend schildert er seine Begegnungen mit den berühmten Bergsteigern Hans Kammerlander und Reinhold Messner, die er auf ihren Touren durch die pakistanischen Berge begleitete. Hasil erzählt vom lustigen Hans und vom grimmigen Reinhold – den einen mag er, den anderen nicht.

Der höchste Grenzübergang der Welt

Nach zwei Tagen, in denen wir das Tal erkunden, Gletscher besteigen und noch weitere Male von Bauern und Bäuerinnen zum Tee eingeladen werden, kehren wir zurück zum Karakorum Highway. Auf unserer letzten Etappe in Richtung Norden wollen wir bis zur chinesischen Grenze vordringen. Am Khunjerab-Pass, in knapp 4700 Metern Höhe, treffen Pakistan und China aufeinander. Es ist der höchste befestigte

Grenzübergang der Welt. Doch auf dem Weg dorthin leiden wir erneut an den Folgen des aufgestauten Attabad-Sees und dem kaum vorhandenen Verkehr. Von Passu, zurück auf dem Karakorum Highway, nach Sost gelangen wir noch mit drei freundlichen Telekommunikationsingenieuren. Doch dann sitzen wir fest. Fünfundachtzig Kilometer vor der Grenze kommt uns kein einziges Auto mehr entgegen. Wir warten. Ausgestattet mit einem Schild, auf das wir die Worte »China« und »Khunjerab« schreiben, stehen wir am Straßenrand. Doch es bietet sich keine Gelegenheit, es in die Luft zu halten. Außer einem Polizisten vor einer geschlossenen Schranke ist niemand da, der unsere Zeichen lesen könnte.

Ganze drei Tage warten wir: vom frühen Morgen bis zum Sonnenuntergang. Stunde um Stunde, Tag für Tag. Lediglich die aufmunternden Worte und der gelegentlich spendierte Chai des Polizisten lassen uns weiter an das Gelingen unseres Plans glauben. Am dritten Tag ist es so weit. Unsere Geduld ist schon erloschen. Wir schwanken noch, ob wir aufgeben oder weitere Stunden ereignislos hoffen sollen, als Theo und Sereen, zwei abenteuerlustige Reisende aus Neuseeland und England, uns zu sich ins Auto einladen. Auch ihr Ziel ist der Khunjerab-Pass, und gemeinsam machen wir uns auf den Weg. Höher und höher fahren wir. Die Luft wird merklich dünner, es wird kalt. Schnee und Eis breiten sich zu beiden Seiten der Straße aus. Ein Murmeltier huscht in einiger Entfernung durch den Schnee, Steinböcke klettern über unmöglich erscheinende Pfade von Felsvorsprung zu Felsvorsprung.

Als wir den Khunjerab-Pass erreichen, will es der Zufall, dass bereits eine chinesische Reisegruppe dort eingetroffen ist. Witzigerweise halten sie uns für echte Pakistanis und sind ganz erpicht darauf, mit uns für Erinnerungsfotos zu posieren. Unsere Erklärungsversuche gehen in der überschwänglichen Aufregung der Chinesen schnell unter, und wir verzichten auf weitere Richtigstellungen. Stattdessen schütteln wir unzählige Hände zum Zeichen der chinesisch-pakistanischen Freundschaft und fühlen uns als vollwertige Botschafter unseres Gastgeberlandes.

Dann verschwindet die Reisegruppe geschlossen in ihrem Bus und macht sich auf den Weg zurück ins Landesinnere.

Auch wir kehren wieder zurück, überqueren den Attabad-See, trampen durch das Hunza-Tal und weiter bis nach Islamabad, von wo wir nach Lahore fahren, wenige Kilometer vor der indischen Grenze.

Lahore – beinahe Indien

Islamabad und Lahore sind mit einem komfortablen Highway verbunden. Mehrspurig zieht er durchs Land, und wir gleiten in angenehmer Reisegeschwindigkeit über den Asphalt. Die Klimaanlage im Auto unserer Mitfahrgelegenheit leistet gute Arbeit. Während draußen die Temperatur gefühlt von Minute zu Minute steigt, sitzen wir wohlakklimatisiert im Inneren und lassen uns Eis am Stiel schmecken.

Doch als wir Lahore erreichen, trifft uns der Schlag. Die Sonne ist schon lange hinter dem Horizont verschwunden, doch noch immer herrschen etwa fünfunddreißig Grad Celsius. Für uns, die wir gerade aus den Bergen und einer Höhenlage von knapp 5000 Metern kommen, ist das ein kräftiger Schlag. Wir laufen gegen eine Hitzewand.

Mani und Shareez, zwei junge Studenten, nehmen uns bei sich auf. Ihre 2-Zimmer-WG teilen sie sich mit Meero und Hamzar. Ein Deckenventilator wirbelt die Luft in der Wohnung durcheinander und wirkt dabei wie ein Fön, der uns unablässig Wärme ins Gesicht bläst.

Mani und Shareez sind ein Herz und eine Seele, die beiden lachen ständig, machen Witze, und wenn sie sich zu sehr langweilen, dann prügeln sie sich – nur so zum Spaß. Dazwischen rauchen wir Wasserpfeife, Manis größtes Hobby und liebster Zeitvertreib. Vier bis fünf Mal täglich stopfen wir feuchten Tabak in den Keramikkopf und lassen Kohle auf der Gasherdplatte glühen.

Lahore macht uns das Leben schwer. Es ist heiß, viel zu heiß. Täglich steigt das Quecksilber auf vierzig Grad Celsius und mehr. Dem können wir nicht standhalten. Bereits am Morgen sind wir von der Hitze zur Lethargie gezwungen. Mit jeder Wasserpfeife werden wir noch ein bisschen antriebsloser.

Ausgestreckt auf dem Zimmerboden, lassen wir uns vom Leben der beiden Studenten erzählen. Mani und Shareez bewundern unsere Reise, unsere Freiheit. Für sie selbst ist derlei unvorstellbar. Einfach losgehen und die Familie zurücklassen? Diese Idee scheint zu extrem zu sein. Tatsächlich berichtet Shareez, dass er nicht einmal von Lahore nach Islamabad fahren könne, ohne seinen Vater um Erlaubnis zu fragen, die er ihm sehr wahrscheinlich verweigern würde. Die Familienbande in Pakistan sind ausgesprochen stark. Der Vater ist das Oberhaupt. Sein Wort ist Gesetz. Da bleibt nicht viel Platz für individuelles Handeln. Auch das ist ein Grund, warum wir während unserer Reise stets neugierige, verwunderte Blicke auf uns ziehen.

Als uns die Decke auf den Kopf zu fallen droht, raffen wir uns endlich auf und erkunden Lahore. Die Stadt gilt als besonders indisch. Kein Wunder, schließlich liegt sie nur wenige Kilometer von der Grenze entfernt und ist Hauptstadt des, seit der Loslösung Pakistans von Indien, ebenfalls geteilten Bundesstaates Punjab. Hier ist es noch ein bisschen voller, noch ein bisschen chaotischer als im Rest des Landes. Von allen Seiten werden wir neugierig beäugt. Ohne Scheu wechseln Passanten die Straßenseite oder ändern ihren Weg, nur um uns noch besser betrachten zu können. Hier passiert es uns zum ersten Mal, dass wir zum Fotoobjekt werden, anstatt selbst zu fotografieren.

Lahore hat eine lange, ereignisreiche Geschichte. Die Stadt ist voller architektonischer Zeitzeugen. Koloniales aus der Zeit der britischen Eroberer neben eindrucksvollen Moscheen, Schreinen und Tempeln. Die Altstadt, umringt von hohen, jahrhundertealten Stadtmauern, ist noch immer das lebendige Zentrum. Wir gelangen durch das Delhi-Tor, eines von dreizehn Eingängen in die Altstadt. In den schmalen Gassen wimmelt es von Händlern und Käufern, Warenträgern und Schaulustigen. Wir schlendern durch die Gasse der Schnei-

der, durch die Gasse der Textilverkäufer, durch die Gasse für Kinder-
geburtstagsutensilien, durch die Gasse für Gewürze und Haushalts-
gegenstände, durch die Gasse für Schrauben und Ersatzteile. Ein paar
Jungs folgen uns neugierig. Wie paralysiert starren sie zu uns herüber
und lösen sich auch nicht aus ihrer Trance, als wir belustigt zurück-
starren.

Lahores Altstadt ist seit jeher auch ein kulturelles Zentrum, ein Symbol für Reichtum und Macht. Der Legende nach wurde die Stadt vor
viertausend Jahren von Loh, Sohn des Hindugottes Rama, gegründet.
Die Moguln errichteten hier wunderschöne Moscheen, Paläste und
Gärten, die noch heute zu den wichtigsten Wahrzeichen der Stadt zählen. Sie bauten Lahore zu einem der bedeutendsten islamischen
Zentren auf dem Subkontinent aus. Theologen, Philosophen, Mystiker,
Dichter und Künstler wurden gleichermaßen vom Ruf der Stadt angezogen. Später hinterließen die Sikhs ihre Spuren, bevor die Briten die
Kontrolle übernahmen. Lahore ist ein Schmelztiegel der unterschied-
lichsten Religionen und Kulturen und heute das kreative Herz des
Landes. Stolz sind die Bewohner auf die Einzigartigkeit ihrer Stadt,
und immer wieder ist auf den Straßen »*Lahore, Lahore aye*« – »Lahore
ist Lahore« – zu hören.

Wir betreten die Festung Shahi Qila, Lahores Weltkulturerbe. Von
den Moguln errichtet, muss sie einst prachtvoll ausgesehen haben.
Heute darbt das Gelände jedoch vor sich hin. Farbe blättert von den
Wänden, Müll sammelt sich in den Ecken. Ein Feuer bricht in einem
der Gebäude aus und zwingt die Feuerwehr zum Einsatz. Lediglich
das massive Alamgiri-Tor wirkt auch heute noch beeindruckend in seiner schieren Größe.

Gleich nebenan erhebt sich die Bashahi-Moschee, die einst als
größte Moschee der Welt gefeiert wurde. Im riesigen Innenhof ist es
brütend heiß. Kein Luftzug bewegt sich. Von der gnadenlosen Sonne
erhitzt, verbrennen wir uns unsere Füße auf den Steinplatten. Nur auf
ein paar dicken Gummimatten, die in schmalen Wegen über den Platz

führen, ist es einigermaßen auszuhalten. Schnell sehnen wir uns nach Manis WG-Zimmer zurück. Leckeres Eis und Wasserpfeife erwarten uns.

Ein Zirkus mit alberner Gangart

Nur dreißig Kilometer östlich befindet sich die Grenze zu Indien. Seit der Unabhängigkeit und Teilung herrschen politische Spannungen zwischen den Atommächten Pakistan und Indien, die oft gnadenlos und stets zum Leidwesen der Zivilbevölkerung ausgetragen wurden. Erzfeinde, wie es sie wohl kein zweites Mal gibt. An der Wagah-Attari-Grenze findet diese politische Feindschaft einen kreativen Ausdruck in der Grenzschließungszeremonie. Jeden Abend findet hier ein ganz besonderer Zirkus statt.

Es ist wohl die unterhaltsamste aller Militärparaden. Hochgewachsene Soldaten in herausgeputzten Uniformen, dekoriert mit lustigen Hüten, die einem Hahnenkamm nicht unähnlich sind, stolzieren auf und ab. Die Bärte sind fein säuberlich gestutzt, der Blick ist grimmig. Entschlossen präsentieren sie den Grenzbeamten im Nachbarland ihre vermeintliche Stärke. Überspitzt und auf beiden Seiten bis ins Detail synchronisiert.

Doch die Soldaten marschieren nicht einfach, sie bekriegen sich auch. Die ultimative Waffe ist der *High Kick*, bei dem sie ein Bein hoch über ihre Köpfe schleudern und mit dem Knie gegen die Stirn schlagen. So malträtieren sie die Luft, die, wahrscheinlich aus dem Nachbarland kommend, ebenso zum Feind erklärt wird. Hochgerissene Fäuste und wilde Gesten gehören ebenso zum Repertoire. Roboterartig nimmt die Parade ihren Lauf. Monty Python hätte es nicht besser arrangieren können.

Wäre dieses Theater allein nicht schon genug, sind auf beiden Seiten Hunderte, wenn nicht Tausende Schaulustige anwesend. Anheizer im

Flaggen-Outfit machen Stimmung, motivieren ihre Landsleute, möglichst viel Lärm zu machen, um es »denen da drüben« ordentlich zu zeigen. Ohrenbetäubend schrillt »*Pakistan Zindabad*« – »Lang lebe Pakistan« – durch die Luft und wird von einem brachialen »*Hindustan Zindabad*« – »Lang lebe Indien« – beantwortet. Fäuste wedeln wild über den Köpfen. Immer wieder springen die vom Patriotismus ergriffenen Massen von ihren Sitzen. Es ist schwer zu sagen, ob die Stimmung eher einem Festival oder einem Fußballspiel ähnelt. Aber wahrscheinlich macht es auch keinen Unterschied, ob man in den ersten fünf Reihen auf Rage Against the Machine wartet oder im Westfalenstadion auf der Südtribüne steht. Es geht auf jeden Fall heftig zu.

Nach einer Stunde voller Geschrei und Drohungen ist die Vorstellung vorbei, und es passiert endlich das, worum es sich die ganze Zeit gedreht hat. Die Grenze wird geschlossen. Langsam werden auf beiden Seiten die Nationalflaggen eingezogen. Wehe, wenn eine der beiden Flaggen länger oben bleibt als die andere. Dann schließlich schütteln sich ein pakistanischer und ein indischer Offizier kurz, energisch und vermutlich schmerzhaft die Hände. Am Ende fallen beide Grenztore krachend in ihre Schlösser. Die Zeremonie ist beendet.

Es kehrt Ruhe ein. Auf beiden Seiten ist es Zeit für Erinnerungsfotos mit den adretten Soldaten. Wenn nun ein Pakistani oder ein Inder mal auf die andere Seite über den niedrigen Grenzzaun schauen würde: Er würde sein Ebenbild erblicken. Die Feindschaft, die beide Nationen zumindest politisch trennt, würde ihren Nährboden verlieren. Auf beiden Seiten sind es die gleichen Menschen, die gleiche Mentalität, selbst die gleiche Sprache, Punjabi. Doch statt zu schauen, kaufen sie lieber Souvenirs: Zeremonie-DVDs, Mousepads und Tassen mit Bildern der Soldaten. Morgen beginnt der Zirkus von Neuem. Morgen sind wir in Indien.

Vietnam

LOST IN VIETNAM

Es ist schwierig, dem Backpacker-Pauschaltourismus zu entkommen. Eine Reise nach Vietnam – und zu den eigenen Unzulänglichkeiten.

Von Philipp Laage

Ankunft am späten Nachmittag in Saigon. Dampf aus Garküchen, Stimmengewirr und Motorengeräusche, das Taxi müht sich durch den Verkehr. Die Häuser in der Bui Vien Street sind nicht sehr ansehnlich. Schmal geschnitten stehen sie dicht an dicht. Beton auf Ziegeln, kaum verputzt, ein bisschen Grün auf den Balkons. Im Erdgeschoss sind Läden untergebracht, Restaurants und Bars, die zahme Fusionsküche anzubieten haben – »Vietnamese & European Food & BBQ«, »North & South Indian Food Halal & Vegetarian« –, hauptsächlich für die Backpacker-Touristen aus dem Westen oder Australien, die mit ihren Tanktops und Flipflops daherschlendern und die Schultern wackeln lassen, als wären sie am Meer und nicht in der Großstadt. Asien: ein großer Strand.

Wir, mein Reisebegleiter und ich, sind in einem sogenannten einfachen Hostel um die Ecke untergekommen, an der Pham Ngu Lao Street, so wie die meisten jungen Touristen, die in dieser Stadt aufschlagen. Niemand nennt sie Ho-Chi-Minh-City, sondern: Saigon. Der Name liegt auf der Zunge wie ein angenehmer Geschmack des alten Asiens, wie die sanfte Erinnerung an eine Zeit, die man selbst nie erlebt hat. Die lächerliche Fantasie eines empfindsamen Geistes. Ich will nur noch dasitzen, dem zerfahrenen Treiben des Verkehrs zuschauen und eine *Pho* essen, danach Bier trinken und nichts tun. Aber so einfach ist es natürlich nicht.

Das abendliche Gewitter der Regenzeit geht über den Gassen nieder. Ein undurchsichtiges Geflecht aus Stromkabeln überzieht die Straßen und Bürgersteige. Motorroller gleiten wie Fischschwärme über den nassen Asphalt, sie folgen keinen Verkehrsregeln, aber einer inneren Ordnung. Der Blick auf die vom Regen verpixelten Neonfassaden mit der billigen Werbung macht mich mit einem Mal unglaublich melancholisch. Erster Abend in Vietnam, es hört nicht auf zu regnen.

Wie immer auf Reisen gilt es, erst einmal Orientierung zu finden, um sich die Stadt zugänglich zu machen und nicht schon nach dem Frühstück an ihrer Größe und Hektik zu kapitulieren. Unser Plan:

Möglichst viel zu Fuß gehen, was immer vernünftig ist, nur für wirklich lange Strecken ein Taxi nehmen (oder wenn das tropische Klima die Schläfen zum Wummern bringt, was früher oder später passiert, vor allem, wenn man zu wenig trinkt).

Wir laufen vom Busbahnhof zum Ben Thanh Market, dem größten Markt der Stadt. Davor huscht eine indigoblaue Eidechse durch das Gras. Schüler kommen über die Wiese auf uns zu, die Mädchen wollen sofort Fotos machen.

>>You are handsome, but snow white«,
sagt eine zu meinem Freund.

Der Lehrer lädt uns ein, die Schule zu besuchen, über Deutschland zu sprechen. Kein Problem, wobei – doch: Wir haben keine Zeit, obwohl das bei genauerer Überlegung Blödsinn ist, aber man sagt es so daher.

Weiter durch den Verkehr entlang der Le Loi Street, dann Straßen kreuzend. Man muss einfach losgehen, weil niemand für einen anhält, das lernt man schnell, und so bewegt man sich durch die Menschen, Autos und ungezählten Mopeds wie ein Taucher durch den Fischschwarm. Auf wundersame Weise kommt es nie zu einer Berührung.

Zeit, einige Eindrücke zu sammeln. Die Architektur der Wohnhäuser ist schmucklos und funktionell, ein großes Durcheinander: dreigeschossiger Säulenkitsch in Pastellgrün neben depressiv gemauerter Baracke mit Metalltor neben plump-modernistischem Apartmenthaus mit betonierter Dachveranda, auf der eine Hängematte aufgespannt ist. Schnell ist das T-Shirt nass, stehen Schweißtropfen auf der Stirn, wird Wasser gesucht (man trinkt immer zu wenig). Vietnam hat ungefähr die Größe Deutschlands, liegt aber durch die große Nord-Süd-Ausdehnung in mehreren Klimazonen. Hier in Saigon, im Süden des Landes, ist es immer heiß, feucht, schwül. Im Norden, nahe der chinesischen Grenze, fällt im Winter Schnee. Kaum vorzustellen.

Nur gehen und schauen, weil man nicht weiß, was interessant sein könnte, das ist der Reiz, den man, glaube ich, langsam verlernt als Kulturtechniker. Aber man gilt schnell als Fortschrittspessimist und langweilt alle unendlich, wenn man das sagt.

»Trung Nguyen Coffee«, die vietnamesische Interpretation einer Starbucks-Filiale. Der »Mother Land Coffee« ist mit Ingwer, Honig und Milch verfeinert. Auf dem repräsentativen Dong Khoi Boulevard, der von der kolonialistischen Notre-Dame-Kathedrale zum Fluss hinunterführt, stehen die alten und neuen Luxushotels, hier gibt es auch die Luxusboutiquen: Hermès, Versace et cetera. In jedem Imbiss bekommt man Oolong-Tee mit Eiswürfeln und kann es dann wieder mit der Schwüle des Tages aufnehmen.

Besuch beim Wiedervereinigungspalast. Ein kommunistischer Panzer steht noch auf dem Vorplatz, die Staatsflagge weht über dem Rasen. Am 30. April 1975 drangen nordvietnamesische Truppen in den Palast ein, die Amerikaner mussten das Land endgültig verlassen. Die von US-Präsident Harry Truman herbeidoktrinierte Domino-Theorie, deren praktische Zwänge wiederum Henry Kissinger bedingungslos in die Tat umsetzte und die die amerikanische Gesellschaftspsychose Vietnam unnötig in die Länge zog, brach damals endgültig in sich zusammen. Vietnam, jahrzehntelang von fremden Mächten bestimmt, wurde sozialistisch.

Natürlich gibt es auch heute noch Spuren dieses Krieges zu sehen, von dem Richard Nixon meinte, sein eigentliches Ziel sei Frieden. Zum Beispiel im Kriegsmuseum an der Ecke Le Quy Don Street / Vo Van Tan Street. Dort hängen Bilder von Kindern, die durch das Giftgas »Agent Orange« schwer missbildet wurden. Und bei den Tunneln von Cu Chin werden in folkloristischer Propagandamanier die Guerilla-Taktiken der Vietcong dargestellt.

Heute wirkt Saigon wie eine seltsame Mischung aus Vietnam, Frankreich und den USA: mit seinen Speisen aus den Garküchen, unglaublich günstig und gut, den alten Renaults und dem von Gustav Eiffel entworfenen Hauptpostamt, mit den sauber ausgeleuchteten, nicht so günstigen Cafés für den urbanen Mittelstand. Die Amerikaner haben ihr Geld in diese Stadt gesteckt, um Krieg führen zu können. Natürlich wirft sich Saigon, im Zusammenspiel der Millionen Einzelschicksale, das jedes für sich einer eigenen Logik folgt, rasend schnell in die Zukunft. In Saigon lebt noch die Gewissheit, die in den westlichen Gesellschaften zunehmend abhandenkommt: Die Zukunft bringt mehr Wohlstand für alle.

Man sieht die staunenden Augen der Kinder auf den Mopeds, die sich an den Rücken ihrer Eltern, Schwestern und Tanten festklammern und zügig durch die Gassen kurven, als bliebe nicht mehr viel Zeit zum Kindsein.

Überall Aufschwung, Tüchtigkeit, Optimismus, jeder ist freundlich und zielorientiert. »*May I help you, Mister?*«, »*No problem, Mister.*« In den Hostels können sie im Prinzip alles für einen besorgen: Bustickets, Ausflüge, Fremdwährungen, Tickets für Inlandsflüge. Das ist sehr bequem, wenn man wenig Zeit hat wie wir. Saigon gibt die Richtung des Landes vor, und die Frage liegt auf der Hand, ob das eine gute oder schlechte Sache ist.

Am späten Nachmittag sind wir zurück in unserem Viertel, bevor es zu regnen anfängt. Aber mein Gott, wie wenig mich das stört, dass es regnet. Wie es mich eher beruhigt.

Die Siebzehnjährige in der Bui Vien, die uns an diesem Abend wieder bedient, weil das Essen in ihrem Lokal so vorzüglich schmeckt, ist ausgesprochen nett, ohne unterwürfige Heuchelei an den Tag zu legen. Sie hat zwei Jobs, erzählt sie, arbeitet morgens in einem Café und von nachmittags bis in die Nacht hinein in diesem Restaurant. Sie sieht nie müde aus, ist immer gut aufgelegt, findet es lustig, dass wir so viel essen.

Saigon hat zweifellos eine Magie, wenn es abends dunkel wird und die Lichter angehen. Die Leuchtreklamen der Weltkonzerne (Canon, Nikon, Sanyo) überstrahlen dann die Stadt und ihre Bewohner, im doppelten Sinn, als Verheißung und Mahnung zugleich. Sie strahlen über den Greisen, die mit einem Strohbesen die Gehwege vor ihrem Geschäft fegen, über den Taxifahrern mit ihren schlecht sitzenden Hemden und gezinkten Taxametern, die lustige unregelmäßige Sprünge machen, und über den Amüsierdamen vor ihren Bars im Viertel Pham Ngu Lao, die jedem Vorbeilaufenden ein »*Where are you going?*« hinterherrufen, ohne zu bemerken, was das für eine existenzielle Frage ist:

Where are you going?

Gute Frage. Was gibt es hier zu entdecken, nicht im Sinne eines touristischen Programms, sondern für uns persönlich?

Verstopft von Gedanken

Die Küstenstadt Nha Trang galt einmal als das »Nizza des Ostens«, lesen wir. Klingt nicht schlecht. Wir wollen auf der Corniche schlendern und den Seewind hören. Auf nach Osten.

Der Nachtbus braucht sieben Stunden, die Straßen sind nicht gut. Hinter der Fensterscheibe geht die Sonne auf, jetzt ist an Schlaf nicht mehr zu denken, morgens ist es viel zu hell. Die Preisvorstellungen der Taxi- und Motortaxifahrer gehen wild durcheinander. Wir wissen, wo die Straße mit den Hostels ist, und lassen uns von irgendwem dort hinfahren.

Nha Trang liegt an der Küste des Südchinesischen Meers und soll den Charme eines überschaubaren Seebads haben. Wir hielten das für eine gute Idee, nach drei Tagen Saigon mit seinen rund sieben Millionen Einwohnern erst einmal ans Meer zu fahren und zu entspannen.

Ein kilometerlanger Sandstrand säumt die Bucht, direkt am Wasser stehen große Hotels für die zumeist russischen Gäste, die Nha Trang als spottbilliges Winterquartier nutzen. Der Vergleich mit Nizza: vermessen, weil nicht auch sich heraus gewachsen, weil einfach hochgezogen. Unser Hostel ist sehr austauschbar. »New Day Hotel«, »Blue Sky Hotel«, »King Hotel« – man vergisst die Namen der Unterkünfte sofort. Wir haben ein einfaches Zimmer, zwei Betten, ein Bad mit einem Duschkopf, alles noch akzeptabel sauber, für lächerliche fünfzehn Dollar die Nacht. Es gibt natürlich Wireless LAN, wie in fast allen Touristenorten in Vietnam.

Nachdem wir noch einmal geschlafen haben, laufen wir in der Mittagshitze die Promenade entlang, verschieben das Schwimmen im Meer auf morgen, weil es jetzt zu heiß ist. Wir laufen einfach umher, so als brächte die Bewegung ganz natürlich Ereignisse mit sich, was ja tatsächlich oft so ist. Schwere Wolken über den Bergen im Hinterland kündigen Regen an.

Wir besuchen ein Heiligtum der Cham, einer alten Kultur, die weitgehend vertrieben wurde, und die Long-Son-Pagode mit ihrem vierzehn Meter hohen weißen Buddha, der unergründlich über den Hafen der Stadt hinwegschaut. In dem kleinen Shop eines alten Mannes hängen E-Gitarren an der Wand, sonst ist der Raum leer bis auf einen Kühlschrank und ein paar Plastikstühle. Wir trinken Coca Cola und schauen hinaus in das Gewitter, das jetzt über die Bucht zieht.

Die Schönheit in der Strandbar erklärt: »*I am Russian but I don't like Russian people.*« Wir bestellen Gin Tonic, als ob nichts anderes schmeckte. »*See this guy*«, sagt sie und zeigt zu einem Mann, »*he talked to me like he was my friend.*« Wir versuchen am nächsten Morgen, mit russischen Urlaubern am Strand zu reden, natürlich über Fußball, aber sie können keinen Brocken Englisch, und so gehen uns die Wörter aus.

Vielleicht machen die Russen das richtig: einfach in die Sonne abhauen, nichts erwarten, außer braun zu werden, und diese Bräune dann als Ausweis für ein gutes Leben in die Heimat tragen. Aber man muss sehr weise oder sehr stumpf sein, um sich einen ganzen Nachmittag auf eine Liege zu legen, ohne zu reden oder zu lesen oder sonst etwas zu tun. Mit einem Mal habe ich keine Ahnung, was genau ich überhaupt in Nha Trang mache. Es gibt sicher tausend Orte auf der

Welt, die gerade schöner wären. Der gleißend weiße Strand, die Hochhäuser, die Shops und Restaurants in den Straßen: eine verwechselbare Küstenstadt mit dem touristischen Reiz einer mit Bausünden verschandelten Ferienagglomeration an der Costa Brava.

Was tun? Kaffee trinken und reden.

Der Tag geht langsam dahin.
Noch einen Kaffee und wieder reden.

Über »das Leben« und die Befindlichkeiten, die es mit sich bringt, darüber, wie dieses oder jenes gelingt, wo man glaubt herzukommen, rein kopfmäßig, wo man gerade steht und hinmöchte. Alles legitim, alles nachvollziehbar. Aber dadurch lässt man das Außen nicht in seinen Kopf und bleibt auf sich selbst zurückgeworfen, man verstopft an Gedanken.

Interesse an der Welt statt Interesse an sich selbst, das ist der Weg, das sollte auch unser Programm für die weitere Reise sein, denke ich, während ich am Strand von Nha Trang sitze und die Zeit sich so träge vorwärtsbewegt wie ein Verdurstender in der Wüste.

TripAdvisor 2014

Auf der Nord-Süd-Achse zwischen Saigon und Hanoi soll das Städtchen Hoi An in jedem Fall einen Halt wert sein. Wir sind gespannt, weshalb. Und fahren die Küste hinauf.

Hoi An liegt etwa fünfhundert Kilometer weiter im Norden. Die Nachtbusfahrt ist dieses Mal ein bisschen erholsamer als die erste, aber vielleicht liegt das daran, dass wir im Laufe der Reise eine gewisse Grundmüdigkeit aufbauen, die irgendwann durchschlägt. Wir würden jetzt gerne einmal richtig etwas erleben, aber wir sind bloß furchtbar müde, also ab zu einer Unterkunft. Der Tag brennt schon heiß um acht Uhr morgens.

Wir entscheiden uns für ein »Boutique«-Hotel, was – so steht es in vielen Reiseblogs – eher den Bedürfnissen eines sogenannten Flashpackers entspricht, der zwar mit Rucksack reist, aber gewisse Ansprüche an Komfort und Ambiente hat. Das Zimmer im »Phu Thinh 2« kostet uns pro Nacht fünfundfünfzig Dollar. Wir haben einen Balkon, der Blick geht auf die Berge in der Ferne, davor ein ordentlich zugeschnittener Pool. Hoi An ist ein kleines Museum. Nur dass es nichts auszustellen gibt.

Kaum einer käme auf die Idee, dass die Stadt einmal ein bedeutendes Handelszentrum in Ostasien gewesen ist.

Heute gibt es im touristischen Zentrum ein paar verstreute alte chinesische Kaufmannshäuser zu besuchen mit bunt verzierten Giebeln, Drachenfiguren, Ornamenten, Räucherstäbchen, Schreinen und Zierteichen (man kann ein für alle gültiges Besucherticket kaufen), doch ansonsten bloß Restaurants, Cafés, Bars, Souvenirläden und unzählige Schneidereien. Alle Touristen lassen sich hier spottbillig Maßanzüge und Kleider schneidern. Wir haben keine Lust, uns vermessen zu lassen.

Wir laufen durch die Gassen. Wieder die Frage, was eigentlich zu tun wäre. Die Suche nach etwas, von dem wir nicht wissen, was es sein könnte, geht natürlich schief. Nachmittags Einkehr am Marktplatz, das Unbehagen, die Dinge nicht in die Hand nehmen zu können.

Wieder Prasselregen auf dem Asphalt. Die Frauen mit ihren Verkaufsständen auf Rädern haben sofort Plastikcapes zur Hand.

Wir tun in Hoi An nichts außer
spazieren zu gehen und zu essen.

Während diese Tätigkeiten an anderen Orten als Programm völlig genügen, weil eine bestimmte Stimmung existiert, eine Gesamtkomposition wirkt, bleibt Hoi An eine leere Hülle. Dabei spielt natürlich eine

Rolle, dass man ungefähr zwölf Stunden geflogen und insgesamt einen halben Tag Bus gefahren ist, um diesen Ort zu sehen.

Im Internet oder auch in persönlichen Gesprächen mit anderen Reisenden ist oft zu hören, dass Hoi An die Stadt sei, die »uns am besten gefallen hat«. Vielleicht liegt es daran, dass abends am Ufer des Thu Bon Lichter in Lampions entzündet werden und dies als eine recht »bezaubernde« Atmosphäre wahrgenommen wird. Wir wissen es nicht. Wir sitzen abends am Fluss und schauen dem Treiben zu. Auf der kleinen Insel an der anderen Uferseite stehen viele Bars, die stark gemischte Drinks ausschenken. Immer wieder: Muskelshirts und Hotpants, der Dresscode der selbstvergessenen Hedonisten. Sie sind hier nicht unwillkommen.

Hoi An, so scheint es, existiert nämlich allein zu dem Zweck, dass Touristen mit flüchtiger Aufmerksamkeit hindurchschlendern und Geld ausgeben. Es ist völlig austauschbar, was in den zahlreichen Restaurants angeboten wird: Spaghetti, Pizza, Baguettes, Croissants, Burger und – das natürlich auch – echte *»Vietnamese cuisine«*, die selbstverständlich nie so gut ist wie die tatsächliche echte vietnamesische Küche, die man zum Beispiel in einer Seitenstraße von Saigon findet.

Die Vietnamesen in Hoi An haben sich das Geschäft gut aufgeteilt. Man wird vermittelt, einer ruft kurz irgendwo an, sofort ist alles in die Wege geleitet: die Wäsche, der Ausflug in die Marmorberge, die Leihfahrräder, das Flugticket. Hoi An ist eine gut funktionierende Tourismusmaschine, eine saubere Kalkulation. Der Reisende nimmt voll und ganz die Rolle des Konsumenten ein, in Deutschland würde man sagen, des Verbrauchers (ein schreckliches Wort). Eine Stadt wie ein Freizeitpark für den Backpacker-Pauschaltourismus, der sich in ganz Südostasien ausbreitet.

In Hoi An zeigt sich auch die »TripAdvisorisierung« der vermeintlichen Individualreiseziele. In jedem Schaufenster hängt ein *»certificate«* als angebliches Qualitätsprädikat, basierend auf Bewertungen des modernen Globetrotters, der das nächste Hostel unterwegs auf seinem iPad bucht. Man wundert sich, schon wieder ein »*Guest House – Trip Advisor 2014 Winner*«, was immer das heißen soll. Das inflationäre Ausstellen der womöglich selbst gedruckten Empfehlungen hat den Effekt, dass sie ihre Werbewirkung völlig verlieren. Der Herr an der Rezeption unseres Hotels bittet uns trotzdem, ihn persönlich auf Trip-Advisor mit Namen zu erwähnen.

Was man bedauert ist, dass das Authentische fehlt, ohne dass man genau sagen könnte, was damit gemeint ist. Dabei komme ich mir vor wie eine alberne Figur, auf der Suche nach einem ursprünglichen Reiseabenteuer in einer über alle Maßen kitschigen, konfektionierten Stadt. Ich ärgere mich über meine eigene Anspruchshaltung.

Aber wir sind keine Entdecker auf dieser Reise. Wir folgen dem ausgetretenen Touristenpfad nach Norden, und für etwas anderes sind wir entweder zu unwissend oder zu bequem. Und was wäre auch dagegen einzuwenden? Wir folgen der Masse, so findet man schnell Gesellschaft. Am Ende sind wir auch nur zwei vergnügungssüchtige Europäer mit etwas zu empfindsamen Gemütern, die mit jeweils sechshundert harten Dollar in der Tasche die Devisenarbitrage in einem aufstrebenden, aber immer noch verhältnismäßig spottbilligen Schwellenland ausnutzen, um sich in der Abendsonne in eine diffuse Wohlfühllaune zu trinken.

Dennoch: Wehmut. Eine ungreifbare
Unzufriedenheit meinerseits.

Unser Fokus richtet sich auf das nächste Ziel der Reise, Hanoi, das Zentrum des Nordens. Wir hoffen, dort so etwas wie Ursprünglichkeit zu finden, eine Konservierung des alten Vietnams, das noch nicht – wie die Boomtown Saigon – auf dem Weg ist, ein neues Bangkok zu werden.

Feiern am Roten Fluss

Hanoi ist ein Sehnsuchtsziel jeder Vietnam-Reise.
Vielleicht sogar der unbewusste Fluchtpunkt, den man immer
im Hinterkopf hat. Wir kommen mit dem Flugzeug.

Endlich: Hanoi, die kulturell-beflissene Charakterstadt. Von den Franzosen geprägt. Ich habe mir ruhige Gassen vorgestellt, Giebel, Zierbäume und Kopfsteinpflaster. Doch alles ist anders, wieder Kastenbauten wie in Saigon (allerdings in ihrer Unordnung irgendwie schöner). Noch mehr Stromkabel, noch mehr Entropie, tausend Geschäfte, tausend Motorroller.

Wir beziehen ein Hostel in der Altstadt nördlich des Hoan-Kiem-Sees. Das unscheinbare Haus liegt wie alle Gebäude schmal zur Straßenfront hin. Vorne die Rezeption, ein paar Fenster, dahinter Schlafzimmer, Küche, Innenhöfe, Treppenaufgänge, Werkräume.

Die Altstadt ist so etwas wie die eigentliche Sehenswürdigkeit Hanois. Es gibt sechsunddreißig Gassen, die nach ihrer Zugehörigkeit zu einer Handwerkszunft benannt sind, je nachdem, welche Ware hier verkauft wurde und zum Teil immer noch verkauft wird. In der einen Gasse gibt es nur Körbe, in einer anderen nur Gewürze, und so weiter.

Doch auch Hanoi befindet sich in einer rasenden Transformation. Die Fassaden der Häuser altern von unten nach oben. In den Obergeschossen liegen winzige Wohnungen mit noch kleineren Balustraden, Kleider hängen zum Trocknen auf den Kabeln, das Mauerwerk sieht unheimlich vermodert aus. Im Erdgeschoss sind Cafés wie das »Hollywood«, moderne *Restos*, Reisebüros, Souvenirshops, Imbissbuden, Hostels.

Die Altstadt sieht nicht aus wie eine Altstadt, zumindest nicht in unserer Wahrnehmung. Wir essen *Pho* in kleinen gefliesten Küchen, in denen Plastikbottiche mit Hühnerteilen stehen. Auf den Tischen hauchdünne Servietten, mit denen man niemals die Hände sauber kriegt. Junge Leute in Fake-Nike-Wear sitzen auf den Hockern und essen Suppe, sie holen ihre Smartphones raus und reden kein Wort.

Wir treffen einen Deutschen in der Ly Quoc Sur Street – Tanktop, Snapback-Kappe –, der uns erklärt, dass sich abends alle Ausländer in der Ma May Street treffen, vor dem »Hanoi Backpackers«. Wir sind noch einigermaßen orientierungslos und merken uns diesen Tipp für später vor.

Nachmittags immer noch Gewühl in den Gassen, man schlendert über die Bürgersteige, weicht aus, geht über die Straßen, irrer Verkehr. Es gibt nichts, was einer Fußgängerzone nahekommt. In den Geschäften: Elektrogeräte, Körbe, Geschnitztes, Stühle und Tische, Schalen mit Perlmutt, Buddha-Figuren, Spielzeug, Nippes. Ein Künstler malt in seinem Shop Bilder von Botero und van Gogh nach.

Abends in der Ma May. Die Straße ist voll mit Leuten, Engländer, Deutsche, Australier, ein junger Typ aus Dubai, sechs Afrikaner aus Benin, die sich locker einen Joint anstecken, als würden sie vor der Tür in ihrem *Housing Project* abhängen, dabei sind sie sicher wohlhabend. Auf den Bürgersteigen wird getrunken und sich angefreundet. Geschäftstüchtige vietnamesische Frauen versorgen die Ausländer mit Bier und Schnaps, der große Wodka kostet achtzigtausend Dong, ein kleiner vierzigtausend.

Dieses allabendliche Programm nennt sich tatsächlich *Pub Crawl*. In der Disco im ersten Stock, vielleicht zweihundert Meter vom »Hanoi Backpackers«, läuft Musik zum Mitsingen, das Genre ist egal, ob *In Da Club* von 50 Cent oder *Wonderwall* von Oasis. In den Sitzecken wird geknutscht. Dann ist auch hier Schluss. Ein paar Vietnamesen mit Motorbikes weisen dann den Weg zum Roten Fluss – dort soll die Party weitergehen.

Tatsächlich befindet sich am Ufer des Stroms ein angeblich illegaler Club (was gar nicht sein kann): ein Rohbau, ein DJ, eine Bar, ein kleiner

Außenbereich. Hier wird im Allgemeinen versucht, sich noch jemanden aufzureißen.

Zwei Schweizerinnen haben es auf uns abgesehen, aber wir stehen
nicht zur Verfügung, was die Notwendigkeit, sich an einem Ort wie diesem aufzuhalten, eigentlich hinfällig macht. Plötzlich taucht der Deutsche aus der Ly Quoc Sur auf. Wir hielten ihn, als wir ihn am Mittag
trafen, für einen weltgewandten Typen, der ein sicheres Gespür dafür
hat, wie man jeden Tag zu einem zufriedenstellenden Ende bringt. Er
kommt auf uns zu, allein, und sagt, er sei nicht gut in »Kaltakquise«. Er
redet idiotisches Zeug, um die Schweizerinnen zu beeindrucken. Die
Gespräche kommen ins Stocken, irgendwann geht der Typ. Die Tragik,
sich ein paar Tausend Kilometer von Deutschland entfernt nicht mehr
zu wünschen als eine flüchtige Bekanntschaft für die Nacht.

Die Luft am Fluss ist immer noch klebrig, als wir beschließen, zurück ins Hostel zu laufen. Die Erkenntnis des Tages: Vietnam, das ist
ein bisschen wie Mallorca, nur mit Monsun und Mücken.

Sturm auf See

Halong Bay liegt vier Stunden von Hanoi entfernt an der Küste.
Die Bucht mit ihren urzeitlichen Felsen gilt als das sehenswerteste
Ziel in Vietnam. Unmöglich, das auszulassen.

Ausflug zur berühmten Halong Bay: die Riesensehenswürdigkeit,
James-Bond-Kulisse, das Highlight jeder Vietnam-Reise, so steht es
überall zu lesen. Eine Bootsfahrt durch die Bucht mit ihren Kalkstein-
Monolithen erinnert daran, wie spitzbärtige Seefahrer mit ihren
Dschunken Opium über das Meer geschmuggelt haben, es ist das Set-
ting für einen ordentlichen Piratenfilm.

Halong ist nur als Paket zu bekommen, mit Busfahrt ab Hanoi,
Bootstour und einer Nacht an Bord des Schiffes. Wir haben lange über-

legt, welches Angebot sein Geld wert ist, und uns – wie wir am Ende sehen werden – doch falsch entschieden.

Der Bus stoppt nach zwei Stunden auf halbem Weg bei einer riesigen Souvenirhalle. Hier sollen die Reisenden fabrikgefertigtes Kunsthandwerk kaufen, vier Meter hohe Vasen und Porzellantiger in Lebensgröße (wie soll man die bitte transportieren?), lachende Buddhas aus Industriekunststoff, Schalen, Schüsseln und Tischuntersetzer. Der Ausflug nach Halong ist auch wieder ein kleines Verkaufsprogramm.

Am Hafen geht es, vorbei an zig anderen Touristengruppen, auf unser Boot. Wir fahren auf die See hinaus, vorbei an den ersten Felsinseln, die aus dem Wasser ragen, weil hier ein riesiges Kalksteinplateau langsam versinkt. Durch die Unterspülungen sehen die Formationen aus, als würden sie auf dem Wasser liegen und könnten sich – durch die Verstimmung eines launischen Gottes – so oder anders zueinander verschieben und Schiffe einfach zerquetschen.

Das Programm unserer Tour ist eng getaktet. Heute Nachmittag schwimmen wir zuerst eine Stunde in einer Bucht. Alle runter vom Schiff, alle wieder herauf. Dann fahren wir Kanu. Abends gibt es nach dem Essen Karaoke an Bord, was unendlich nervig ist. Das Programm am nächsten Morgen: Besuch einer Höhle, dann Visite in einer Perlenfarm, wo man doch – bitte schön – gerne noch etwas Schmuck für zu Hause kaufen darf. Nebel liegt über den Felsen, Tropfen schlagen im Meer ein wie Gewehrschüsse.

Auf dem Rückweg zum Hafen türmen sich die Gewitterwolken noch einmal bedrohlich auf. Ich gehe an Deck, schaue der See beim Vorbeiziehen zu, lausche in den Regen. Die gewaltige Dimension des Horizonts. Felsinseln, so groß wie Häuser, doch, von hier aus betrachtet, so winzig anmutend im Verhältnis zu den Wolkenbergen über ihnen. Gewaltige Waben mit Schattierungen in Blau, Grau, Schiefer und Weiß liegen übereinander. Das Unwetter zieht von links ins Bild herein, wie eine dunkle Masse, die alles verschluckt. Die wenigen Boote auf dem Wasser sehen aus, als müsste es bald mit ihnen zu Ende gehen.

Das beeindruckendste Bühnenstück führt die Natur selbst auf und nicht unser Tourguide, der die ewig gleichen Banalitäten wiederholt. Der schönste Moment entsteht, als das eigentliche Touristenprogramm schon vorbei ist. Vielleicht ist genau dieser Umstand das ganze Problem, wenn man beschließt, in zwei Wochen durch Vietnam zu reisen.

Hanoi ist der Schlusspunkt unserer Route. Von dort geht es für meinen Begleiter nach Hause und für mich weiter nach Kambodscha. Wir werden noch einen Abend auf der Bui Vien sitzen, und auf dem Weg dorthin werden uns die Amüsierdamen fragen: »*Where are you going?*«

Kann man jemals eine Antwort auf diese Frage geben?

Für den Moment bleibt die Frage, was wir persönlich in Vietnam gefunden haben (außer natürlich der Zeit für die guten Gespräche, die unter Freunden geführt werden müssen, für die man aber zu Hause allzu oft keine Zeit findet). Oder waren wir einfach *lost in Vietnam*, mit uns und unseren Erwartungen an dieses Land, das die Vergangenheit schnell hinter sich lassen will, um schon morgen in der Zukunft aufzuwachen, als ein neues Malaysia, als ein neues Singapur?

Weil wir nicht wussten, was wir wollten, haben wir geschaut, was kam: eine durchgetaktete Tourismusindustrie, ein Land als exotische Kulisse für plumpe Urlaubsvergnügen, ein vermeintliches Individualreiseziel, das zu einem durch und durch kommerziellen Produkt geworden ist.

War das nun eine vertane Reise? Wenn man ständig Teil von etwas ist, zu dem man im besten Fall keinen Zugang findet und dem man im schlechtesten Fall ablehnend gegenübersteht – sollte man dann nicht einfach besser woanders hinreisen?

Vielleicht. Aber es hat einen Reiz, die Wirklichkeit zu beobachten, wie sie ist. Kategorien wie »schön«, »malerisch« und »authentisch«

greifen dann nicht. All diese Attribute treffen nur eingeschränkt auf Vietnam zu.

Das ist kein Problem. Es ist nur schade, wenn einem das erst am Ende der Reise wirklich bewusst wird.

Antarktis

HAPPY ANTARCTICA

Königspinguine. Ein Bad im Eiswasser. Sturm auf dem Südpolarmeer. Über eine Kreuzfahrt in die Antarktis und den Versuch, das Glück festzuhalten.

Von Dirk Lehmann

Wieder steigt das Schiff. Und steigt. Noch ein Stück. Kommt für einen gefühlt ewigen Moment zum Stillstand. Und knallt aufs Wasser. Ein Zittern geht durch den Rumpf. Die Gischt spritzt bis zum Sonnendeck. Dann die nächste Welle. Diesmal schüttelt sich die »MS Bremen« bloß. Doch schon hebt sich das Meer erneut ... Wir haben Glück. Ein schwerer Sturm fegt über das Südpolarmeer. Der Kapitän der »Bremen«, Mark Behrend, hatte uns vor zwei Tagen die Wetterlage erklärt: Ein beeindruckendes Tiefdruckgebiet ziehe auf. Für uns gebe es zwei Optionen – entweder östlich dran vorbei oder westlich. Hauptsache, die Unwetterfront umschiffen. Im Zentrum seien die Wellen zehn bis vierzehn Meter hoch. Niemand hatte deshalb etwas einzuwenden, als der Kapitän sagte, er wolle das Unwetter westlich umfahren, da sei nur mit bis zu sechs Meter hohen Wellen zu rechnen.

Und jetzt, da es hoch und runter geht,
hin und her, Tag und Nacht, ahnt man,
wie relativ Glück ist.

Susanne fragt: Kannst du dir vorstellen, wie es wäre, wenn die Wellen doppelt so hoch wären? Ich schüttele den Kopf. Wir müssen vieles neu lernen: schlafen bei Seegang, Zähne putzen bei Seegang, duschen bei Seegang, sich anziehen bei Seegang, essen und trinken bei Seegang, wenn Gläser ständig zu kippen drohen und Brot immer vom Teller rutscht. Aber es gibt auch amüsante Momente wie an anderen vorbeigehen bei Seegang, man eiert eher aufeinander zu, ein Lächeln im Gesicht. Man nimmt sich nicht mehr so ernst – bei Seegang. Das passt zu unserer Art zu reisen. Unsere fünfmonatige Weltreise ist eine Suche nach fünf Erfahrungen auf fünf Kontinenten: Einsamkeit aushalten in Kanada, den Atem der Geschichte spüren in Portugal, Demut lernen im Himalaja, der Tierwelt begegnen in Australien und: mit der »MS Bremen« in die Antarktis fahren.

Unsere *Once-in-a-lifetime*-Reise ins ewige Eis beginnt fünf Tage vor dem Sturm an einem grauen Novembertag in Montevideo. Das Schiff liegt im ebenfalls grauen Hafen, weiß, strahlend, »Expedition Cruises« steht in großen Lettern auf dem Rumpf. Zur Begrüßung reicht man uns Champagner. Ein kleines Schiff: 111 Meter lang, Platz für 164 Passagiere, kein Entertainment-Programm, dafür die höchste Eisklasse für Passagierschiffe. Während das Schiff aus dem grau-braunen Rio de la Plata hinaus in den Südatlantik fährt, beziehen wir unsere Kabine. Sechzehn Quadratmeter, ein schmales Bad, ein großes Doppelbett, ein echtes Fenster, eine Sitzecke mit Tisch, Stuhl, Sofa und Fernseher, Minibar. Noch mehr Begrüßungschampagner. Unser Zuhause für die nächsten dreiundzwanzig Tage. Wir fühlen uns wohl.

Am Abend das erste Ritual. Essen. Auch da haben wir Glück. Wir sitzen an einem runden Achter-Tisch mit einer Ärztin aus dem Allgäu und einem Elektriker aus Wien, mit einem Beamtenpaar aus Berlin und einem Hotelierspaar aus der Schweiz. Wir werden viel Spaß haben an Tisch Nummer zweiundvierzig. Das nächste Ritual ist die Infoveranstaltung im »Club«, später auch Pre- oder Recap genannt. Der Kapitän stellt sein Team vor: Nautiker, Küchenchef, Hoteldirektor und Kreuzfahrtdirektorin. Und es verblüfft, dass so viele Mitarbeiter des schwimmenden Hotels »Bremen« aus Österreich stammen, jener Seefahrernation in den Alpen ...

Unsere Route führt zu den Falklandinseln, nach Südgeorgien, zu den Süd-Orkney- und Süd-Shetland-Inseln, schließlich durch den Lemaire-Kanal. Ab da geht es durch die Drake-Passage zurück über Kap Hoorn nach Ushuaia im Süden Argentiniens, wo unsere Reise endet. So weit, so gut. »Das ist der geplante Reiseverlauf«, sagt der Kapitän nun. Das Wetter wechsle schnell. Deshalb sei der Reiseverlauf eher als Reiseplan anzusehen. Im Katalog heiße es deswegen, »je nach Wetter- und Eisbedingungen entscheidet der Kapitän«. Und der Mann mit den vier goldenen Streifen auf den Schultern ergänzt: »Es ist mein Job, mitunter unpopuläre Entscheidungen zu treffen.«

In den ersten Tagen kann man sich das kaum vorstellen. Der Himmel ist blau, die Sonne scheint, auf dem Helikopter-Deck dösen die Gäste auf Liegen. Wir erkunden das Schiff: Fitnessraum, Sauna, ein kleiner Pool. Es gibt eine Lounge, zwei Restaurants und hinter dem »Club« ein Lido-Deck mit Tischen unter Heizstrahlern. Wir werden meist draußen essen, in Decken eingehüllt, die Aussicht genießend.

Auf der »Bremen« gilt das Prinzip des offenen Schiffs. Sind die Türen nicht zu, sind Besucher auf der Brücke willkommen. Wir lernen Mark Behrend kennen. Der Kapitän wohnt im Bergischen Land, lebt aber rund acht Monate im Jahr auf dem Schiff. Ein freundlicher Mensch mit Bart und lachenden Augen, der immer kurzärmelige Hemden trägt und oft nachdenkliche Töne anschlägt. Er zeigt uns seinen Arbeitsplatz und die Wetterkarte.

In der Ferne ein Sturm.
Wird er uns erwischen?

Der Kapitän wiegt den Kopf. Vielleicht. Das Wetter beschäftigt die Passagiere. Wird es zu garstig, können nicht alle Anlandungen durchgeführt werden. Das ist aber das Besondere an einer solchen Expeditionskreuzfahrt: dass man in schwarzen Gummibooten, sogenannten Zodiacs, zu kleinen Inseln übersetzt. Für diese Zodiac-Exkursionen werden wir mit Parka und Gummistiefeln ausgestattet, damit wir bei einer »nassen Anlandung« – man rutscht vom Schlauchboot ins Wasser und geht an Land – trockene Füße behalten. Wie viele Anlandungen sind nass, wie viele trocken? Jede Anlandung ist eine nasse Anlandung. Aha.

Später stehen wir an Deck. Ein hauchzarter Streifen Rosa trennt den stahlblauen Abendhimmel von einem Ozean, der vor uns liegt dunkel wie Tinte. Es ist kühler geworden, wenn wir sprechen, steht in dünnen Wattewölkchen der Atem vor unseren Gesichtern. Mit fünfzehn Knoten nähert sich die »Bremen« den Falklandinseln.

Falklandinseln: Pinguine!

Wir freuen uns auf das Abenteuer »Zodiac«.
Die erste Anlandung: New Island, Falklandinseln.

Eine Pier wird an Deck drei angebracht. Dann lässt die Crew das Erkundungsboot ab, der Expeditionsleiter sucht die beste Landestelle. Danach schwebt Gummiboot für Gummiboot – die Matrosen schon an Bord – hinab auf die Wasseroberfläche. Wir werden in vier Gruppen aufgeteilt: Blau, Grün, Rot, Weiß. Man erklärt uns, wie man Schlauchboot fährt. Beim Einsteigen die Unterarme der Matrosen im Artistengriff packen. Im Boot sofort hinsetzen und an den zugewiesenen Platz rutschen. Aufstehen verboten! Bei der Überfahrt festhalten! An der Anlandungsstelle setzt man sich, Blick zum Meer, rittlings auf die Wulst und schwingt erst das eine, dann das andere Bein über das Boot. Sofort an Land gehen! Der Expeditionsleiter zeigt auf einer Tafel die Abfahrtszeit an. Jede Gruppe hat neunzig Minuten Zeit. Dann brausen wir über das in der Sonne glitzernde Wasser auf New Island zu.

Gelber Stechginster leuchtet vor grünen Hügeln. Ein Wrack liegt in der Bucht. Wir machen beim Anlanden und Aussteigen alles richtig und wandern auf einem rund eintausend Meter langen Weg an einem Felskessel entlang, unter uns das Meer, in mehreren Kolonien brüten Tausende Vögel. Wir beobachten einen Felsenpinguin auf dem Weg zu seinem Nest. Wir sehen einen Albatros, das weiße Gefieder strahlt, fein ist das Make-up rund um seine Augen. Erstaunlich friedlich geht es zu in diesem dicht gepackten Lebensraum, in dem ständig die Blauaugenkormorane auffliegen und landen. Und wir verstehen, warum im Englischen die Pinguine *Rockhopper* heißen: Sie hüpfen von Stein zu Stein.

Die Zeit vergeht schnell. Schon hocken wir wieder auf der Wulst des Zodiacs, das Boot springt über die flachen Wellen, die Haare fliegen im

Wind, und in den Gesichtern der anderen steht, wie zufrieden sie die Erlebnisse der ersten Anlandung gemacht haben. Zurück an Bord der »Bremen«, versuchen wir, herauszufinden, wann unsere Zodiac-Gruppe am nächsten Tag dran ist. Wir können es kaum erwarten, wieder auf Erkundungsfahrt zu gehen. Man nennt das den Zodiac-Virus.

Nächster Tag, endlich! Der Volunteer Beach ist eine sichelförmige Bucht mit türkisfarbenem Wasser und feinem Sandstrand. Eine Zier für jede Karibikinsel. Doch im Südhalbkugelsommer wird es hier nicht wärmer als fünf bis zehn Grad. Warum dieser Strand dennoch ein Traumziel ist: Mehrere Tausend Königspinguine nisten hier. Wir beobachten die Tiere, wie sie in größeren Gruppen am Strand stehen, langsam zum Wasser watscheln, warten und dann wie auf ein geheimes Kommando ins Meer stürmen. Und bald schon beginnen wir, die Pinguine zu vermenschlichen. Sieh doch, der sieht aus wie ein älterer Herr beim Sonntagsspaziergang. Vier »Halbstarke« knuffen und rempeln sich an. Der »Komiker« hat sich in einem Kelp-Strunk verheddert, sodass er lustig auf den Schnabel purzelt. Und das von braunem Pflaum bedeckte Pinguinjunge ist zu langsam für seine Mutter, bleibt stehen und kreischt. Es sieht aus wie: »Mamaaa!« Später beim Essen sitzen wir zusammen und schmücken uns die Geschichten aus. Und sind fröhlich. Nein, wir sind glücklich. Die Natur schenkt uns Momente des Glücks.

Südgeorgien: Von Walfängern und Robben

Mit seinen Walfangstationen war Südgeorgien einst ein Schlachthof. Heute ist der Archipel im Südpolarmeer ein Reich der Tiere.

»Wer will morgen Sonne haben? Bitte den Arm heben«, sagt Mark Behrend beim Precap für die Anlandung in Südgeorgien. Vorher hatte uns der Expeditionsleiter mit den »Bio-Security«-Vorkehrungen vertraut gemacht: Um zu vermeiden, dass Besucher Saatgut auf die Inseln bringen, müssen Taschen, Schuhe, Kamerastative, ja sogar Jackenklettverschlüsse gereinigt werden. Und wer zurück an Bord kommt, möge die Stiefelwaschanlage benutzen.

Nun droht der Kapitän angesichts der vielen erhobenen Arme mit gespielt vorwurfsvoller Stimme: »Dann will ich Ihnen mal zeigen, warum Sie sich kein schönes Wetter wünschen sollten.« Auf die Leinwand wird ein Bild projiziert, es zeigt die »Bremen« in einer Bucht. Das Wasser ist ruhig. Nächstes Bild. Dieselbe Bucht. Doch diesmal ist die See aufgewühlt. Nur zehn Minuten liegen zwischen beiden Aufnahmen.

Und er erklärt das Wetterphänomen: Die Luft über einem Gletscher ist nicht nur kalt, sondern auch schwer. Kommt die Sonne heraus, steigt die erwärmte Luft über dem Meer schnell auf. Als Druckausgleichsströmung stürzen die Luftmassen mit großem Tempo vom Gletscher herab. Diese katabatischen Winde können Geschwindigkeiten von mehr als zweihundert Stundenkilometern erreichen. »Dann müssen wir die Anlandung sofort abbrechen. Also hoffen Sie mit uns, dass es nicht zu sonnig wird.«

Der Kapitän ist erhört worden.

Schwer hängen graue Wolken auf einer Landschaft aus schwarzen Bergen mit Schneefeldern, das Meer gleicht einer Bleiplatte. Die Natur präsentiert sich als Schwarz-Weiß-Aufnahme. Die Zodiacs werden abgelassen und verschwinden auf eine Probefahrt. Dann geht es los. Wir erreichen mit dem ersten Boot die Salisbury Plain. Schwimmweste ablegen, Kamera rausholen, auf Pirsch gehen. Der Expeditionsleiter hatte uns gewarnt, den Seebären nicht zu nahe zu kommen. Wenn uns ein Tier anknurrt, nicht weglaufen – »die sind schneller als Sie« –, sondern groß machen. »Wenn auch das nichts nützt, laut um Hilfe rufen.«

Als sich die Nebel lichten, zeigt sich die Salisbury Plain: Rund fünfzigtausend Königspinguine nisten auf der Ebene, die in weichen

Hügeln ansteigt. Ohrenbetäubendes Kreischen und atemberaubender Gestank liegen in der Luft. Was für eine Szene. Mit Kurs auf die nächste Landestelle begegnet die »Bremen« dem ersten Eisberg dieser Reise. Groß wie ein Baumarkt im Gewerbegebiet einer mittelgroßen Stadt. Die Strömung treibt die Eisberge aus der Antarktis her. Das Schiff passiert den blau-weißen Koloss und läuft Grytviken an.

Vor rund einhundert Jahren wurden in Südgeorgien mehrere Walfangstationen gegründet wie Leith Harbour, Stromness, Grytviken. 1904 hat man allein in Letzterer 184 Wale »verarbeitet«, bis Mitte der 1960er-Jahre sind es rund 175 000. Dann schließen die Stationen. Das größte Lebewesen der Erde – der Blauwal – ist nahezu ausgerottet. Inzwischen ersetzt Erdöl die aus dem Waltran gewonnenen Substanzen. Zudem sind die Bestände völlig dezimiert. Konnte man um 1930 noch dreißigtausend Blauwale fangen, zogen die Walfangschiffe später nur noch zwanzig Tiere aus dem Meer.

Auf der Flensplattform liegt ein Wal, vor ihm posieren die Männer mit ihren Flensmessern, bereit, das Tier aufzuschneiden. Nur der sogenannte Blubber, die den Tran enthaltende obere Hautschicht, wird ausgelöst und in riesigen Kesseln gekocht, um das Öl zu gewinnen. Es ist ein begehrter Rohstoff im Europa des beginnenden 20. Jahrhunderts. Und weil man mit dem Rest nichts anzufangen weiß, zerrt man den Kadaver ins Meer, wo er verwest. Beißender Gestank muss in der Luft gelegen haben – und das Geschrei der Raubmöwen, die die Knochen abpickten.

Mit solchen Informationen im Kopf verlässt man das Museum von Grytviken und findet den Ort noch unwirtlicher, als er im Nebel um null Grad Celsius ohnehin ist. Eine Bucht, eingefasst von schroffem Fels, eine kleine Landzunge, darauf die rostigen Ruinen einer Industrie, die einst den Stoff für Heldengeschichten geliefert hat und die heute von den meisten Menschen verachtet wird. Der Mythos vom Kampf des Menschen gegen das Untier präsentiert sich hier als industrialisiertes Gemetzel.

Heute ist Grytviken eine Geisterstadt. Zwei halb versunkene Wracks liegen am Ufer, in ihrem Windschatten schlafen Robben. Wir spazieren durch Reihen rostiger Tanks. Auf dem Weg zur Kirche begegnen wir einem Königspinguin, der offenbar dasselbe Ziel hat. Es tut gut, zu sehen, dass dieser schaurige Ort nun von den Tieren in Besitz genommen wird. Vögel, Robben, Pinguine, Seeelefanten. Sie erobern sich das Land zurück. Nur noch drei Menschen leben hier – einst waren es zweitausend –, sie betreiben das Museum und pflegen den Friedhof, auf dem Kapitän Behrend nun eine Rede hält am Grab von Ernest Shackleton. Der war zwar ein erfolgloser Entdecker, aber ein großer Seemann. Nach dem Untergang seines Schiffes »Endurance« im Packeis der Antarktis ließ er seine Mannschaft auf Elephant Island zurück und segelte im April 1916 mit fünf Matrosen in einem Rettungsboot los, um Hilfe zu holen. Eintausendfünfhundert Kilometer fuhren sie durch das Südpolarmeer und erreichten tatsächlich Südgeorgien. Im August konnte Shackleton seine Männer mit einem chilenischen Schlepper retten. Im Januar 1922 starb der Polarforscher in Grytviken an einem Herzinfarkt. Wir trinken einen Schnaps auf ihn.

Drake-Passage: Der Sturm

Ein schwerer Sturm zieht auf, in seinem Zentrum:
Wellen von zehn bis vierzehn Metern Höhe.

Zurück auf der »Bremen«, lädt der Kapitän zum Precap: »Ein Sturm zieht auf. Um die höchsten Wellen zu umgehen, werden wir einen Umweg fahren. Dennoch wird Seegang deutlich zu spüren sein.« Wie hoch die Wellen sein werden, fragt ein Gast. »Fünf bis sechs Meter. Es können auch ein paar Achtmeterbrecher dabei sein.« Für Wetter-Profis muss das Tiefdruckgebiet ein spannendes Phänomen sein. Der Luftdruck fällt in kurzer Zeit von 1017 Hektopascal auf 972. Mit einer Zuggeschwindigkeit von rund hundert Kilometern am Tag bewegt sich die Schlechtwetterzelle in Richtung Südgeorgien, mit Windstärken von zwölf Beaufort und darüber. Auf der Wetterkarte ist das Tief violett eingefärbt, der ultimativen Farbe in den Unwetterskalen. Was für ein prachtvoller Sturm! Doch in den Gesichtern der Passagiere zeichnet sich wenig Begeisterung ab. Kapitän Behrend beruhigt, es bestehe keine Gefahr für die »Bremen«. Aber die Crew beginnt mit den Sicherheitsvorkehrungen: Seeschlag-Blenden werden vor den Fenstern des Kommandostands befestigt, stabile Stahlplatten mit nur schmalen Sehschlitzen. Im Laufe des Abends werden die Wellen höher, die Mannschaft trifft weitere Vorkehrungen: Ketten fixieren Sessel und Stühle, die Decks auf der Steuerbordseite sind gesperrt, Flaschen und Gläser in den Bars besonders gesichert. Das Selbstbedienungrestaurant im »Club« wird geschlossen, der Pool ebenfalls. Bettina, die Ärztin bei uns am Tisch, sagt lapidar: »Das gehört doch dazu.« An Bord hat sich eine Zweiklassengesellschaft etabliert: Menschen mit und Menschen ohne Pflaster gegen Seekrankheit. Susanne trägt eins und kommt gut klar mit den Umständen. Mir macht der Seegang nichts aus. Nach welchem Prinzip wer betroffen ist, lässt sich nicht sagen. Die Ärztin aus dem Allgäu leidet, der Elektriker aus Wien ist zwei Tage nicht zu sehen, auch einige Mannschaftsmitglieder wären ohne Pflaster nicht arbeitsfähig. Und doch überrascht es, dass selbst am ersten Sturmabend, als das Schiff sich aufbäumt wie ein bockiges Pferd, rund drei Viertel der Gäste ins Restaurant gehen, äh, torkeln. Es bleibt der Trost, dass die Sonne ab und zu durchkommt, dass es nicht so ein Wüten im Dunkeln ist. Und dass irgendwann jeder Sturm vorbeigeht. Auch dieser. Und als wir nach den stürmischen Nächten am ersten ruhigen Vormittag dick eingepackt auf Deck stehen, ist der Wind so gut wie eingeschlafen. Wir machen uns bereit für eine Bootstour rund um Elephant Island.

Elephant Island ist ein von Pinguinen bevölkertes Felsplateau. Fast vier Monate haben die Männer Shackletons hier in zwei Höhlen ausgehalten. Kaum vorstellbar, wie entbehrungsreich das Leben gewesen sein muss. Wir tragen selbst im Sommer dicke Jacken, Mützen, Handschuhe. Shackletons Männer überwinterten hier. Es ist die erste Begegnung mit der Welt des ewigen Eises. Unwirtlich. Schroff. Hart. Nirgends auf der Welt ist es so menschenleer wie in der Antarktis. Die Landmasse von der Größe Europas hat keine Ureinwohner. Die meisten Forschungsstationen sind nur im Sommer besetzt. Dann kommen rund dreißigtausend Touristen.

Im Winter zeigt sich diese Region so unwirtlich wie ein fremder Planet – mit Temperaturen von minus dreißig bis minus sechzig Grad Celsius und Stürmen mit Geschwindigkeiten bis zu dreihundert Kilometern pro Stunde. Die »Bremen« passiert mehr und mehr Tafeleisberge, weiße Giganten, die sich vom antarktischen Eisschelf gelöst haben. Und so bizarr die Szenerie ist, irgendwann kommt sie einem vertraut vor. Bis plötzlich jemand ruft: »Wal! Wal!« Und sich gleich korrigiert:

»Wale! Wale! Unfassbar viele Wale!«

Tatsächlich nähern sich erst zwei Buckelwale, dann sehen wir in der Ferne den hohen Blas zweier Finnwale. Und schließlich sind wir umgeben von einer Schule Orcas. Es müssen mehr als hundert Tiere sein, deren Flossen durch das Wasser sicheln. Man kann sich gar nicht sattsehen an dem Spektakel. Bis einem das Fernglas aus den steif gefrorenen Fingern fällt.

Süd-Shetland-Inseln: Schnee-Engel

*Einst waren Wal- und Robbenjäger die einzigen Bewohner
der Antarktis, heute sind es Wissenschaftler und ihre Helfer.*

Die »Bremen« steuert auf eine Felswand zu, bis sich darin eine Öffnung zeigt, Neptun's Bellows, Deception Island. Der Kapitän hat uns auf die Brücke eingeladen. Die Stimmung ist hoch konzentriert. Die Offiziere, die zur Unterhaltung ihrer Gäste auch mal einen Eisberg umrunden oder die Maschinen runterfahren, um Wale nicht zu verstören, kommunizieren in knappen Kommandos, Abstände, Wassertiefe, Windgeschwindigkeit. Bald hat die »Bremen« die enge Durchfahrt gemeistert und lässt den Anker fallen. Fast achtzig Meter Kette rattern hinterher. Für ein paar Stunden sind wir die einzigen Einwohner auf Deception Island. Rostende Tanks, zerfallene Häuser, ein mit Schnee gefüllter Flugzeughangar, denn von hier starteten einst die ersten Erkundungsflüge über die Antarktis. Wir erklimmen einen Hügel. Weit geht der Blick über die zum Teil noch von Eis bedeckte sogenannte Caldera, den Vulkankrater.

Was für ein Glück, hier sein zu dürfen.

Bevor es zurück an Bord geht, ziehen wir uns aus und rennen schreiend in das eiskalte Meer. Früher durfte man sich Wannen schaufeln, das Wasser erwärmte sich über dem heißen Sand, da es hier noch immer Vulkantätigkeit gibt. Heute ist das nicht mehr erlaubt. Doch die Tradition des Bads auf Deception Island lebt fort. Wärme finden wir hinterher in der Sauna an Deck, in der wir mit fünf anderen Abgekühlten sitzen. Wir fühlen uns wie Helden. Später stehen wir dick eingepackt auf dem Vordeck und erleben, wie der Kapitän sein Schiff in das die Caldera bedeckende Eis rammt. Bis sich die »Bremen« verkeilt und zum Stillstand kommt, selbst mit höchster Eisklasse und mehr als 6000 PS geht es hier nicht weiter. Es bleibt ein v-förmiger Einschnitt im Eis, ein Winkel der Vergeblichkeit. Und spätestens jetzt empfindet jeder Passagier Respekt vor der Macht des Eises und der Kraft dieses Kontinents.

Einst waren Wal- und Robbenjäger die einzigen Bewohner der Antarktis, heute sind es Wissenschaftler und ihre Helfer. Etwa achtzig Forschungsstationen gibt es. Manche, so sagen Kritiker, haben mit Forschung nichts zu tun. Während des Kalten Krieges betrieben Amerikaner und Russen hier eisiges Wettrüsten. Nachdem Indien eine Station eingeweiht hatte, eröffnete auch Pakistan eine Basis. Kaum waren die Chinesen präsent, hissten auch die Südkoreaner ihre Flagge. Die neueste und bis dato anspruchsvollste Einrichtung betreibt das deutsche Alfred-Wegener-Institut, fünfundzwanzig Jahre lang kann in der 2009 eröffneten, auf Stelzen errichteten Konstruktion geforscht werden. Danach lässt sich »Neumayer III« rückstandsfrei abbauen, das ist auch ein Statement, ein umweltpolitisches.

Base Brown ist ein ehemaliger Marinestützpunkt, pittoresk in der Paradise Bay gelegen und Schauplatz einer tragischen Geschichte: Als der dort arbeitende Arzt erfuhr, dass sich seine Ablösung um einen Winter verschieben würde, setzte der verzweifelte Mann die Station in Brand – um seine Abholung zu erzwingen. Wir können den Arzt nicht verstehen. Weit geht der Blick über verschneite Hügelketten. Wir stehen auf der Antarktischen Halbinsel. Wir brechen einen Eiszapfen ab. Vom Geschmack unterscheidet sich das vor wohl schon einigen Hundert Jahren gefrorene Wasser nicht von einem Eiswürfel aus dem Gefrierschrank. Das nahe Port Lockroy ist Sitz einer britischen Station, die wohl bekannteste in der Antarktis. Florence, Wissenschaftlerin hier, sagt, dass im Sommer bis zu fünfzehntausend Gäste kämen. Die Arbeit des vierköpfigen Teams bestehe darin, Pinguine zu zählen, Besucher durch das Museum zu führen und Postkarten und Souvenirs zu verkaufen. Ist das nicht eine seltsame Tätigkeit für einen Wissenschaftler? Florence lacht, das nehme sie gern in Kauf für das Privileg, hier zu sein. Was haben die Forschungen auf Lockroy erbracht? Das Team ermittelt die Bruterfolge der Pinguine. Es gibt zwei Kolonien, eine lebt beim Museum, an dem im Sommer täglich Besucher vorbeikommen. Die andere in einem abgesperrten Bereich. Die Pinguine beim Museum ziehen mehr Nachwuchs groß. Offenbar stressen die Touristen nicht nur, sondern vertreiben auch die Feinde. Zurück an Bord, bleibt nur wenig Zeit für das Dinner, denn gegen neun Uhr abends erreichen wir den Lemaire-Kanal, eine etwa dreizehn Kilometer lange Meerenge, eingefasst von Gletschern und steil aufragenden Felswänden. Die Einfahrt markiert der charakteristische Doppelgipfel Kap Renard, von britischen Seeleuten in den 1950er-Jahren in »Una's Tits« umbenannt, in eigenwilliger Anerkennung der Truppenbetreuerin Una Spivey.

Lemaire-Kanal: Am Wendepunkt

Langsam tastet sich die »Bremen« in den von Eisbrocken übersäten Sund. Tief steht die Sonne und taucht die Szene in goldenes Licht.

Erneut wurde das Vordeck freigegeben. Andächtig stehen Gäste und Crew nebeneinander, staunen, fotografieren. Spätestens jetzt wird klar, warum der Lemaire-Kanal »Kodak-Falle« genannt wurde – man kann gar nicht häufig genug auf den Auslöser drücken.

Es ist der Wendepunkt unserer Reise in die Antarktis. Kurz nach zwei Uhr nachts dreht die »Bremen«. Inzwischen liegen fast alle Passagiere in ihren Betten. Wir stehen noch auf der Nock, dem seitlichen Austritt der Brücke, und sehen in die helle Nacht. Die rotgoldene Lichtstimmung geht direkt über in das zartblau-rosafarbene Leuchten des anbrechenden Tages.

Wir können uns von dem Anblick nicht lösen.
Als gälte es, das Glück festzuhalten.

Abschied vom ewigen Eis nehmen wir auf einem Hügel in Neko Harbour. Der Anstieg war beschwerlich, doch der Blick ist sensationell.
Ein naher Gletscher kalbt, mit einem Geräusch, als würde es die Welt
in Stücke reißen. Erneut ein unfassbar schöner Tag, die Sonne scheint,
die Luft ist so klar, dass alles greifbar nah wirkt. Grund für diese Fehl-
wahrnehmung ist die Luftreinheit. Würde man in einer deutschen
Großstadt die Güte der Luft messen, so würde man im Raummaß von
etwa einem Stück Würfelzucker bis zu hunderttausend Partikel messen.
In der Antarktis sind es zehn Partikel. Die nah wirkenden Berge sind
nicht nur viel weiter entfernt, sie sind viel mächtiger. Und wir fragen
uns, was das für ein Gefühl sein muss, sich an einem Tag wie heute an
einem Ort wie diesem aufzumachen, den Kontinent zu erkunden. Die
Sonne brennt, wir ziehen unsere Parka aus und schnell wieder an, als
ein Windstoß die Kälte der Antarktis herüberweht. Die »Bremen« lich-
tet ihre Anker. Das Wasser glitzert, Pinguine überholen das Schiff. Wir
passieren Gletscher und Berge, die so hoch verschneit sind, dass man
ihre Gestalt nicht mehr erkennen kann, Täler aufgefüllt mit Schnee
und Eisinseln, die sich überraschend als Archipel herausstellen. Die
Besatzung hatte vor einiger Zeit eine Insel »entdeckt«. Das mag nicht
unser Bild von der Welt ändern, und doch ist man stolz auf »Bremen
Island«. Als das Schiff die letzten Inseln hinter sich lässt, die der Antarktis vorgelagert sind, hören wir noch für einige Stunden kleinere
Eisbrocken gegen den Rumpf rumpeln. Dann sind da nur noch die
Wellen und die Gischt, und die »Bremen« zieht durch die Drake-Passage, die uns kaum mehr Seegang in den Weg stellt als die Ostsee bei
einer Fährfahrt nach Dänemark.

Es beginnt die Zeit des Abschieds. Das Küchenteam hat noch einmal alles gegeben, der Service serviert Gang um Gang an Tisch Num-

mer zweiundvierzig. Wir sind in Resümee-Stimmung. Die Berliner Beamten sagen, es sei eine großartige Reise gewesen, nur den ersten Sturmtag hätten sie nicht gebraucht. Der Wiener Elektriker fragt: »Sturm? Irre, den habe ich völlig vergessen.« Die Schweizer Hoteldirektoren, echte Kreuzfahrt-Experten, wollen wiederkommen. Und die Ärztin aus dem Allgäu wirkt traurig. Es kann doch nicht schon vorbei sein … Dass am letzten Morgen wegen zu starken Windes die Anlandung in Kap Hoorn nicht klappt, finden wir nicht schlimm. Der Felsen, an dem rund achthundert Schiffe zerschellt sind und etwa zehntausend Matrosen mit in die Tiefe zogen, berührt vor allem die Seeleute. Nachdem alle Lieder gesungen und die Seekarte versteigert worden ist, hält Kapitän Behrend eine bewegende Rede. Und durch die Schönheit dieser Reise schimmert die Tragik der Seefahrt. Den letzten Abend verbringen wir in Ushuaia in einem Pub, der sich *»irish«* nennt, aber so was von argentinisch ist, dass es einfach nur Spaß macht. Auch einige Crew-Mitglieder kommen herein. Wir trinken zusammen, vertraut wie wir inzwischen sind, erzählen einander vom Reisen, von den vergangenen Tagen, von eigenen Plänen. Trinken noch mehr. Und stehen am nächsten Tag mit dickem Kopf auf der Gangway, die wir doch eben erst heraufgekommen sind. Auf der Pier haben sich einige Crew-Mitglieder versammelt. Statt Begrüßungschampagner diesmal ein Farewell-Spalier. Auch Kapitän Behrend ist dabei, wie immer im kurzärmeligen Hemd. Wir schütteln uns die Hände. Er sagt: »Ich mache das ja jetzt schon ein paar Jahre. Aber so eine Lichtstimmung wie im Lemaire-Kanal habe ich lange nicht erlebt.« Wir antworten, ungeplant gleichzeitig: »Es war eine Reise ins Glück.«

Philippinen

ICH, DIE LIEBE UND ANDERE KATASTROPHEN

Als frisch getrennter Single auf einer Berg- und Talfahrt in der philippinischen Inselwelt. Eine Geschichte über tanzende Mörder, Tinder, tätowierte Mädchen, Schmerz und Trost.

Von Marco Buch

Es ist höllisch heiß. Am Flughafen wuselt es. Ich kann es noch nicht fassen: Philippinen. Vor drei Tagen wusste ich noch nicht, dass ich hier landen würde.

Ich bin frisch getrennt von meiner langjährigen Partnerin. Für diese Reise (und fürs Erste auch für mein Leben) soll der Plan lauten: kein Plan. Ich will meiner Intuition folgen und mich einfach treiben lassen.

Ein Haufen Taxifahrer umringt mich am Ausgang des Flughafens. Nach einigem Verhandeln finde ich einen jungen Filipino, der mich günstig nach Santa Cruz bringt. Auf einer großen Straße fällt mir auf, dass sich hier riesige Bordelle mit Kirchen abwechseln.

Nach der ersten, ziemlich schlaflosen Nacht im Vierzehnbettzimmer des Hostels sitze ich müde in der Gemeinschaftsküche und beobachte ein paar Hippies, die Obst in ihr Müsli schneiden. Ein spanischer Lockenkopf herrscht mich an: »*The tour starts now, get ready!*« Ich kann mich nicht erinnern, eine Tour gebucht zu haben, aber ich bin zu schwach zum Opponieren.

Kurz darauf überquere ich mit einem Haufen unbekannter Menschen die geschäftige Straße und stehe plötzlich mitten im North Cemetary. Ich glaube, ich bin noch nicht mal wach. Erst jetzt dämmert mir, dass dies genau jener Ort ist, den ich schon seit Jahren hatte sehen wollen. Ein Friedhof, so groß wie eine kleine Stadt – und ziemlich lebendig: In den Grüften leben Menschen. Zwei Stunden lang werden wir von einer freundlichen alten Dame über das Gelände geführt, meist begleitet von einer Schar Kinder. Eine Freundin unserer Führerin öffnet uns die Tür in ihre vier Wände. Ihre aufgeräumte Küche hat sie direkt neben den Gräbern ihrer Verwandten aufgebaut, in einer Art Abstellkammer liegen ein paar Matratzen. Die alte Frau wirkt zufrieden. Hier gebe es Strom und Wasser, das könne man nicht von allen Wohngebieten in Manila behaupten.

Den Nachmittag verbringen wir, noch immer auf dem Friedhof, mit einer französischen Hilfsorganisation. Ich finde mich mit dem Australier Joshua beim Ausschneiden von Buchstaben für ein Spiel wieder. Um die unbarmherzige Sonne zu vermeiden, sitzen wir in einer kleinen Gruft. Das Bastelmaterial liegt auf dem Sargdeckel.

Joshua hat anschließend noch etwas vor, und ich schließe mich ihm kurzerhand an: die beliebte Volksbespaßung, Hahnenkampf. Wir betreten einen voll besetzten Ring. Auf den Rängen schreit das Publikum aus vollem Halse. Geldscheine wechseln bündelweise den Besitzer. Wir fühlen uns wie an einem Filmset. Dann lässt man die Hähne aufeinander los. Man hat ihnen an einem ihrer Füße eine etwa fünf Zentimeter lange Klinge befestigt. Und so ist der Kampf oft bereits nach Sekunden entschieden.

»*Sometimes I lose, sometimes I win.*« Unser Sitznachbar weiht uns stolz und mit einer Marlboro im Mundwinkel in die Feinheiten des Kampfes ein. Wir wetten nicht. Der Mindesteinsatz liegt bei etwa dreißig Euro. Oft sterben beide Hähne. Es ist ein grausames Schauspiel. Innerhalb einer Stunde sehen wir bestimmt zwanzig Tiere ihr Leben aushauchen.

Am Abend findet ein kollektives Essen auf dem Dach des Hostels statt. Neben den Travellern sind auch einige Einheimische dabei. Mir fällt ein Unterschied zu anderen Reiseländern auf: Die Filipinos begegnen den Reisenden auf Augenhöhe.

Das Essen geht in ein Besäufnis über. Schon bald habe ich eine Gitarre in der Hand und unterhalte die gesamte Meute. Das habe ich seit Jahren nicht mehr gemacht, und ich genieße jede Sekunde. Bei einer Zigarettenpause lerne ich eine sehr schöne Französin kennen: Aurélie. Ich müsse unbedingt nach Bohol, sagt sie, und nach Dumaguete ebenfalls. Ich versuche, diese Informationen irgendwo in meinem angetrunkenen Hirn abzuspeichern. Irgendwann gehen alle außer uns in einen Club. Gleich werden Aurélie und ich uns küssen, denke ich noch, da taucht ein anderes Mädchen auf. Die beiden verstehen sich auf der Stelle, ich bin überflüssig. Ich nehme es pragmatisch. Früh am nächsten Morgen geht mein Flug.

Cebu

Walhaie, ein dunkles Dorf und Herzschmerz-Karaoke.

Fliegen ist auf den Philippinen die einfachste Transportmethode. Und so sitze ich nun, keine sechsunddreißig Stunden nach meiner Ankunft, schon wieder in einem Flugzeug. Dieses spuckt mich in Cebu City aus, seines Zeichens Hauptstadt der gleichnamigen Insel.

Als Proviant für die Busfahrt in den Süden der Insel besorge ich mir noch Wasser und *Chicharron*, frittierte Schweinehaut. Nicht zum ersten Mal finde ich es lustig, dass viele Produkte, aber auch Straßen, spanische Namen tragen, aber fast niemand auch nur ein Wort Spanisch spricht.

Auf dem Bildschirm im Bus läuft ein Actionfilm, draußen beginnt es zu regnen. Neben mir stopfen zwei übergewichtige Filipinos Pizza mit Mayonnaise und scharfer Sauce in sich hinein. Ich döse weg. Als ich wieder zu mir komme, läuft bereits Teil zwei der Actionschmonzette. Wenig später schlägt die äquatoriale Dunkelheit zu.

Dann schreit jemand »Oslob«, und ich schnappe mir meine Sachen.

Es ist interessant, wie man ohne Guidebook nicht mal weiß, wie Ortsnamen geschrieben werden. Man hat nur einen Klang dazu im Kopf.

Es ist stockdunkel, und der Bus verschwindet in der Schwärze. Plötzlich taucht ein Moped aus dem Nichts auf. Der Fahrer trägt ein Grinsen im Gesicht und möchte mein persönlicher Tourguide sein. Nur zu, ich bin wahrlich schon mit schrägeren Gestalten mitgegangen!

Daniel bringt mich direkt zu einem *Guesthouse*, in dem ich der einzige Gast bin. Noch auf dem Moped hat er mir erzählt, was man hier alles unternehmen kann. Ich buche eine Walhai-Tour und eine anschließende Weiterfahrt zum Fährhafen. Er holt mich morgens um fünf Uhr, sagt er. Ich gehe dann besser mal ins Bett. Kaum habe ich mich hingelegt, merke ich, dass Schlafen keine Option ist. Mein Fenster grenzt direkt an einen Karaokeladen, die Party ist in vollem Gange. Und so ziehe ich mich wieder an und gehe nach nebenan, um mir das anzusehen.

Nur kurz später habe ich ein paar Flaschen Bier und Mentholzigaretten aus dem Kiosk nebenan geholt und singe mit fünf jungen Studenten Karaoke. Stundenlang. Es ist bisweilen so emotional, dass ich fast weinen möchte. Nachdem die Jungs erfahren haben, dass ich frisch getrennt bin und mein Herz noch schmerzt, singen wir nur noch Liebeslieder und liegen uns in den Armen.

Am nächsten Morgen bin ich sehr müde und verkatert. So kann das nicht weitergehen. Heute werde ich auf Alkohol verzichten.

Daniel packt meinen Rucksack auf seinem Moped zwischen die Beine, und ab geht es in Richtung Sonnenaufgang. Küstenstraße, leichte Wellen, die Menschen wachen gerade auf. Wow, ist das schön hier!

Die Walhaie sind hier ein gut organsiertes Touristenziel. Bezahlen, Nummer bekommen, Zeug in die Spinde werfen, ab aufs Boot. Doch was für ein unvergleichliches Erlebnis! Ich teile mein Boot mit zwei Holländern, die unterwegs sind in Richtung Norden, ich selbst will nach Dumaguete. »›Hell's Inn‹!«, rufen sie mir noch zu, zumindest ist es das, was ich verstehe. Ich bin sofort interessiert!

Ein leckeres Frühstück aus Huhn und Reis später sitze ich bereits auf einer kleinen Fähre. Und schon bin ich auf der dritten Insel dieser Reise – wohlgemerkt an Tag vier.

Negros

Ein halb entwickeltes Entenküken, eine forsche Holländerin
und die Frage, warum ich überhaupt hier bin.

Am »Hell's Inn« angekommen, bemerke ich meinen Irrtum (es heißt eigentlich »Harold's Inn«) und klopfe dem Motorradtaxifahrer anerkennend dafür auf die Schulter, dass er mich trotzdem an den richtigen Ort befördert hat. Ich checke ein und schlafe den Rest des Tages mit dem Ventilator auf höchster Stufe.

Am Abend mache ich es mir auf der Dachterrasse gemütlich. Schnell lerne ich eine Menge Leute kennen. Zunächst sehen sich noch alle den wundervollen Sonnenuntergang über den Bergen an, dann startet jemand die Musik. Es herrscht hier ein Vibe wie bei meinen ersten Rucksackreisen vor fünfzehn Jahren, und ich genieße diesen sehr.

»The small beers are really a waste of money. Shall we share a big one?«, fragt mich Cumhur, ein sehr netter türkischer Geschäftsmann auf Durchreise. So viel zum Nichttrinken. Von achtzehn bis drei Uhr leeren Cumhur und ich ein Bier nach dem anderen, reden über Gott und die Welt, vergessen zu essen und haben eine höllisch gute Zeit. Menschen kommen und gehen, ein Filipino spielt mit seiner Gitarre ein tolles Konzert, ich verliere haushoch im Billard, da ich mittlerweile zwei Tische anstelle des einen sehe. Als die Leute beginnen, mich schräg anzuschauen, wenn ich mit ihnen spreche, gehe ich schlafen.

Am nächsten Morgen stolpere ich auf die Terrasse, lasse mich von ein paar Leuten für die Eskapaden der letzten Nacht auslachen und trinke drei Kaffee hintereinander. Dann überkommt mich ein völlig unerklärlicher Drang, Dumaguete sofort wieder zu verlassen. Dabei habe ich außer der Dachterrasse noch absolut nichts gesehen! Aber warum war ich überhaupt noch mal hergekommen? Ja, die schöne Aurélie hatte diesen Ort empfohlen. Aber weshalb?!

Ich checke aus und warte vergeblich auf ein Motorradtaxi. Um ehrlich zu sein, weiß ich nicht mal, wohin ich eigentlich will. Und warum zur Hölle muss ich mir immer so einen Stress machen? Kann ich nicht mal irgendwo *bleiben*? Ist doch nett hier! Doch immer habe ich das Gefühl, woanders etwas zu verpassen. *Good old Fomo – Fear of missing out!* Und besonders seit der Trennung gönne ich mir im Grunde nicht eine ruhige Minute.

Ich gehe schließlich wieder rein, zahle für eine zweite Nacht und bitte die Angestellten darum, meine vom Schweiß durchweichte Bettwäsche zu wechseln. Dann sitze ich wieder auf der Dachterrasse. Und muss grinsen. So idiotisch bin ich vermutlich noch nie gereist.

Etwas später schlendere ich ins Zentrum des Studentenstädtchens Dumaguete. Süß hier! Ein paar koloniale Gebäude, klebrig-süße Kokos-Shakes, ein toller Markt, auf dem ich ein riesiges Essen für weniger als einen Euro verputze. Nun bin ich wieder guter Dinge und habe den Alkohol offenbar ausgeschwitzt.

Doch auf der Dachterrasse wird schon wieder gebechert, und mir schwant, dass das hier die Hauptattraktion des Städtchens ist. Ich versuche mich an einem kleinen Bier. Schmeckt. Die draufgängerische Lotte aus Holland und ich beschließen, uns den Fressmarkt an der Promenade anzusehen.

Auf dem Markt gibt es hauptsächlich frittierte Seafood-Schnipsel, nicht gerade eine kulinarische Sensation. Doch dann bietet uns die Köchin die wahre Spezialität an: *Balut*, ein halb entwickeltes Entenküken im Ei. Lotte fordert mich heraus.

Ehe ich mich versehe, pelle ich auch schon das Ei mit seinem schwarzen Inhalt voller Federn. Obwohl ich einen Würgereiz unterdrücken muss, tunke ich eine Hälfte des Eis in Essig und mampfe es herunter, so schnell es eben geht. Ganz schön eklig. Und den leicht vergammelten Geruch bekomme ich nicht mehr von meinen Fingern. Angewidert blicke ich mich nach einem Tricycle um. Wir müssen schleunigst in eine Bar!

In der Strandbar im Angebot: Cocktail-Pitcher – große Karaffen voller knallbunter Flüssigkeit. Lottes Blick lässt keinen Widerspruch zu. Wir essen mit Käse überbackene Austern und trinken dazu in Rekordzeit erst zwei neonblaue, dann zwei knallgelbe Pitcher aus. Ich finde, sie sieht mittlerweile aus wie Nora Tschirner. Das scheint ein potentes Getränk zu sein! Später spielt ein DJ, und er macht das überraschend gut. Eine philippinische Biker-Gang hat einen Narren an meiner Frisur gefressen und gibt mir permanent Schnäpse aus. Ich habe keinen Schimmer, über was wir reden, aber es scheint, als ginge den Jungs das ganz ähnlich.

Im Eifer des Gefechts küsse ich Lottes Schulter, was sie dazu veranlasst, von nun an mit den Bikern herumzuhängen. Man kann nicht behaupten, dass das gerade gut läuft mit den Frauen.

Während ich am nächsten Morgen einen Liter Orangensaft auf ex trinke, treffe ich Cumhur. Er wirkt wie das blühende Leben. Ich hasse ihn dafür. Als ich ihm erzähle, dass ich dringend diesen Sündenpfuhl verlassen muss, klopft er mir auf die Schulter und ruft: »*Bohol, man! Bohol!*«

Ich frage kurz, was es mit dieser Insel auf sich hat, von der ich glaube, schon mal gehört zu haben. Cumhur erzählt von weißen Stränden, seltsamen kleinen Äffchen und Hügeln aus Schokolade.

Bohol

Selbstmordgefährdete Koboldmakis, Sextouristen und eine Portion Verknalltheit.

Ein Jeepney, endlich, es ist ein Jeepney! Schon seit Jahren von diesem Gefährt fasziniert, sitze ich nun plötzlich in einem drin. Mit etwa vierzig anderen Menschen. Gemütlich. Eine Stunde lang knattern wir in die untergehende Sonne und halten dabei an jeder einzelnen Kreuzung. Endstation: Alona Beach. Hatte ich hier hingewollt? Egal, Beach klingt erst mal gut.

Ich werfe meine Sachen in ein schmuckloses, aber sauberes Zimmer und laufe gleich wieder hinaus. Alona Beach ist das neue Boracay, sagt man. Das hätte mir zu denken geben sollen. Alles ist hier zugebaut, alles ist voller Touristen. Klar, der Sand ist weiß, und die dümpelnden Boote sind bunt. Aber so was habe ich schon zu oft gesehen, um mich dafür zu begeistern.

Neben Horden übergewichtiger alter Menschen in Taucherklamotten schlurfe ich durch den Sand und spiele mit ein paar wilden Hunden. Das ist wirklich nicht so schön hier. Deutsche Biergärten, Rotlichtkneipen, notgeile alte Typen aus dem Westen. Die Schilder der Kneipen: »Bei Hans«, »Schnitzelwirt«, »Paulchens Eck«.

Auf dem Rückweg sehe ich eine komplett tätowierte Frau. Fünf Minuten später treffe ich genau diese junge Frau, sie heißt Kat, an der Rezeption meiner Unterkunft wieder. Der Anblick ihrer unfassbar blauen Augen lässt mich die ganze Tinte auf ihrem Körper umgehend vergessen. Ich bin hypnotisiert. Als Kat mich nach weiteren fünf Minuten fragt, ob wir die nächste Woche zusammen reisen wollen, höre ich mich ohne Zögern »Ja!« sagen.

Was?! Ich? Ich wollte noch *nie* mit jemandem zusammen reisen.

Wir unterhalten uns lange. Über Trennungen, Expartner, das Leben, Gott und die Welt. Wir haben sehr unterschiedliche Leben und doch fast unheimlich viele ähnliche Probleme. Dann gönne ich mir endlich mal eine ganze Nacht lang Schlaf.

Ich habe von meiner Exfreundin geträumt. Wir haben uns versöhnt.

Nachmittags treffe ich wieder auf Kat, und ein weiteres Mal sitzen wir für Stunden vor der Rezeption und reden und reden. Ich bin ein bisschen verknallt. Doch das kann ich mir abschminken. Wie auch ich bevorzugt sie Frauen.

Am nächsten Morgen sitze ich auf einer 125er Geländemaschine. Kat springt hinter mir auf, und wir knattern in unser Abenteuer. So frei habe ich mich lange nicht gefühlt. Das alte Motorrad fühlt sich gut an, die Sonne kracht vom Himmel, die schöne Frau schmiegt sich von hinten an mich. Alles schreit: Abenteuer!

Wir cruisen über die bildhübsche Insel. Küste, Hügel, Urwald, überall lächelnde Gesichter. Immer wieder zeigen Filipinos auf Kat. Frauen sind hierzulande nicht tätowiert. Sie ist der Star, wo immer wir hinkommen, und ich finde sie gleich noch ein bisschen besser.

Tiefer und tiefer dringen wir in den Dschungel vor. Am Straßenrand trocknen die Filipinos Früchte. Nach einer Weile erreichen wir ein kleines Haus im Nirgendwo. Hier leben die Koboldmakis, winzige Äffchen, die stets aussehen, als hätten sie gerade drei Tage Party hinter sich. Wir checken fünf Mal, ob der Blitz ausgeschaltet ist, bevor wir sie fotografieren. Kleinste Dinge stressen diese Spezies so sehr, dass sie nicht selten Selbstmord begehen, indem sie ihren Kopf immer und immer wieder irgendwo gegenschlagen. Kein Witz.

Weiter geht's nach Loboc. Beim Anblick der Touristengruppen zögern wir kurz, buchen dann aber doch eine Lunch-Cruise auf einem der Kähne. Am Pier spielt eine blinde Mariachi-Band.

Wir passieren Bäume, von denen Kinder ins kühle Nass springen, und Häuser, die vom letzten Zyklon in der Mitte gespalten wurden. Dann geht es durch Urwald. Kat und ich grinsen um die Wette und sind sehr glücklich. Plötzlich spielt eine dreißigköpfige Ukulelen-Band. Noch schräger kann es jetzt eigentlich nicht mehr werden ...

Zurück an Land, erspähe ich ein großes Kreuz auf einem Berg. Mit fragendem Blick zeige ich hin, Kat nickt sofort euphorisch. Also trete ich unsere Kiste wieder an, und wir schießen los. Wir sind *on fire*; eine beknackte Idee jagt die nächste! Ich könnte platzen vor Glück!

Dann haben wir genug für heute. »Irgendwas mit Nüssen«, sagt Kat zu mir, als ich frage, wo wir eigentlich schlafen werden. »›Nuts Huts‹?« Ja, das könnte es tatsächlich sein. Aurélie, die schöne Französin in Manila – unsere Begegnung war trotz des verpassten Kusses nicht umsonst.

Die »Nuts Huts« liegen weit ab vom Schuss. Und sind fantastisch. Eine ewige Treppe führt vom Aussichtspunkt runter zum Restaurant und dann noch viele weitere Stufen zu den Bungalows, die direkt am smaragdgrünen Fluss liegen. Wir checken ein und setzen uns dann ins Restaurant. Der Ausblick ist magisch. An die schönste Stelle hat man ein Himmelbett gestellt, und ein Pärchen räkelt sich dort, als gäbe es keine Welt außerhalb dieser zwei Quadratmeter.

Nachdem Kat und ich uns gegenseitig mit Leckereien gefüttert haben und von Bier auf Gin Tonic umgestiegen sind, lässt sie sich vor unserer Hütte zu einem Kuss hinreißen, bei dem sie mir fast den Kopf abreißt. Während ich noch überlege, ob ihre Brutalität als Leidenschaft zu deuten ist oder als Ärger darüber, sich überhaupt auf diesen Kuss eingelassen zu haben, ist er auch schon wieder vorbei.

So wird das mit uns nichts werden...

»Geheimtipp gefällig?«, werde ich am nächsten Morgen gefragt. »Immer!«, sage ich. Zielgenau deutet der Chef des Ladens auf eine an der Wand hängende Landkarte und sagt: »*This waterfall.*« Ich schüttle ihm die Hand, und wir schwingen uns aufs Motorrad.

Der Geheimtipp ist so geheim, dass wir ihn lange nicht finden. Doch nach ein wenig Herumirren, sowie einigen Unterhaltungen mit Einheimischen, wissen wir, warum uns dieser Ort empfohlen wurde. Ein Wasserfall, fast unwirklich in seiner Schönheit. Fast zwei Stunden verbringen wir einfach nur damit, dort zu staunen, dass solche Orte tatsächlich existieren.

Dann ist es Zeit zurückzufahren. Wir zieren uns ein bisschen, denn weder Kat noch ich wollen, dass dieser Ausflug jemals endet. Wir fahren direkt in die untergehende Sonne. Das Meer glitzert neben der Straße. In einem kleinen Ort halten wir kurz an und beobachten eine Big Band bei der Probe. So langsam fehlen mir die Worte.

Palawan

Ein Moped, viel Staub, eine Menge Tränen und
eine Tanzgruppe voller netter Mörder.

Kurz vor unserer Mopedtour haben wir uns noch Flüge nach Palawan gekauft. Und beide betont, dass wir jederzeit die Freiheit haben müssen, dort alleine weiterzuziehen.

Eine Band, die ausschließlich aus Blinden besteht, spielt Cover-Songs von REM in der Wartehalle des Flughafens. Das ist schon wirklich ein schräges Land. Auf dem Flug holt mich mal wieder meine Trennung ein, als ich altbekannte Musik höre. Mit Blick von oben auf wundervolle Strände heule ich wie ein Schlosshund. Kat tröstet mich verständnisvoll, was ich sehr süß finde. So langsam wird mir klar, was uns verbindet: ein kürzlich erfolgter Einschnitt im Leben.

Am späten Vormittag frühstücken wir ausgiebig in unserem Hostel, und ich frage an der Rezeption, ob man Palawan auch mit dem Moped erkunden kann. Kann man. Der Plan steht. Der größte Teil unseres Gepäcks ist im Hostel eingelagert, und eine Landkarte haben wir auch aufgetrieben.

Wir passieren uralte Gefährte, kleine Dörfer und Menschen, die Wasserbüffel an Leinen hinter sich herziehen. Die Kilometer bis Sabang ziehen sich. Doch irgendwann rollen wir ins flache Land an der Westküste, das auch in der Dunkelheit noch dampft vor schwüler Hitze.

Nicht zum ersten Mal finde ich es abgefahren, wie sehr einen gemeinsame Erlebnisse zusammenschweißen.

Wir schlafen in einer Bambushütte. Draußen rumort der nächtliche Dschungel, und ich denke beim Wegdösen an die Geschichte der Python, die hier neulich den Haushund verspeist hat.

Ich erwache mit der Sonne und einem wundervollen Ausblick. Noch lange muss ich in Richtung der dampfenden Berge starren.

Nach dem Frühstück laufen wir den kurzen Weg zum Hafen. Von dort gehen kleine Boote zum Weltkulturerbe, wegen dem alle hier sind: dem Underground River. Doch er haut mich nicht vom Hocker. Dafür habe ich vermutlich schon zu viele Höhlen gesehen.

Am Nachmittag cruisen wir mit unserem Moped durch die unbarmherzige Hitze und finden ganz in der Nähe des Dörfchens einen Strand, der eigentlich zu schön ist, um wahr zu sein. Denn obwohl er riesig und mit weißem Sand versehen ist, sind wir die einzigen Menschen. Das Schicksal meint es gut mit uns.

Am nächsten Tag ziehen wir weiter. Das Fahren macht viel Spaß, besonders, da die Straßen zunächst gut und völlig verlassen sind. Die Umgebung von Sabang mit ihren Karstfelsen ist geradezu märchenhaft. Immer wieder halten wir an Aussichtspunkten. Doch die letzten vierundzwanzig Kilometer nach Port Barton sind eine einzige staubige Baustelle. Nach fast acht Stunden kommen wir am späten Nachmittag an und sehen aus, als hätte man uns durch eine Wüste geschleift. Erschöpfung macht sich breit. Die Konzentration und das Rütteln des Mopeds haben mich komplett ausgelaugt. Wir suchen am Strand nach einem Guesthouse. Als wir eines finden, teilt uns eine junge Filipina mit, dass gerade heute wegen eines Familienfestes geschlossen ist. Dann beäugt sie interessiert Kats Tattoos. Nach ein paar Sekunden sagt sie, dass wir beide vielleicht ausnahmsweise doch bleiben können. Vorausgesetzt, wir nehmen an der Familienfeier teil. Guter Deal! Ich bin mal wieder überrascht, in welche Situationen uns Kats Körperkunst bringt.

Die junge Frau stellt sich als Cindy vor. Es ist ihr Geburtstag, und zur Feier des Tages wird ein ganzes Schwein gegrillt. Dazu gibt es noch mehrere große Fische und allerhand Beilagen. Gemeinsam sitzen wir noch lange am Strand, hören philippinischen Pop und haben eine Menge Spaß. Cindy und ihr Freund James sind sehr herzliche Menschen. Sie erzählen uns von ihrem Plan, zu heiraten und genau dort, wo wir gerade sitzen, ein Restaurant zu eröffnen. Zu guter Letzt laden sie uns ein, mit ihnen tags drauf die Inseln zu erkunden.

Am nächsten Morgen gehen wir am bildhübschen Strand frühstücken. Gegen Mittag brechen wir mit einer kleinen Dschunke auf, die Stimmung ist super. Mit uns an Bord: Cindys ganze Familie. An einer flachen Stelle gehen wir schnorcheln, dann halten wir bei einem Wasserfall, in dem wir schwimmen. Letzter Stopp ist German Island, eine Insel, die nach einem Deutschen benannt wurde, der hier für ein paar Jahre ganz alleine lebte. Ich verstehe sofort, warum. Die Insel ist wundervoll. Ich glaube, ich möchte der nächste Deutsche sein, der auf dieser Insel lebt. Von der einzigen Familie vor Ort bekommen wir Baby-Schildkröten gezeigt.

Auf der Rückfahrt fehlen uns schon wieder die Worte für diesen fantastischen Tag. Wir liegen uns in den Armen und tuckern zum dampfenden Strand. Zu allem Überfluss teilt uns Cindy noch mit, dass sie alle sich abgesprochen und beschlossen haben, dass wir für diese Tour nicht wie vorher vereinbart etwas Spritgeld zahlen sollen. Sie sagt, dass ihre Familie uns so gern hat, dass wir ihre Gäste waren. Ich habe Tränen in den Augen. Wir verabschieden uns herzlich von Cindy und ihrer tollen Familie.

Tags drauf geht es weiter Richtung Norden. Die Strecke ist ziemlich anstrengend und lang. Und Kats Beschwerden über ihren Rücken und meinen Fahrstil beginnen mich zu nerven. Es fühlt sich an, als hätten wir eine Beziehung im Schnelldurchlauf durchlebt. Noch dazu eine völlig platonische, was meine Toleranz zusätzlich auf die Probe stellt.

Kat beschließt, den Rest der Strecke mit dem Bus zu fahren. Als ich alleine auf der Straße bin, lasse ich buchstäblich Freudenschreie heraus. So macht das Ganze deutlich mehr Spaß.

Über Hügel und durch Wälder arbeite ich mich ins nördliche Palawan vor. Ich halte im entzückenden Städtchen Tay Tay und esse ein paar Grillspieße. Gerade als die Sonne spektakulär im Meer versinkt, erreiche ich Corong Corong. Ich bin unglaublich erschöpft und doch sehr glücklich. Motorrad fahren – ich muss das wirklich öfter machen!

El Nido ist voller Backpacker. Doch der legendäre Strandort ist ganz schön heruntergekommen, es stinkt überall nach Kloake.

Kat und ich finden uns schließlich unverhofft wieder, beide erschöpft, beide glücklich, beide versöhnlich. Gemeinsam suchen wir uns ein Zimmer direkt am Wasser und gehen auch schon bald pennen.

Ich habe eigentlich gar keine Lust, etwas zu unternehmen, ich bin leider emotional nicht so ganz bei mir. Aber hier in El Nido kommt man um eine weitere Schnorcheltour nicht herum.

Auf einem Holzboot cruisen wir von einer wundervollen Bucht zur nächsten. Doch immer wieder trifft mich in periodischen Abständen der Trennungsschmerz. Und so liege ich, während die anderen im Kajak das türkise Wasser erkunden, auf dem Deck des Bootes, höre vertraute Musik und heule.

Am nächsten Morgen bin ich fit und voller Tatendrang. Wir fahren Richtung Nacpan, wo es nun wirklich gar keine Straßen mehr gibt. Doch Kat bekommt schon bald wieder Rückenprobleme, und ich merke förmlich, wie die Stimmung auf dem Sozius von Minute zu Minute schlechter wird. Dann verfahre ich mich auch noch. Ich persönlich finde das eigentlich jedes Mal toll.

Sie nicht. Wir streiten uns heftig.

Wir sind wie ein altes Ehepaar. Wir müssen uns trennen. Ich kann das nicht mehr!

Als wir nachmittags nach El Nido zurückkommen, bin ich rastlos. Irgendetwas muss heute noch passieren. Ich lade mir Tinder herunter, versuche, es zu verstehen, und finde dann schnell ein paar hübsche Mädels, denen ich auch gefalle. Alle drei »Matches« wollen sich in der »Reggae Bar« treffen. Praktisch, denke ich und gehe vor der Hütte schwimmen. Erst da sehe ich die Abwasserrohre, die direkt hier ins Meer münden...

Die »Reggae Bar« ist ganz okay. Es spielt eine gute Band, und alle sind in Feierlaune. Alle, nur ich nicht. Was zum Teufel ist eigentlich mit mir los? Es wäre zu einfach, alles nur auf Kat zu schieben. Sie ist zum

Glück in der Herberge geblieben. Und wir haben beschlossen, dass sie morgen alleine weiterfährt.

Doch irgendwie bin ich auch ohne sie nicht ich selbst.

Ich trinke Rum-Cola aus Marmeladengläsern, um in Stimmung zu kommen. Als es gerade einigermaßen geht, bekomme ich aus heiterem Himmel schrecklichen Durchfall und schaffe es gerade noch in unsere Hütte. Vielleicht die Kloake, in der ich kurz zuvor geschwommen bin?

Nachdem es mir wieder besser geht, laufe ich noch mal zur Bar am Strand. Ich entdecke in der Menge eine der Frauen von Tinder, die mich offenbar sucht. Sie hat jedoch einen fast wahnsinnigen Gesichtsausdruck, sodass ich mir die Kappe tief ins Gesicht ziehe und mich an ihr vorbei zur Tanzfläche schleiche. Jetzt oder nie, denke ich.

Doch als ich gerade ein paar Tanzbewegungen gemacht habe, trete ich in ein Ameisennest. Die Viecher zerbeißen mir die ganze Wade, und jetzt habe ich wirklich die Schnauze voll. Wütend und enttäuscht stampfe ich zurück zu unserem Bungalow. Ich sitze noch eine Weile schluchzend auf unserer Terrasse. Dann verbringe ich den größten Teil der Nacht auf der Toilette.

Mir geht es ziemlich schlecht am nächsten Tag, mein ganzer Körper schmerzt. Ich kann nichts essen und will nichts unternehmen. Bewölkt ist es auch schon wieder. Zum Magenvirus hat sich noch eine depressive Verstimmung gesellt.

Ich rappele mich dennoch auf und fahre Kat zum Busbahnhof. Das war eine ganz schöne Berg- und Talfahrt mit uns beiden. Sieht sie auch so, und wir lachen gemeinsam. Nach einer langen Umarmung steigt sie in den Jeepney und verschwindet im Staub.

Der Rest des Tages ist pure Qual. Ich spaziere ein wenig durch die Straßen, fahre etwas Moped, versuche zu schlafen. Abends kann ich zumindest ein paar Bananen essen.

Hätte ich die Möglichkeit, würde ich genau jetzt nach Hause fliegen, geradewegs ins kalte Deutschland. Ich bin seit fast drei Monaten unterwegs, und irgendwie reicht es mir gerade einfach.

Am nächsten Tag geht es mir wieder besser. Glücklicherweise, denn ich habe einen langen Tag vor mir. Allerdings kündigt sich eine Erkältung an. Ich frühstücke viel und schnalle dann meinen Rucksack vorne auf mein Moped. Mann, ich mag dieses kleine Teil echt gerne! Es hat mich jetzt schon eine Weile sicher durch die Gegend gebracht. Leicht fiebrig kämpfe ich mich in einer zehnstündigen Fahrt zurück nach Puerto Princesa. Ich vergleiche das Foto des Tachos vom Abfahrtstag mit dem jetzigen Stand. Ich bin tatsächlich neunhundert Kilometer gefahren!

Tags drauf liegt noch eine letzte Fahrt an: etwa eine Stunde ans andere Ende der Stadt, ins Iwahig Prison. Schon am ersten Abend auf Palawan habe ich aufgeschnappt, dass man dieses Gefängnis auf eigene Faust besuchen kann. Das kann ich mir nicht entgehen lassen.

Das Gefängnis ist gleichzeitig ein Bio-Bauernhof, und viele der Häftlinge bewegen sich frei auf dem Gelände. Ich lasse mich von einem herumführen und schenke ihm zum Dank ein paar Zigaretten. Dann folge ich ihm in den großen Saal des hölzernen Gebäudes, wo eine Gruppe von Häftlingen für Touristen Tanzchoreografien vorführt.

Es stellt sich heraus, dass alle Mitglieder der Tanzgruppe Mörder sind, zum Teil mehrfache. Und, dass sie wahnsinnig herzlich sind.

Ich verbringe den Rest des Nachmittags mit ihnen, und sie erzählen mir ihre haarsträubenden Geschichten. Einer hat drei Leute getötet, die vorher seine Mutter vergewaltigt und umgebracht hatten. Ein anderer hat kaltblütig ein feindliches Gangmitglied abgestochen.

Viele sitzen hier schon seit mehr als fünfzehn Jahren ein. Das Tanzen aber lässt sie jeden Tag die Motivation finden aufzustehen und darüber hinwegsehen, dass ihre Kinder ohne sie aufwachsen. Für mich ein ungewöhnlicher und eindrücklicher Nachmittag.

Das letzte Abendessen soll ein Festmahl werden, und so bestelle ich gleich beide schrägen Gerichte: frittierte Bootswürmer und Alligator. Die fischigen Bootswürmer sind fast ungenießbar, der Alligator schmeckt nach Hühnchen. Nach dem letzten Bissen habe ich das

Gefühl, dass man hier in drei Wochen wirklich nicht mehr erleben kann, als ich es gerade getan habe. Bye-bye, ihr Philippinen! Es war intensiv mit euch!

P. S. Warum bin ich so planlos und intuitiv gereist? Die Reise auf die Philippinen hatte sich nur durch einige unvorhergesehene Ereignisse in den Monaten zuvor ergeben, allen voran das überraschende Ende meiner Beziehung. All das hatte mich dazu bewegt, alles einfach so zu akzeptieren, wie es ist. Die Zügel aus der Hand zu geben und darauf zu vertrauen, dass das Schicksal es schon richten wird.

Die Blitzbeziehung mit Kat hat mir im Zeitraffer gezeigt, wie sich Partnerschaften entwickeln können. Oftmals habe ich zwischen uns Parallelen zu meiner gescheiterten Beziehung zu Hause erkannt.

Ich hatte mich unmittelbar nach der Trennung auf diese Reise aufgemacht, in der Hoffnung, so schneller über alles hinwegzukommen. Doch zum einen habe ich während der Reise sehr oft an die Trennung gedacht, was einige der Reiseerlebnisse deutlich getrübt hat. Zum anderen bekam ich, wieder zu Hause angekommen, das Gefühl, mich um drei Monate wertvoller Trennungsarbeit betrogen zu haben. War die Reise nur eine erfolglose Flucht?

Jetzt, ein Jahr nach der Trennung, bin ich bereit, meinem Leben wieder etwas mehr Struktur zu geben. Das Reisen nach Intuition möchte ich dennoch wiederholen.

Marokko

VON UNGLEICHER GLEICHHEIT

Alles, was ich wollte, war eine Dusche für ein paar Minuten, doch ich bekam eine neue Freundin. Für eine halbe Stunde.

Von Lena Kuhlmann

Wasser auf der Haut war alles, was ich wollte. Denn in den Bergen gab es nicht einmal einen kleinen Bach. Dort hatte ich gerade ein paar Tage verbracht, *Open-air* geschlafen, gegessen, gefroren, geschwitzt, gelebt. Jeder Form von Waschen war ich also aufgeschlossen. Und ein Hamam wollte ich auf meinem Marokkotrip sowieso einmal ausprobieren. Also fuhren wir ins nächstgelegene Berberörtchen mit Hamam. Schon auf der Straße fielen wir auf. Weiße Frauen fallen auf an Orten, an denen nie weiße Frauen sind.

Vor dem Hamam empfingen uns nette, sehr traditionell wirkende Berberfrauen. Keine von ihnen sprach eine Sprache, die ich spreche, sodass unser Berberfreund Mohammed einer von ihnen meine Behandlung diktierte: Einmal alles überall abrubbeln, waschen und massieren. Das war zumindest seine Empfehlung. Und ich konnte nicht widersprechen. Als ich hineinging, sah ich zum ersten Mal während meiner Reise durch Marokko Frauen, die weniger anhatten, als ich. Nämlich nichts außer einem Slip. Auf den Straßen sieht man sie immer nur bis auf's Gesicht verhüllt. Ich stellte fest, dass ich naiverweise von dieser Verhüllung auch gleich auf eine Verklemmtheit geschlossen hatte. Dem war aber gar nicht so. Völlig frei und ungehemmt bewegten sich die Frauen dort in ihrer Nacktheit. Ich freute mich für sie. Es macht mich fröhlich, Menschen mit einem so natürlichen Körpergefühl zu sehen. Umso mehr bei Menschen, von denen ich es nicht erwartet hatte.

Ich machte mich daran, mit ihnen gleichzuziehen, da kam auch schon meine Hamam-Behandlungsfrau – und zog sich aus. Genau wie alle anderen starrte auch sie mich an. Ich wollte mit ihr ein paar Worte wechseln. Wenn man sich schon entblößt gegenübersteht, wollte ich versuchen, zumindest auch ein bisschen unsere Seelen einander zu entblößen. Jedoch verstanden wir uns nicht, und sie lief hilfesuchend fort, hinein in die Meute der sich waschenden und abrubbelnden Frauen. Heraus kam sie mit Féfé, einer jungen, wunderhübschen Stu-

140

dentin, die Französisch und ein bisschen Englisch sprach und mir helfen wollte. Ich war ihr unendlich dankbar, fühlte mich ihr gleich verbunden und schüttete ihr mein Herz aus. Nämlich, dass ich überhaupt nicht wisse, was ich zu tun hätte. Aus lauter Unwissenheit hatte ich erst mal mein Bikinitop angezogen. Dafür lachte sie mich aus und befahl mir, es gleich wieder auszuziehen. Wer war jetzt hier die Verklemmte?

Da meine Hamam-Behandlungsfrau unbemerkt wieder verschwunden war, nahm Féfé mich mit in den Steamer-Raum. Ich setzte mich mit auf ihre Matte, sie gab mir einen Schwamm und zeigte mir, wie ich mich damit abrubbeln sollte. Denn beim Hamam geht es darum, abgestorbene Haut zu entfernen, um wieder schöne, glatte Haut zu haben. Der Schwamm sah zwar eher aus, als würde ich mir fremde alte Haut auf meine rubbeln, aber okay. In dem Steamer-Raum saßen unzählige marokkanische Frauen, die sich und ihre Kinder voller Elan mit dem Schwamm behandelten. Und dabei alle mich anstarrten. Ich hatte den Eindruck, sie hatten noch nie eine europäische Frau nackt gesehen. Zudem machten sie sich wahrscheinlich auch lustig über meine laienhafte Abrubbeltechnik und meine absolute Hilflosigkeit.

Ich behandelte mich also mit dem Schwamm, bemühte mich, dabei auszusehen wie die anderen Frauen, und versuchte, mich mit Féfé, meiner Heldin, zu unterhalten. Das war gar nicht so leicht, denn ihren englischen und meinen französischen Wortschatz hatten wir bald ausgeschöpft. Viele der anderen Frauen fragten sie nach mir und ließen mir Komplimente übermitteln. Ich hatte jedoch den Eindruck, das war nur der Fall, weil sie so was wie mich zum ersten Mal sahen.

Als ich nicht mehr wusste, wo ich mich noch abrubbeln sollte, kam meine Behandlungsfrau dazu – und traf erst einmal Vorbereitungen: frische Wassereimer, anderer alter Schwamm, neuer Seifenschleimbrocken. Dann nahm sie den Schwamm in die Hand und begann, mich abzurubbeln. Mit einer Stärke, die ich nicht erwartet hätte, fing sie bei den Füßen an und arbeitete sich bis ins Gesicht vor, wobei sie akribisch darauf achtete, keine Stelle auszulassen. Dabei machte ich einfach alles, was sie befahl. Beine anwinkeln, Arme hoch, auf den Bauch legen. Auch wenn der Boden voll war von abgerubbelten Fremdhautschuppen. Auch wenn ich nicht wusste, bei wem und an welchen Körperpartien der Schwamm vorher schon alles gewesen war. Ich machte fügsam mit, ich fühlte mich ihr ausgeliefert und hatte ein unbehagliches Gefühl, ihr zu widersprechen. So bekam ich wenigstens die echte Hamam-Erfahrung.

»*Also hair wash?*«, fragte Féfé. »*Yes, everything you say.*« So bekam ich auch eine Shampoonierung mit einem sehr lieblosen, ziependen Kämmversuch im Anschluss. Damit ließ ich nun nicht nur alte Hautschuppen, sondern auch viele ausgerissene Haare da. Ich konnte die Massage kaum erwarten und hoffte, anschließend noch einmal duschen zu können.

Féfé und ich hatten uns unterdes so gern gewonnen, dass sie mich massieren wollte. Ich freute mich darüber, denn ich hatte das Gefühl, dass diese Geste ein freundschaftliches Symbol war. An unsere verbalen Grenzen waren wir gelangt, aber nicht an die symbolischen. Es war zwar keine sonderlich gute Massage, aber trotzdem die beste, die ich je bekam. Denn mit ihr bekam ich eine neue Freundin. Féfé bat mich, draußen zu warten, sodass wir noch Facebook-Kontakte austauschen konnten. Eine Dusche gab es leider nicht, also ging ich mit all den eigenen und fremden Hautschuppen an mir hinaus und zog mich wieder an.

Um mit frischer Luft gegen die Steamer-Hitze in mir anzukämpfen, ging ich vor die Tür und wartete dort auf Féfé. Ich kam gerade heraus, da fuhr auch schon mein mitreisender Freund Yaniz mit unseren zwei Berberfreunden Mohammed und Aisa vor. Ich gesellte mich zu den drei Männern in dem großen Truck. Wir unterhielten uns, hörten Musik und rauchten Zigaretten. Dann kam Féfé aus dem Hamam. In ihrem marokkanischen Hausanzug und ihrem Kopftuch wirkte sie viel schüchterner, als ich sie zuvor kennengelernt hatte. Sie sah mich in meiner westlichen Kleidung, in dem Truck sitzend, locker mit den

Männern redend. Sie winkte mir nur verstohlen zu. Ich wollte meine neue Freundin mit meinen alten Freunden zusammenbringen, doch das war nicht möglich. Mir wurde plötzlich klar, dass wir niemals Freundinnen sein können. In dem Hamam, beide nackt, beide befreit von kulturell sichtbaren Einflüssen, waren wir einfach zwei Frauen. Zwei gleiche Frauen mit dem gleichen Bedürfnis, sich zu säubern. Vor dem Hamam hatten wir wieder unser Kulturgewand angezogen und waren plötzlich so verschieden, wie wir nur sein konnten. Ich sah, dass sie es genauso empfand.

Weil ich wusste, dass sie nicht zu mir und den Männern kommen konnte, und um ihr zu zeigen, dass mir all die Einflüsse um uns herum nichts ausmachten, ging ich zu ihr hin, an die Tür des Hamams. Ich sprach zu ihr genauso, wie ich es noch zehn Minuten zuvor getan hatte. Ich berührte sie am Arm. Aber sie konnte es nicht erwidern. Sie ging in die Kassenkabine des Hamams, die Kassiererin war anscheinend eine Freundin von ihr. Eine Freundin, der sie nah sein konnte. Jetzt trennte uns neben einer ganzen Welt auch noch eine Glasscheibe mit Gitter davor. Ich kaufte von der Kassiererin ein Shampoo und einen Lolli, beides schenkte ich Féfé. Auch wenn sie es erst nicht annehmen wollte, freute sie sich. Dann bat ich sie um einen Zettel und schrieb ihr meinen Facebook-Namen auf. Auch sie schrieb mir ihren auf.

Einen Moment noch stand ich vor dem Auto. Gerade als wir losfahren wollten, kam Féfé noch einmal zu mir und schenkte mir eine frische Orange zum Abschied. Noch lieber hätte ich sie mitgenommen.

Lettland

IRGENDWO DA OBEN

*An der Ostsee, im Baltikum, in der EU, in
Putins Interessensgebiet: Dort liegt Lettland.
Eine Positionsbestimmung in fünf Elementen.*

Von Felicia Englmann

Die Kinder am Strand schreien: »Nein, nein, bitte nicht ins Wasser! Nein, Mama, biitteee nicht!« Denn das Wasser ist eiskalt, eine Strömung trägt es aus dem Polarmeer hierher in die Rigaer Bucht, an den Strand von Jūrmala. Eisige Nadeln stechen in die Beine. Es ist das heißeste Wochenende des Jahres, aber aus Schwimmen im Meer wird nichts. Wo es doch in Lettland oft umgekehrt ist, wie mir die Letten versichern: Auch bei Sonne pfeift der Wind, während das Wasser in der Bucht dank anderer Strömungen angenehm temperiert und mit wenigen Wellen sehr badefreundlich ist. Aber die alten Leute in Jūrmala sagen ja gerne:

»Die See ist nicht dein Freund.«

Sie sagen es schulterzuckend. So nimmt man in Lettland Realitäten hin, die sich nicht ändern lassen. Die Natur der See ebenso wie heißes oder eisiges Wetter, niedrige Renten oder auch Besatzungsmächte.

Russisches Zarenreich, Sowjetrussland, Deutsches Reich, freies Lettland, Nazideutschland, Sowjetunion, neues freies Lettland: innerhalb des 20. Jahrhunderts erlebte Lettland sieben verschiedene Herrschaften, die meisten davon als Eroberer und Besatzer.

Es ist ein kleines Land zwischen Estland und Litauen, mit Grenzen zu Russland und Weißrussland. Seit 1990 ist es unabhängig und demokratisch, seit 2004 in der EU und der Nato, seit Januar 2014 zahlt man mit Euro. »Musterschüler« nennt die EU Lettland, doch auch Wladimir Putin streckt seine Machtfinger wieder in Richtung Baltikum aus, lässt Kampfjets und Marineschiffe testen, wie weit er gehen kann.

Hätten alle russischstämmigen Bürger Lettlands das volle Wahlrecht, wären sie nach Angaben von Bürgerrechtlern im Land in der Mehrheit und könnten einen »Lexit« hinlegen, ähnlich den Bewohnern der Krim, die für Russland stimmten und sich aus der Ukraine verabschiedeten. Die allermeisten der russischstämmigen Bürger Lettlands haben darauf aber nicht die geringste Lust und fühlen sich als Letten, die eben Russisch sprechen.

Erstes Element: Wasser

Kommt, kommt, kommt ans Wasser! Bringt Decken und Fußbälle mit. Am Wochenende fährt man raus – und der Weg ist dabei nicht das Ziel!

Am Strand von Jūrmala erklingen an einem heißen Sonntag Lettisch, Russisch und auch Deutsch, von Baltikum-Touristen und den wenigen Alten, die noch geblieben sind. Außer jene Kinder, denen die Mütter eine Zwangsabkühlung verpassen, nehmen die Badegäste Hitze wie auch kaltes Meer gelassen hin. Sie lagern auf Decken und holen sich Sonnenbrände.

Den weißen Strand fanden alle, die jemals kamen, spitze. Aus den kleinen Fischerdörfern wie Majori, Dzintari oder Lielupe wurde die Stadt Jūrmala, deren Name einfach nur Strand bedeutet. Auf den konnten sich alle einigen, auch alle Besatzer. Durch Jūrmala zu gehen ist, wie Geschichte in Falschfarben zu betrachten. Jūrmala mit einer überlagerten Einwegkamera zu fotografieren ist, wie ein Museum des Moments zu erschaffen, in dem die Vergangenheit mit aufs Bild kommt. Alte Badevillen, windschiefe Hexenhäuschen, Designer-Apartments oder neue Prachtbauten im Bauhausstil mit russischem Sicherheitsmann davor: In Jūrmala bildet sich die Bau- und Gesellschaftsgeschichte des Landes ab. Viele der Häuser, auch die ganz neuen, sind zu verkaufen: Investitionsgräber des 21. Jahrhunderts stehen neben ehemaligen sowjetischen Erholungsheimen. Wer will, sieht Jūrmala als Freilichtmuseum geborstener Träume verschiedener Epochen, Idealen, davongeschwemmt von den Wellen der Zeit.

Das Wasser in Lettland flüstert.

Die Ostsee, die Flüsse, die Seen, alle wispern ihre Lockrufe in den Wind, der diese dann in die Katen und Dörfer trägt. Ans Wasser, ans Wasser, kommt ans Wasser. Bringt Decken, Picknick und Grills, bringt Fußbälle und Angelruten. Freizeitvergnügen ohne Wasser ist nur eine halbe Sache. Ohne Wasser kein Freizeitvergnügen. Und so geht es über ungeteerte Holperstraßen ans Wasser.

Solche Straßen führen nicht ins Nirgendwo, sondern an die Ufer, wo es dann – Überraschung! – außer Strand und Wasser meistens etwas Besonderes gibt. Einen Campingplatz etwa, der Kanus für eine Paddeltour auf dem Fluss verleiht. Eine schwimmende Plattform, von der aus Wasserskifahrer starten. Einen Turm, um von dort aus besser Wasservögel beobachten zu können. Der Wasserfall von Kuldīga ist sogar ein Gratiserlebnisbad. Als rauschender Bogen fällt hier der Fluss Venta einen knappen Meter tief einen Felsabbruch hinunter. Bei Hitze ist er mit seinen zweihundertvierzig Metern Breite die größte Open-Air-Dusche Europas. An weniger heißen Tagen staksen Mutige barfuß, aber ansonsten in voller Montur genau an der Abbruchkante den gesamten Wasserfall entlang. Eine Malerin sitzt mitten im Fluss und hält ihre Eindrücke fest. Familien auf Landpartie machen Fotos für die Oma daheim.

Die nördlichen Befestigungsanlagen von Liepāja, ganz im Westen Lettlands, sind Schattenspender, Grillplatz und Sprungturm zugleich. Hier braust die Ostsee ungebremst heran, die Betonfestung am Strand hat sie aber dennoch nicht schleifen können. Der Zar ließ diesen Ostseewall zum Schutz seines Kriegshafens vor der Marine des deutschen Kaiserreiches bauen. Die Geschützstellungen sind beliebte Orte zum Knutschen, das Tunnelsystem ein Abenteuerspielplatz. So hüpfen heute von den Betonbauten Jugendliche ins Meer, genießen Spaziergänger die prima Aussicht von den Dächern der alten Artilleriestellungen aus. Geschichte ist in Lettland fast überall zu finden, und der Umgang damit erstaunt manchmal, da das Narrativ immer das einer unterdrückten Nation ist, die aus dem, was andere hinterlassen haben, das Beste macht.

Zweites Element: Feuer

Kümmelkäse, Farnblütensuche und Kinderchor:
Was die Herzen der sonst so gelassenen Letten entflammt.

»Und jetzt macht euch bereit für den Schweinetanz!«, befiehlt die Sängerin.

»Oh, der Schweinetanz. Anstrengend«, murmelt eine Tänzerin. Ihr Mann nickt. Wie die meisten Leute in den Vierergruppen auf dem großen Tanzboden. Die Band legt los, eine flotte Polka, die Sängerin zählt acht Takte ein, und dann: Schweinetanz!

Zweimal langsam hüpfen, dreimal schnell hüpfen, dabei abwechselnd das rechte und das linke Bein in die Mitte des Tänzer-Quadrats werfen. Einmal klatschen, dann: rechten Arm nach innen, Armquadrat bilden, vier Takte lang nach links im Kreis tanzen, klatschen, anders herum, und wieder von vorn: Hüpf! Hüpf! Hüpf, hüpf, hüpf!

Strahlende Gesichter auf dem Tanzboden. Die große Bohlenfläche liegt im Park des Kulturzentrums Ziemeļblāzma (Polarlicht). Es ist vier Tage vor Līgo, dem nationalen Feiertag zu Sonnwend, und schon jetzt sind die Leute aus dem Häuschen. An Līgo, am 23. Juni, ist das Programm gesetzt: Es wird am Lagerfeuer die ganze Nacht getanzt, gefeiert, viel Bier getrunken und ein würziger Käse mit viel Kümmel gegessen. Sich vorher schon mal warmzutanzen gehört dazu. Die einfachste Form des »Schweinetanzes« kann jeder sofort erlernen und damit gleich mitmachen. Und jeder, der dann noch nicht zu viel getrunken hat, kann sich an Līgo auch die komplizierteren Formen beibringen lassen, wenn die Lehrmeister selbst auch noch nicht zu viel getrunken haben. An dem Tanzabend im Park von Ziemeḷblāzma gibt es keine Getränkestände, nur einen Dekobierkrug aus Montageschaum. Das Kulturzentrum liegt ganz am Stadtrand von Riga, hat seine eigenen Tanz-Dauergäste, und an diesem Abend kommen auch Gruppen aus anderen Stadtvierteln hinzu. Viele junge Familien sind da. Kleinkinder, die kaum laufen können, wollen schon mittanzen.

Das klingt alles furchtbar nach Folklore. Ist es auch, aber Folklore ist in Lettland nicht kitschig oder uncool, sondern eine ernste, gar staatstragende Sache. Es lohnt sich, etwas tiefer zu blicken. Volkstänze, Trachten aus Leinen und Volkslieder, Bänder und Gestricktes mit traditionellen Wurzeln – darauf baut die moderne lettische Kultur und Identität. Das klingt jetzt wiederum furchtbar pathetisch, ist aber so.

Was »Lettisch« ist, mussten die seit Jahrhunderten fremdregierten Letten erst um die Wende zum 20. Jahrhundert für sich definieren. Da blieb außer der Sprache vor allem das, was heute nach Folklore klingt. Daher wurden die Lieder, Tänze, Gedichte und Sagen, die bäuerlichen Trachten und die traditionellen Muster integraler Bestandteil der lettischen Identität, und diese Bedeutung haben sie auch nach der Unabhängigkeit von der Sowjetunion wiedererlangt. Gemeinsames Singen und Tanzen – und gemeinsam heißt, dass auch ein paar Zigtausend Leute zusammenkommen können – ist eine Sache des nationalen Kulturguts.

> Im Lied, im Gedicht und im Muster bilden sich
> die lettische Seele und der lettische Kosmos ab,
> so die Überzeugung.

Der Gesangstag im Sommer ist mindestens so wichtig wie das Līgo-Fest, und beim Singen und Tanzen entfachen die sonst so stoischen Letten ein Emotionsfeuer aus zuckersüßer Melancholie, überquellender Liebe zu allem in der unmittelbaren Umgebung und dem Universum als solchem sowie nicht zu bändigende Lebenslust, die dringend nach Schnaps und Bier verlangt, weil sie den Menschen sonst von innen verzehrt. Dies alles im Rhythmus von Polka und Galopp.

Wenn die Herzen der Letten einmal brennen, dann lichterloh. Entflammbar sind sie jedoch nur schwer. Gelassenheit bis hin zur äußeren Emotionslosigkeit ist das Ziel der Selbstpräsentation. Coolness heißt das anderswo. Gäbe es nicht diese hochemotionalen Gedichte, die jauchzenden Volkslieder, die ebenso jauchzend mitgesungen werden, und die herzzerreißenden Schlager, man müsste die Letten für einen Haufen stumpfer Langweiler halten. Sind sie aber natürlich nicht, das sind in den Augen der Letten die Litauer und die Finnen.

Um kein Klischee auszulassen: Ein lettischer Mann heißt im Zweifelsfall Jānis (Johannes, Namenstag am 23. Juni) und eine Frau Līga (die an Mittsommer Geborene, Namenstag am 24. Juni) – die Namen sind ausgesprochen häufig, und wieder geht es um Līgo, das große Sommerfest, das an genau diesen Tagen steigt. Dessen Name, man weiß es nicht genau, könnte übersetzt bedeuten: Tag, an dem gesungen wird. Oder auch: Tag, an dem man schwankt. Kein Witz!

Das Fest verlangt jedenfalls große Vorbereitungen, die über die Tanz-Übungsstunde hinausgehen. Es ist fast wie zu Weihnachten. Die Supermärkte erweitern ihr Sortiment um besonders viele Bierkrüge – sogar bayerische Maßkrüge sind zu sehen. Fackeln, dicke Kerzen, Grillausrüstung, Mückenspray, Schlager-CDs, Plastikgeschirr, auch Regen-Pelerinen und Gartenschirme sollen helfen, die Nacht zum Tag zu machen. In der Frischwarenabteilung werden ganze Kühltruhen für Bratwürste und den *Ķimeņu Siers*, den Kümmelkäse, reserviert. Mittsommer ohne diesen Käse wäre wie das Münchner Oktoberfest ohne Brezen. Wer den Kümmelkäse zu Līgo nicht selbst herstellt, geht auf einen der vielen Līgo-Märkte. Der größte ist direkt am Domplatz in der Rigaer Altstadt und bietet Käse, Schinken, Honig, Handgeschnitztes. Besonders angesagt sind gerade handtellergroße traditionelle Ornamente aus Holz; sie sehen aus wie eine Kreuzung aus Runen und den Bruchstücken eines umgefahrenen Jägerzauns.

Das Wichtigste aber sind die Blumen. In Plastikkübeln. In großen Garben. Auf Dreiecksständern. Marktfrauen binden Kränze aus Kornblumen, Mohnblumen und Margeriten für die Damen. Männer mit großen Kronen aus Eichenlaub verkaufen Eichenlaub an andere Männer, damit auch diese am Festtag Sommerkönige sind. Nach dem Sprung übers Feuer gehen sie dann mit den Damen im Unterholz »Farnblüten suchen«, noch so ein archaischer Brauch, für den es nach einigen Litern Bier tatsächlich die Kraft von Eichen braucht.

Auf einem Podium am Markt singen Kinder im Chor. Birkenzweige und ein Plakat mit Margeriten sind das Bühnenbild. Kinder und Jugendliche singen und tanzen. Hüpf, hüpf. Die Eltern sind begeistert. Einigen alten Damen stehen Tränen in den Augen. Da lodert es, das lettische Feuer – schon Tage, bevor die eigentlichen Johannisfeuer brennen.

Drittes Element: Luft

Warum Lettland ein Vogelparadies ist und warum auch
die Leere Geschichte hat.

Glucksen und Klicken verrät sie schon, obwohl sie gerade nur miteinander sprechen und der Umwelt gar nichts mitteilen wollen. Irgendwo da oben in den Wipfeln hocken sie. Glucks. Gah. Kraah! Die Kolkraben halten ein Schwätzchen. In Deutschland sind sie fast ausgestorben, im Gauja-Nationalpark und anderswo ziehen sie ihre Kreise über den Wäldern. Die Reviere sind groß, groß genug für ausgiebige Rundflüge auf metallisch schimmernden Schwingen. Nationalparks schützen die Landschaft, aber diese darf auch sonst oft machen, was sie mag, denn viele Flächen, viele Wälder sind unbewirtschaftet. Hier staksen dann Störche durch die wilden Blumenwiesen und schnappen sich Frösche. Ihre Nester thronen auf Strommasten, im Sommer lugen die Jungvögel über den Rand hinaus in die wilde Welt.

Lettland ist ein Vogelparadies.

Bird-Watcher aus aller Welt haben diese Nation daher schon auf der Landkarte ihrer Lieblingsdestinationen. Auch dem Nichtvogelfreund muss es auffallen. Im Sommer liegt auch in der Stadt ein Trillern und Kreischen in der Luft, Gruppen kleiner schwarzer Kerlchen schwirren über den Himmel: Schwalben- und Mauerseglerballett. In jedem Gebüsch, auf jedem Platz tschilpt es: Spatzenkonzert. In den oftmals vor sich hin bröselnden lettischen Städten voller Altbauten finden Vögel beste Brutplätze. Die unbefestigten Wege und Höfe mit ihren schlammigen Pfützen sind Nistmaterial-Baumärkte für Schwalben. Und, ja, echte Vogelfreunde freuen sich über den Spatz auf dem Dach. Es lohnt sich in Lettland, nach oben zu blicken.

Naturfreunde freuen sich auch darüber, aber sie zieht es eher hinaus in die Nationalparks. Im Ķemeri-Nationalpark etwa ist im Sommer das größte Freiluftbuffet angerichtet, das Vögel sich wünschen können. Aus den Sümpfen und Seen steigen Myriaden Mücken auf, in den Wäldern und Dünen kritzen und kratzen Käfer und Fliegen aller Art. Die Schwalben brauchen nur die Schnäbel aufzusperren und geradeaus zu fliegen. Das könnte ein Schauspiel sein, um es abends auf der Terrasse zu genießen, aber ... die Mücken, ach, die Mücken.

Lettlands Luft ist voller Leben, und die Städte sind so reich an verlassenen und verfallenen Häusern, dass *Urban Exploring*, das Erkunden und Fotografieren solch verlorener Orte, in Lettland bei Weitem nicht so hip ist wie in Deutschland. Es ist einfach nicht spannend genug. Meistens zumindest.

Manche verlassenen Häuser haben so viel Dunkelheit in sich und so viel Leid in ihren Mauern aufgesogen, dass sie stumme Monumente sind. Das Haus in der Rigaer Brīvības iela 61 ist so ein finsteres Monument. Mit verspiegelten Scheiben blickt es starr hinaus auf die große Ausfallstraße. »Stūra māja«, Eckhaus, nennen es die Rigaer, oder auch Schwarzes Haus. Das voluminöse Gründerzeithaus thront über der Kreuzung und war lange Zeit rußgeschwärzt. Hier hatte die »Chekka«

ihren Sitz, wie die Letten den KGB nannten. Nach der Wende übernahm die Polizei den Bau, 2008 wurde er ausgeräumt und versiegelt. Bis 2014, als Riga Europäische Kulturhauptstadt war und das Schwarze Haus für eine Saison zum *Exploring* geöffnet wurde. Lange Gänge, in die nur fahles Licht fällt. Halb abgerissene Tapeten, knarzendes Linoleum. Schwere, weiß lackierte Türen, manche innen gepolstert, manche noch versiegelt. Tresore mit Aktenkoffern voller Karteikärtchen, die verraten würden, welche heute hoch angesehenen Mitglieder der lettischen Society dem KGB zugearbeitet haben. Spurrinnen der Rollen von Schreibtischstühlen. Im Verhörzimmer ein Knüppel auf dem Tisch. Finstere Zellen mit Pritschen für Dissidenten und Denunzierte. Unter den Dielen des Hinrichtungsraums noch die Abflussrinne für das Blut der Toten. Das Schwarze Haus ist auch von innen schwarz. Künstler und Historiker bespielten es 2014 mit Ausstellungen, Zeitzeugen kamen vorbei, manchmal eingeladen, manchmal einfach so. Sie erzählten von Folter, von Transporten nach Sibirien, von Arbeitslagern. Wieder fielen Tränen auf die ausgetretenen Parkettböden.

Und was mag noch hinter den Türen lauern, die noch versiegelt sind? Welcher Schrecken schläft unter den Dielen?

Viertes Element: Erde

Irdene Naturschätze, verwunschene Höhlen,
verborgene unterirdische Anlagen:
Von Sehenswürdigkeiten und Erinnerungen.

Das Moor ist alt. Es hat Falten und Schrunden, tiefe Risse, die sich mit schwarzem Wasser gefüllt haben. Der Wind fegt über die Ebene, rüttelt an den Krüppelfichten und verwuschelt die kleinen Birken, die sich hierhergetraut haben. Die meisten Pflanzen ducken sich: die Moose, die Flechten und der Sonnentau. Millionenfach streckt er seine Blättchen empor und hofft, eine Mücke zu erwischen. Der Wachtelkönig trippelt über die Mooskissen.

Hier ist es gut, klein und leicht zu sein, denn ein großes Tier hat im Moor von Ķemeri vor allem die Chance, auf Nimmerwiedersehen zu verschwinden. Verschluckt zu werden von der Erde, die so uralt und doch so lebendig ist, dass der Untergrund schwankt, die Seen nur scheinbar von Ufern eingefasst sind, Moose auf dem feuchten Untergrund nur schwimmen. Erde und Wasser verschmelzen und verschwimmen hier und bilden eine Landschaft, die sogar vom schwankenden Aussichtsturm aus weiter reicht als der Blick. Stege aus langen Bohlen durchziehen diese an die Urzeit erinnernde Ebene, damit Wanderer nicht nur den Weg hinein-, sondern auch lebendig wieder hinausfinden. Es ist einer jener Sümpfe, die den Menschen seit alters her Angst machen, weil sie Mann und manchmal sogar Maus verschlingen, weil faulige Dämpfe aus ihnen aufsteigen und ihr Boden so trügerisch ist – kurz, weil hier die Natur mächtiger ist als der menschliche Verstand.

Die meisten dieser Moore sind heute trockengelegt, und der Torf von ihrem Grund ist in Öfen verheizt worden. Nicht so in Lettland, wo Nationalparks wie der von Ķemeri besonders spektakuläre Sumpflandschaften schützen und wo Sümpfe auch anderswo geduldet werden, weil es noch genug Platz für Mensch, Wald und Sumpf gibt.

Die Erde im Ķemeri-Park hat so viele Aggregatzustände wie sonst nirgends in Lettland.

Sie ist schwarzes Wasser und schwarzer Boden, lässt Feuchtwiesen wachsen und Magerrasen, Schilf und Rasen. Sie verschlingt als Morast den Bohlenweg hinter dem historischen Waldhaus und bringt als Brutstätte so viele Plagegeister hervor, dass es einst in ebendiesem Waldhaus ein Ausflugslokal namens »Zur lustigen Mücke« gab. Sie atmet Schwefel und ist Bühne für die kleinen Ballerinas namens Sonnentau, die hier mit ihren Tutus aus Glitzerperlen tanzen. Als Sand rieselt sie ins Meer und kriecht am Strand in die Schuhe, in den Rucksack, in die Kekstüte.

Im Gauja-Nationalpark öffnet die Erde ihre Pforten. Der Fluss Gauja hat sich hier ein hübsches Tal gegraben, in der Umgebung locken Klippen und Höhlen. Vor der berühmten Gutmanns-Höhle treten sich die Bustouristen förmlich auf die Zehen. Fast niemand geht den Weg weiter zu den zwei anderen Höhlen, die die Sandsteinklippe hier auch noch öffnet. Wäre der braune Frosch, der gut getarnt in einer dieser kleinen Höhlen sitzt, ein verzauberter Prinz, er würde vermutlich noch tausend Jahre warten müssen, bis ihn hier jemand entdeckt und küsst.

Nicht ganz so verborgen, dafür noch entlegener ist das im Sanatorium in Līgatne, ein schauriger Ort in den Wäldern. Die Bäume wisperten schon zu sowjetischer Zeit, dass irgendetwas mit dem Sanatorium nicht geheuer sei. Dass es in Wirklichkeit vielleicht ein Raketenstützpunkt sein könnte. Tatsächlich haben die Sowjets den größten Bunker Lettlands in das Hochufer der Gauja gegraben. Unter neun Metern Beton und Gestein ist hier Platz für zweihundertfünfzig Menschen, die ohne Kontakt zur Außenwelt drei Monate lang überleben könnten. Nach der Wende ließen die Sowjets dort alles stehen und liegen, wie es war. Das Sanatorium ist heute noch in Betrieb und hat sich seinen Sowjet-Charme erhalten, der Bunker kann besichtigt werden.

Guide Oskars, Lette, führt fast jeden Tag eine Gruppe in den »sichersten und geheimsten Ort ganz Lettlands«, wie er sagt. Im Kommandoraum hängen noch heute Karten und Einsatzpläne aus dem Jahr 1988 – handgezeichnet, weil die Informationen darauf so geheim waren, dass man sie keinem Drucker anvertrauen wollte. Man darf sie auch heute nicht fotografieren, außer Oskars erlaubt es einem. Er findet, der Job in der Kommandozentrale war der härteste in ganz Sowjet-Lettland. Denn die Wachen starrten Jahr um Jahr auf Lämpchen und Alarm-Telefone – und nie ist etwas geschehen. Oskars erklärt, dass die Wände grün gestrichen wurden, damit die Menschen, die hier im Falle eines

Atomkriegs zusammengepfercht werden sollten, in ihrer unterirdischen Isolation nicht verrückt würden. Grün beruhigt, heißt es. Nur Männer sollten hier untergebracht werden, wichtige Männer des Sowjetregimes, jeder in einem eigenen Büro, das zugleich ein Schlafzimmer war. Nur der Generalsekretär der Kommunistischen Partei hatte Tapete an der Wand und außer einem Arbeitszimmer mit schwerem Schreibtisch auch einen Schlafraum mit einem echten Bett. Der letzte Generalsekretär der lettischen KP lebt noch. Oskars würde ihn gerne hierherbringen, in sein altes Büro, das so aussieht, wie er es verlassen hat, und ein Foto von ihm machen. Aber das wird wohl nichts, sagt er. Schade eigentlich.

Fünftes Element: Freiheit

Eine Nacht im Gefängnis, eine staatliche Sprachprüfung und das fünfte Element, das alles zusammenhält.

Mit einem scharfen Knall fällt die schwere Tür in den Rahmen. Es wird stockdunkel und völlig still im Raum. Draußen stehen zwei Studenten und ein gemütlicher Lette, aber der Raum ist von der Welt und vom Leben abgekoppelt. Kein Geräusch, kein Lichtstrahl. Kälte kriecht die Beine empor. Die Wände, unsichtbar aber doch präsent, rücken näher zusammen. Das ist das »Loch«, die Strafzelle im Gefängnis Karosta. Wer hier eingesperrt war, hatte sogar im Gefängnis noch rebelliert, geschlägert, vielleicht auch nur gemotzt. Das »Loch« von Karosta ist ein schauriger Ort. Die Mauern atmen Elend, der Fußboden ist mit Verzweiflung getränkt.

Der gemütliche Lette öffnet die Tür wieder: »Na, Lust, hier drei Wochen drinzubleiben?« Der Mann, der seinen Namen nicht sagen mag und eigentlich gelernter Fotograf ist, ist der letzte Gefangene des Militärgefängnisses Karosta. Der Bau aus der Zarenzeit diente bis 1997 als Zuchthaus für Soldaten. Sieben Armeen nutzten es nacheinander. Der Backsteinbau ist jetzt ein Museum, und wer mag, kann es auch erleben. Übernachtungsmöglichkeiten, Re-Enactments, interaktive Geschichts-Shows, Junggesellenabschiede, damit soll die Erinnerung an den Ort und seine Historie lebendig bleiben.

Der gemütliche Lette hat oben im Gebäude ein Zimmer. Wann immer jemand freiwillig in einer der Zellen übernachten will, muss er auch dort die Nacht verbringen. Seit zehn Jahren macht er das. Er seufzt. »Klar macht das etwas mit mir. Und wenn ich im Herbst hier allein bin und vielleicht etwas repariere, dann nehme ich wahr, dass ich hier nicht allein bin.«

Die Zelle für Besucher ist immerhin blau gestrichen und hat Glasbausteine anstatt Gitter – aber dennoch kein Fenster. Drinnen herrscht ewige Schummrigkeit. Sogar im Hochsommer frieren nackte Füße auf dem Boden. Kein WLAN, kein Handy-Netz, kein Fernseher, keine Leselampe. Die Deckenfunzel in der Zelle ist auszuschalten wie in alter Zeit: nur von außen, mithilfe eines langen Besenstiels. Das Eisenbett ist etwas mehr als schulterbreit. Eine Nacht im Gefängnis Karosta ist eine Nacht zum Nachdenken. Über Leid. Über Verzweiflung. Über innere Kraft. Nachts barfuß und alleine über die finsteren Gänge des Gefängnisses zu schleichen ist eindringlicher, als es eine Show sein könnte. Schatten in den Winkeln. Dunkelbraune Wände. Graffiti von echten Häftlingen in den Museumszellen. Sind das Stiefelschritte, die da aus dem Nebengang herüberhallen? Kommt der kalte Hauch wirklich nur vom Boden? Still ist es in den Gängen, grabesstill, und bedrückend legt sich die Geschichte des Ortes als dunkelbraune Decke auf die Seele.

Es bleibt, nach innen zu blicken, und der Blick fällt
auf das fünfte Element: Freiheit.

Sie war in Lettland bisher so selten, dass sie hier eine Kraft ist, die die Menschen und die Gesellschaft nicht auseinanderstreben, sondern zusammenrücken lässt. Freiheit, das kostbarste Gut der Gemeinschaft. Freiheit, die nicht erkämpft, sondern in stoischer Ruhe herbeigesehnt, herbeigewartet und ein wenig herbeigesungen wurde.

Freiheit, die in Karosta immer das Fernste war, auch jenseits der Gefängnismauern. Das ganze Viertel, zur Stadt Liepāja an der Westküste gehörend, war fast einhundert Jahre lang militärisches Sperrgebiet. Eine schwenkbare Brücke trennt es vom Rest der Stadt. In den zu großen Teilen leer stehenden sowjetischen Plattenbauten hängen schon morgens Typen ohne Hemd, aber mit Wodkaflasche in der Hand, aus den Fenstern und pöbeln. Sie sind aus der alten Zeit übrig geblieben, gefangen in der sowjetischen Vergangenheit Lettlands. In andere Häuser sind junge Familien eingezogen, renovieren, so gut es geht, pflanzen Blumen in die Vorgärten. Sie nutzen die neue Freiheit.

Monatelang waren manche Häftlinge hier im Backsteingefängnis. Andere nur ein paar Tage lang. Bis sie wieder nüchtern waren, bis ihre Seelen gebrochen waren oder bis das Hinrichtungskommando der Wehrmacht vorbeikam, um alle, die als Deserteure galten, zu erschießen, egal, in welcher Armee sie gedient hatten. Am Ort der Massengräber des Zweiten Weltkriegs, direkt gegenüber des Gefängniseingangs, ist heute ein Garagenhof für die Bewohner der nahen Plattenbauten. Die Gedenkstätte für die getöteten Soldaten aller Armeen, die in Karosta als Deserteure standrechtlich erschossen wurden, ist von der Straße aus unsichtbar in einem Wäldchen versteckt. »Wir wollten nicht in den Krieg«, steht in mehreren Sprachen auf einem Stein.

Der gemütliche Lette mit den sanften Augen findet, dass es in Ordnung ist, dass den Deserteuren, die nicht für ihr Land eintreten wollten, nicht ausführlicher gedacht wird. Er zieht sich morgens, wenn die Übernachtungsgäste verstrubbelt aus ihren Zellen kriechen, eine sowjetische Uniform an und wartet bei einem Glas Tee auf Museumsgäste. »Vielleicht wollen Sie ja noch ein Souvenir kaufen«, sagt er. Es gibt

T-Shirts mit einem Stiefelabdruck und einem Hakenkreuz. »Ein altes lettisches Symbol«, sagt der Mann, »es zierte auch einmal die Flugzeuge der lettischen Luftwaffe. Sehr archaisch, sehr kraftvoll. Es gehört zu uns.« Das Hakenkreuz ist in Lettland eines der Symbole, die es auch aus Holz auf dem Markt gibt.

Vergessener Sowjet, Russe, Lette, Russisch sprechender Lette, Lettisch sprechender Russe – im Viertel Karosta leben die sehr verschiedenen Bürger Lettlands eng zusammen. Das Trennende, den Fluss, haben sie schon überwunden, das ehemalige Problemviertel macht sie zur Schicksalsgemeinschaft.

Anderswo im Land sind die Orte homogener, und die Gruppen bleiben mehr unter sich. Die Käseverkäuferinnen im Zentralmarkt, die ihre feisten Arme bis zum Ellbogen in den Eimer mit frischem Krümel-Quark tauchen, etwa sprechen fast ausschließlich Russisch. Ihre Waren müssen sie aber in lettischer Sprache auszeichnen, so will es das Gesetz. Zweisprachige Beschilderung ist nicht erlaubt, obwohl das Land zweisprachig ist. Das liegt daran, dass es in Lettland immer noch Russen und innere Sowjets gibt, die sich weigern, die Landessprache Lettisch zu sprechen oder auch nur zu lernen. Das sind etwa dreihunderttausend Bürger Lettlands – die nicht als Bürger gelten und auch nur eingeschränkte Bürgerrechte haben. »*Nepilsoņa Pase*« (Nichtbürger) und »*Alien's Passport*« steht in ihren Pässen, sie haben keine Staatsangehörigkeit, dürfen nicht wählen, erhalten keine Renten.

Dabei ist es ganz leicht. »*Labdien!*«, sagt die kräftige junge Frau und fragt: »*Kā Jums sauc?*« (Guten Tag, wie heißen Sie?) Als Nächstes kommt »Wie geht es?«, »Wo wohnen Sie?« und »Was arbeiten Sie?«. Standardfragen aus jedem Anfänger-Sprachkurs. Wer sie beantworten kann, hat schon einen guten Teil der mündlichen Sprachprüfung bestanden. Einmal im Monat findet sie in Riga statt, auch in anderen lettischen Städten wird regelmäßig staatlich geprüft.

Etwa einhundert Prüflinge drücken sich im Gang einer Rigaer Mittelschule herum. Fast alle sprechen Russisch. Es ist Samstagmorgen, alle brabbeln aufgeregt. Die Prüfer und Beisitzer haben sich Namensanstecker in den lettischen Nationalfarben angeheftet und herrschen die Wartenden mit sowjetischer Zackigkeit an: »Los, los, Anmeldebestätigung her!« Die drei schriftlichen Teile der Prüfung finden in einem rappelvollen Schulzimmer statt. Es riecht nach alten Socken. Hörverständnis, Leseverständnis, Schreiben, alles genormt, alles genau so, wie es im Vorbereitungskurs und im Lehrbuch geübt wurde, ob am Beispiel einer Bewerbung als Aushilfe oder einer Mail an einen Freund. Auf einer der Bänke im Gang vor den Klassenzimmern sitzt eine alte Dame mit den Händen einer Bäuerin und Löchern in den Schuhen. Ein dicker Rocker in Lederkluft und mit Pferdeschwanz neben einem asiatischen Schüler. Eine ukrainische Mutter von zwei Kindern, die einen besseren Job haben möchte, wie sie in der Pause verrät. Allen gemein ist, dass sie die Nase voll davon haben, Nichtpersonen zu sein. Wer dann noch in einer anderen Prüfung die lettische Nationalhymne singt und einen Geschichtstest besteht, in dem unter anderem die Zeiten der Okkupation abgefragt werden, kann Lette werde – und damit auch EU-Bürger.

Lette zu sein bedeutet in Lettland viel.

Es bedeutet, sich in der Sowjetzeit nicht selbst verloren zu haben. Es bedeutet, einen Begriff davon zu haben, was dieses Lettland ist und was lettisch sein könnte. Es bedeutet, sich nach bestandener Prüfung oder am Tag der Hochzeit vor dem Brīvības piemineklis (Freiheitsdenkmal) in Riga fotografieren zu lassen und stehen zu bleiben, wenn im Einkaufszentrum ein lettischer Chor singt.

Vor allem aber bedeutet es, frei zu sein. Nach Jahrhunderten frei von Fremdherrschaft und Fremdbestimmung. Frei auch, mit Russen weiterhin Russisch zu sprechen, und frei, diese eckigen alten Symbole uncool und Putin super zu finden. Ob Russe, Lette oder sonst jemand in Lettland: Die hart errungene Freiheit ist das, was alle zusammenhält.

Europa und Asien

AUF DER STRASSE DES LEBENS

Das erste gemeinsame Zuhause: ein Siebeneinhalbtonner. Schlafplätze vor gewaltiger Kulisse. Veränderungen der Umwelt in Echtzeit. Die Freiheit des Innehaltens. Ein zwei Jahre langer Roadtrip im Unimog – von München nach Wladiwostok.

Von Jennifer und Peter Glas

Vor der Reise

Jennifer. Ich sitze am Ufer des Pazifiks an der wilden Ostküste Russlands, im fernen Sibirien, unweit der idyllischen Hafenstadt Wladiwostok. Ich blicke auf das Meer, und voller unbestimmter Sehnsucht beobachte ich die großen Schiffe in der Ferne. Ich versinke in meinen Gedanken und lausche der melancholischen Folklore, die aus einem kleinen Zelt unweit unseres Trucks zu vernehmen ist.

Neulich wurden wir gefragt, warum wir das eigentlich machen. Diese Reise. Nach kurzem Überlegen kam ich zur recht simplen Antwort: »Weil es eigentlich keinen Grund gibt, das nicht zu machen.«

Es ist der frühe Sommer 2012. Peter und ich sitzen in einem kleinen Lokal in meinem Münchner Viertel – und zittern. Beide halten wir uns verkrampft an einem Glas Wein fest und blicken nervös auf die Platzdeckchen auf dem Tisch. »Was tun wir da eigentlich?«, fragen wir uns immer wieder kopfschüttelnd. Sind wir wahnsinnig? Mein Herz klopft. Irgendetwas tanzt in meinem Bauch. Ich trinke einen großen Schluck Wein. Einen sehr großen.

Wir kennen uns gerade viereinhalb Monate. Zugegeben – wir kennen uns für die Kürze der Zeit recht gut. Doch ist das ausreichend, um sich gemeinsam in ein Abenteuer zu stürzen? Wir haben noch nie zusammen gewohnt. *What the hell am I doing here?*

Vor uns auf dem Tisch liegt ein handgeschriebener Kaufvertrag. Es geht um einen Truck. Einen fast dreißig Jahre alten LKW. Einen Siebeneinhalbtonner! Er soll unser erstes gemeinsames Zuhause werden. Geht das gut? Und mit diesem Zuhause wollen wir nach Osten fahren. So weit, bis es nicht mehr weiter geht. Oder genau so lange, wie wir Freude daran haben.

Doch kann ich das denn einfach so machen? Kann ich nach viereinhalb Monaten des Kennenlernens einen gemeinsamen Lebensabschnitt *on the road* planen? *What the hell …?* Kann ich einfach meine

Arbeit kündigen? Darf ich meinen beruflichen Werdegang unterbrechen? Oder gar beenden? Meine Sicherheit aufgeben? Meine Komfortzone verlassen? Kann ich meine großzügige Wohnung gegen sieben Quadratmeter engsten Wohnraum eintauschen? Kann ich einfach alles aufgeben, um mich mit Peter auf den Weg in die Welt aufzumachen? Ich schaue ihn an. Wir müssen lachen. Schnell sind wir uns einig: Wir können. *Hell, yeah!*

Als Peter und ich uns kennenlernen, befinden wir uns in einer ähnlichen Lebensphase. Wir sind fleißig, wir leben bewusst und intensiv in Basel beziehungsweise in München. Wir haben wundervolle Freunde. Wir reisen gerne. Wir haben uns ausgetobt. Wir sind beruflich mehr oder weniger erfolgreich – auch wenn wir unsere Tätigkeiten in regelmäßigen Abständen hinterfragen. Wir sind aktiv. Wir können am Ende jeden Monats etwas Geld zur Seite legen. Wir bezeichnen uns beide als glücklich.

Die Tatsache, dass wir uns im März 2012 kennenlernen, bereichert unser beider Leben unverhofft – vervollkommnet unser beider Glück. Die Welle dieses Glücks und unsere Dankbarkeit darüber verwandeln wir vom ersten Tag an in positive Energie und wagen einen neuen Abschnitt in unserem von nun an gemeinsamen Leben.

Wir sind uns darüber bewusst, dass es genügend Gründe gäbe, all das nicht zu tun. Doch wir wissen, dass es *für uns* in diesem Moment keinen einzigen Grund gibt, es nicht zu tun. Ich bin an diesem regnerischen Abend fünfunddreißig Jahre alt. Peter ist vierzig. Wir stehen in der Mitte unseres Lebens. Und wir möchten diese Reise wagen, solange wir jung und gesund sind. Wir möchten die Welt sehen, wie sie wirklich ist. Wir möchten unsere Vorstellungen dieser Welt bestätigt wissen – oder auch berichtigen. Wir möchten die Welt jetzt sehen – solange sie noch so ist. Und wir möchten gerne fremde Kulturen und Menschen kennenlernen.

Doch wir möchten vor allen Dingen uns selbst kennenlernen. Wir möchten viel Zeit miteinander verbringen – mehr Zeit, als uns unser derzeitiges Leben erlauben würde. Wir möchten wissen, was Freiheit bedeutet und wie wir damit umgehen werden. Aber auch, was es bedeutet, weniger zu haben, einfacher zu leben. Wir möchten wissen, wie wir als Team funktionieren und aneinander wachsen können. Wir möchten leben und sein und spüren und uns bewegen. Wir möchten uns reduzieren, den Ballast abwerfen und uns frei machen. Wir möchten das Geschehene hinterfragen. Wir möchten uns nicht verändern – doch gemeinsam entwickeln und voneinander lernen. Vor allem möchten wir uns den nötigen Raum und die Zeit für all das geben!

Und vielleicht möchten wir am Ende sagen, dass alles gut ist, wie es vor der Reise war – und uns sakrisch darüber freuen. Wir möchten Schüler sein, von uns selbst, voneinander, von – und in dieser Welt.

Und so stehen wir ganz am Anfang einer sehr langen Straße, die uns vielleicht eine Richtung weisen kann – uns aber nicht zwingend an ein Ziel bringen muss.

Warum wir mit dem Auto reisen

Peter. Rückblick. Es ist unerträglich heiß. Die Straße furchtbar schlecht. Vor schlappen zwölf Stunden bin ich mit dem Bus in Guatemala City losgefahren. Ölige Teigtaschen vom Kiosk beim letzten Umsteigen in der fettigen Tüte. Ein Knoblauch – und noch vieles mehr –ausdünstender Sitznachbar. Vollkommen übermüdet, durchgerüttelt, durchgeschwitzt und hungrig schlage ich an einem trostlosen Busbahnhof auf. Mühsam sind alle Habseligkeiten wieder im Rucksack verstaut, alle Gliedmaßen einigermaßen zurechtgerückt. Tief Luft holen! Und dann trete ich hinaus, in die knallharte Reiserealität.

»Mister! Come, come! Taxi! You need taxi?« – *»Mister! Mister! I know a very good guesthouse!«* Paawauw! Der nächste Schlag! Acht der *my friends* bedrängen mich und schreien etwas von *»the nicest«*, *»the cheaest«*, *»the best location in town«*, *»the you-will-never-want-to-*

leave-again« ... Hotel! ... Restaurant! ... »*Come! Very good price for you!*« ... Wie schön! Ich bin angekommen!

Das ist natürlich nur einer der vielfältigen Gründe, warum ich eine Langzeitreise lieber mit dem eigenen Fahrzeug machen wollte – und immer noch will.

Reisen mit dem Rucksack ist wunderbar. Ich habe es geliebt. Jen auch. Aber dauernd? Rund um die Uhr? Für ein bis zwei Jahre ... auf unbestimmte Zeit? Vielleicht bin ich älter – und eigener – geworden. Um ehrlich zu sein, ich liebe es, meinen eigenen Raum zu haben. Egal, wie klein dieser ist. Ein Raum, den ich so gestalten kann, wie er mir gefällt. Meine Sachen sind mehr oder weniger immer an der gleichen Stelle, mein Chaos ist – wie zu Hause – komplett selbst verschuldet. Nun, unser Auto ist unser Zuhause! Und das Wichtigste: Wir können diesen eigenen, ganz privaten Raum, unser Zuhause, überall hinstellen. Und wir sind damit angekommen. Egal, wo.

Da wir beide sehr naturverbunden sind, zieht es uns immer an die Flüsse, ans Meer, in die Wälder, die Wüsten, die Berge ... in das *somewhere out there*. Mit unserem Unimog müssen wir uns wegen der Beschaffenheit des Weges dorthin nicht allzu viele Gedanken machen. Wir finden (fast) immer ein traumhaftes Fleckchen, an dem man den Sonnenuntergang genießen kann.

Und dann kommt die Nacht, und mit ihr die Dunkelheit und all die spannenden Geräusche: das Wellenrauschen am einsamen Strand, das Vogel- oder Insektenkonzert im Urwald, die grasende Yakherde, die im Schutz der Nacht vorbeizieht, die perfekte Stille in der Wüste und dieses Rascheln – dieses Rascheln, von dem wir nicht so genau wissen, was es ist.

Mitten in der Natur zu stehen, die beeindruckende Landschaft um uns herum wahrzunehmen, den Geruch von Erde, Wald, Wasser, Stein aufzusaugen oder manchmal auch gar nichts riechen zu können und die Einsamkeit zu fühlen, das sind die besonderen Momente, die ich mit unserem eigenen Fahrzeug sehr oft und sehr intensiv erlebe.

> Über alldem steht aber das Gefühl von
> Selbstbestimmung, Freiheit, Unabhängigkeit,
> vom Weiterziehenkönnen, wenn ich es
> selbst will.

Und wirklich nur dann, wenn ich es selbst will. Und dann tauche ich ein in das Leben in einem fremden Land – denn auf der Straße, da ist das Leben! Auf der Straße sind die Menschen auf dem Weg zur Arbeit, zum Markt, zu ihren Liebsten daheim, auf dem Weg zum Essen, wenn sie nicht eh gleich an der Straße essen. Zweiräder werden repariert, Vierräder auch, Tiere kreuzen den Pfad, wir fragen nach dem Weg, finden ihn ... oder auch nicht, werden angesprochen. An der Tankstelle versucht man, uns über den Tisch zu ziehen, wir lachen, staunen ... Und wenn wir wollen, dann halten wir an und sind angekommen. Bis wir wieder weiterfahren.

Natürlich ist das Reisen mit dem eigenen Truck nicht immer nur romantisch und Abenteuer pur. Technische Probleme oder die einfache, tagtägliche Wartung des Fahrzeugs »bremsen« uns oft aus. Aber – und das lerne ich unterwegs – es gibt immer eine Lösung! Und was gibt es Lohnenderes, als eine Lösung zu einem echten Problem gefunden zu haben?

Und so reisen wir und erfahren Kilometer für Kilometer, was »Der Weg ist das Ziel« eigentlich bedeuten mag.

Der Alltag einer Reise

Jennifer. Ich sitze »zu Hause auf dem Sofa« – in einer kleinen Autowerkstatt in Vientiane. In der Hauptstadt von Laos haben wir vor allen Dingen eines vor: herausfinden, wo zum Teufel dieses »seltsame« Geräusch in unserem Motorraum herrührt. Peter liegt mit einem äußerst netten Herrn unter unserem Getriebe und klopft mit einem Schraubenschlüssel lustige Melodien. Derweil denke ich über unseren Alltag auf der Straße nach, während ich den Salat fürs Abendessen vorbereite.

Das Nomadenleben *on the road* beschert uns unheimlich viel Freiheit. Wir stehen für 1001 Nacht in der einsamen Dasht-e-Kavier-Wüste im Iran unter einer Million Sterne, in der nächsten stehen wir auf einem heruntergekommenen Parkplatz unweit des pulsierenden Basars in Shiraz. Wir sind unabhängig von Unterkünften, von Transportmitteln, von den gängigen Routen, von Essenjagen, von touristischer Infrastruktur. Wir können uns fast überall auf der Welt hinstellen – und sind zu Hause.

Diese Freiheit erfordert natürlich ein paar Dinge, um die wir uns quasi rund um die Uhr kümmern müssen: Wo bekommen wir das Wasser für den Wassertank her? Welchen Adapter brauchen wir? Wohin führt diese Straße, und wie gut ist sie? Und ist sie nachts sicher? Hält uns diese Brücke? Sind die Stromleitungen hoch genug? Scheint genug Sonne auf die Solarpanels, wenn wir hier länger stehen? Und stehen wir eigentlich waagerecht? Wie lange darf unser Auto in diesem Land bleiben? Was, wenn das Land, in dem wir uns befinden, die Außengrenzen dichtmacht? Gibt es dieses Ersatzteil in Indien? Und was kostet der Versand aus Deutschland? Was, wenn wir aufgrund der Sanktionen keine Teile in den Iran bekommen? Springt unser Auto auf 5500 Höhenmetern überhaupt noch an? Und wie zum Teufel bitten wir die Ameisen, aus der Seitenluke herauszukommen? Wir sprechen doch gar kein Malayalam!

Zunächst klingt das nach jeder Menge Arbeit. Und ja, das ist es.

Doch auf der anderen Seite habe ich in den letzten Monaten gelernt, dass uns gerade diese Routine unheimlich viel Halt gibt und unseren Alltag unheimlich bereichert.

Routine erlebe ich also nur dann als belastend, wenn sie von Dingen geprägt ist, die mir keine Freude bereiten. Eine Routine, bestehend aus unterhaltsamen und spannenden Elementen, empfinde ich als etwas

Wunderschönes. Routine tut mir gut. Unser Zuhause gibt mir die nötige Basis, mich in dieser Routine aufgehoben und gehalten zu fühlen.

Es sind meist diese kleinen Besorgungen, die mich dem Leben auf der Straße und vor allem mir selbst näherbringen. Die verzweifelte Suche nach der Lüsterklemme in einer kleinen, unbedeutenden indischen 5-Millionen-Stadt lässt mich wahrscheinlich mehr von Indien spüren als der Besuch des Taj Mahals (der zweifelsohne einen Besuch wert ist). Die Diskussion mit dem burmesischen Schweißer über unsere Hinterachsenfeder ist im Nachhinein doch irgendwie spannender als der Golden Rock.

Peter und ich werden natürlich hin und wieder an die Grenzen unserer mittlerweile mächtigen Geduld geführt, doch im Rückblick sind gerade diese kleinen unscheinbaren Erlebnisse vielleicht die wertvollsten der ganzen Reise.

Dass das Finden von Trinkwasser in der Wüste des Oman, die Sicherheit in der Nacht oder die uneingeschränkte Verfügbarkeit von Lebensmitteln in großen Teilen der Welt eben nicht so selbstverständlich sind wie in unserer Heimat, all das ist mir mit jedem Tag bewusst, und ich hoffe, dass ich diese Erfahrung für den Rest meines Lebens tief in mir drin verankern und immer wieder abrufen kann. Ich habe gelernt, geduldig zu sein, Dinge einfach passieren zu lassen – und dass Routine etwas Wunderschönes sein kann. Und wenn alles einfach mal zu viel wird, schließe ich die schwere Tür unserer Wohnkabine, koche mir einen Tee und verkrieche mich unter meiner Bettdecke, mache morgen wieder weiter.

Die Begegnungen auf der Straße

»It's not about places!
It's about people.«

Kevin DeVries
Bergführer, Priester,
Reisender, Freund

Peter. Es sind die großen und die kleinen Begegnungen, die Menschen und die entsprechenden Situationen, die einen tiefen Eindruck hinterlassen – und mir im Gedächtnis bleiben.

Wir werden oft gefragt, welches Land bisher unser liebstes sei. Und ich weiß immer noch keine gute Antwort auf diese Frage. Oft sage ich, dass jedes Land, durch das wir gefahren sind, für uns eine besondere Erfahrung war. Weil es immer etwas zu staunen gab, wir überrascht wurden, enttäuscht wurden – von Menschen. Weil jedes Land anders ist und die Spielregeln nie offen auf der Straße liegen. Und jedes Mal, wenn wir etwas über das Land und seine Menschen gelernt haben, begonnen haben, uns zurechtzufinden, dann hat dieses Land so viel mehr »Sinn« ergeben. Wir konnten begreifen. Zumindest ein bisschen. Für kurze Momente.

In vielen Ländern haben es uns die Menschen sehr leicht gemacht, zu begreifen und zu verstehen. Mit großer Offenheit gingen sie auf uns zu, auf uns »Fremde«. Wenn wir selbst offen sind, entstehen die schönsten Begegnungen, das größte Staunen und das meiste Lernen. Deswegen sind alle Länder, die wir bereist haben, etwas Besonderes. Wegen der Menschen, die wir kennenlernen durften!

Und dabei ist es gar nicht wichtig, wie lange wir uns mit einem Fremden unterhalten haben, wie tiefgehend … das, was es so unbeschreiblich macht, ist die Herzlichkeit.

Wenn wir nach einem langen, holprigen Fahrtag dieses extralaute Lachen einer Horde Schulkinder hören und sehen dürfen, wenn uns beiden total erschöpft auf fünftausend Höhenmetern ein paar Soldaten beim Reifenwechsel zur Hand gehen, wenn uns von einer Marktfrau plötzlich das herzlichste Lächeln zwischen Erde und Sonne geschenkt wird, wenn wir – am wenigsten damit rechnend – schon wieder vom Guten im Menschen überrascht werden, dann ist das nicht nur eine wundervolle Erfahrung, es macht Mut und Hoffnung. Und auch ein bisschen süchtig. Nach Reisen, nach dem Fremden und den vielen fabelhaften Menschen, die es in unserer Welt gibt.

Manchmal bin ich ein bisschen traurig, dass es nicht möglich ist, mit allen unseren Begegnungen in Kontakt zu bleiben. Hilfsmittel wie Social Networks und E-Mails helfen natürlich sehr, aber räumliche Distanz ist und bleibt ein Hindernis. Daher bleiben diese Begegnungen immer nur welche auf Zeit – und entwickeln sich niemals in der Tiefe wie unsere Freundschaften zu Hause. Das ist auch völlig okay so.

Noch trauriger macht mich allerdings, dass in manchen Gegenden *so* viele Menschen auf uns zugekommen sind, dass wir sogar ablehnend reagieren mussten – sei's, weil wir einfach todmüde waren ... oder vor der Nacht ein bestimmtes Etappenziel erreichen sollten. Im Nachhinein beschämt es mich, dass es auf unserem Weg sicherlich Menschen gab, die *uns* als abweisende Gäste in ihrem Land erlebt haben müssen.

Wir versuchen, der Gastfreundschaft, der Neugier und der schlichten Aufregung über unser Fahrzeug mit größtmöglicher Offenheit zu begegnen. Und mit Fotos aus unserer Heimat, einer kleinen »Hausführung« im Truck, einem mit Händen und Füßen geführten Gespräch unter unserem Vorzelt bei Chai und Selbstgebackenem. Damit dürfen auch *wir* manchmal Gäste willkommen heißen – in unserem täglich neuen, temporären, kleinen Zuhause in der Fremde.

Die Gastfreundschaft, die uns überall zuteil wurde, ist einfach atemberaubend. Da treffen wir auf den lustigen Mehmet, der uns kurzerhand mitnimmt zum Geburtstag seiner Tochter. Bei einem opulenten Ramadan-Fastenbrechen in Form von türkischen Leckereien erzählen wir uns Geschichten, feiern und singen und tanzen.

Da ist der Sänger Shani, der Mokka im Feuer kocht – in den Steinen der türkischen Schwarzmeerküste. Später singen und tanzen wir mit den Frauen zu seiner anmutigen Sas-Musik.

Da sind die wundervolle Fathma und ihr Mann Berus, die uns an unserem ersten Abend im Iran in ihr Haus einladen. Bei Tee und persischem Reis und Lamm, dem synchronisierten *»Kommissar Rex«* auf dem Fernseher im Hintergrund, erzählen sie uns vieles über ihr Land. Später gehen sie mit uns Äpfel pflücken und zeigen uns ihre Stadt.

Da ist der fremde Trucker, der uns während der Fahrt mehrere Mangos durch das offene Fenster wirft. Oder der Trucker in Bandar-e-Abbas, der uns einfach mal zu einhundertzwanzig Litern Diesel »einlädt«.

Wir treffen auf den einzigartigen Djavad in Tabriz, der uns seinen Garten überlässt, mit uns grillt und kurzerhand seine ganze Familie einlädt, um uns zu treffen. Djavad, der uns während unserer ganzen Zeit im Iran per Telefon begleitet und schließlich durch das ganze Land fährt, nur um uns am Ende persönlich zu verabschieden. Djavad, der heute unser Freund ist.

Da sind die indischen Ranger Steve und Deepti, die uns an ihr Lagerfeuer bitten und uns alles über die Wildtiere ihrer Heimat erzählen. Oder Michael und Vasan in Kaschmir, die uns in ihr Zeltlager im Pilgerdorf Baltal bitten und mit nordindischen Chapatis und Dhal verwöhnen. Oder unser Unimog-verrückter Freund Kunal, der uns hilft, die Komplexität Indiens zu entknoten und der seine Liebe zum Unimog verliert, als er unseren in einem Sandgraben versenkt – wir dabei aber alle gesund und munter bleiben; mittlerweile haben wir uns weitere vier Male in ganz Indien getroffen.

Da sind der alte Vladimir und sein Genosse Dimitri, zwei waschechte Kommunisten, die uns zu frisch gefangenem Fisch und Pelmeni in ihr burjatisches Wohnzimmer bitten. Wir bringen Salat mit und Kuchen und feiern das Leben zur melancholischen Folklore, die die beiden Jäger und Sammler auf Gitarre und Bajan zum Besten geben. Gerührt und mit Tränen in den Augen verlassen wir den Hof am Rande des Baikalsees.

Da ist auch der einzigartige Lamaji Tashi Namgyal, der uns mit seiner Herzenswärme für viele Wochen am Leben seiner tibetischen Schule teilhaben lässt, der uns Lehrer für die Kinder und Schüler des Lebens sein lässt – und uns durch sein selbstloses Handeln und Wirken in Spiti für immer in Erinnerung bleiben wird.

Ja, da sind einige der unzähligen Menschen aller Länder, die uns zum Tee eingeladen haben, uns mit Früchten und Gebäck beschenkt haben. Ein Kilo Datteln, »einfach so, weil ihr Gäste seid in unserem Land!« Wir sind dankbar für die kleinste Schraube, jeden Holzpflock, jedes Werkzeug und jedes aufmunternde Lächeln – das in einer bestimmten Situation mehr Wert war als jedes Königreich. Da sind unendlich viele Menschen auf der Straße, die unvoreingenommen auf uns zukommen, um uns den Weg zu zeigen oder gar mit dem Motorrad vor uns herzufahren, damit wir nicht verloren gehen.

Wir sind dankbar für jeden Garten, in dem wir stehen durften, für das Wasser, das wir tanken, für das Trinkwasser, das wir abfüllen durften, für das Feuerholz, das uns überlassen wurde. *»Do you need help?«* hören wir öfter, als wir das jemals erwartet hätten. Und wir erfahren, dass es keine Floskel ist. Und vor allem sind wir unendlich dankbar für alle Menschen und deren Geschichten, die Gespräche, die Feste und Feiern, deren Schilderungen den Rahmen dieser Erzählung sprengen würden. Doch jede einzelne Geschichte bleibt in unserer Erinnerung, in unseren Herzen als großes Geschenk der Straße dieses Lebens.

Die Schönheit der Straße

Peter. Eigentlich ist das wie Kino. Ganz großes Kino! Ganz oft zumindest. Und ein Privileg, das erleben zu dürfen.

8.30 Uhr in der Früh. Unser Zuhause ist rüttelfest aufgeräumt, die Tür verschlossen, die Einstiegsleiter eingehängt, der Motor läuft, Handbremse los, und dann beginnt die Vorstellung. Der Schauplatz: irgendwo im Himalaja.

Film ab. Wir fahren die zwei Kilometer über Stock und Stein zurück zur sogenannten Hauptstraße. Es schaukelt ziemlich. Da war schon gestern Nachmittag, als wir ankamen, kein richtiger Weg. Ein letzter Blick gilt der friedlichen Wiese, auf der wir die Nacht verbracht haben, den wilden Pferden und dem einsamen Schäfer, der uns am Abend noch um ein wenig Diesel für seine Lampe gebeten hat.

Dann sind wir wieder auf der Straße – oder was noch davon übrig ist. Die Spannung steigt. Knappe achtzig Kilometer haben wir uns für heute vorgenommen. Mal sehen, ob wir die schaffen. Wir haben es ja nicht eilig. Die Straße lässt das auch gar nicht zu. Unser Film läuft in Slow Motion. Schlaglöcher und Geröllhaufen zwingen uns zu einem eleganten Slalom. Manchmal. Meist bestaunen wir dabei die Nebenschauplätze um uns herum. Jen und ich sitzen quasi in der Loge. Wir erheben keine Ansprüche auf den Regiestuhl. Wir lassen uns treiben.

Alles, was Räder hat oder diese vorwärtsschiebt, ist auf der Straße. Güter und Waren, Obst und Gemüse jeglicher Größe werden abenteuerlich auf Ladeflächen, Autodächer, Motorradsitze oder Eselsrücken geknotet. Ja, Tiere gibt es auch. Kühe, wilde Pferde, Hunde, Katzen, Schafe, Ziegen, Yaks und noch vieles mehr. Mehr oder weniger einträchtig bewegen sich hier alle auf der Straße. Und wir mittendrin in dieser fließenden Choreografie. Manche Leute schauen ungläubig, wenn sie uns sehen, manche winken, hupen oder kommen gefährlich nah an uns herangefahren.

Wir müssen unterwegs noch was zu essen einkaufen. An einem kleinen Shop auf dem Weg nach Lossar halten wir. Viele Touristen waren wohl noch nicht hier. Mit einem Lächeln und viel Gestikulieren gelingt es uns, Gemüse für die nächsten Tage *off the road* einzukaufen. Tomaten, Blumenkohl, Kartoffeln und zwei andere Gewächse, von denen wir die Namen nicht kennen, die aber schmecken. In einem kleinen, vor dem Wind schützenden Versorgungszelt gönnen wir uns einen heißen Chai, etwas köstlich Gebratenes und wollen schließlich weiterfahren. Da werden wir von Soma angesprochen. Er hat uns schon vor ein paar Tagen weiter unten am Berg gesehen und lädt uns zum Tee ein. Wir unterhalten uns über die beeindruckende Gegend, dass die Menschen hier im Tal besonders ausgeglichen sind, dass er selbst auch gerne nach Spiti kommt, um aufzutanken, und dass man einfach ehrfürchtig gegenüber seiner Umwelt wird, sobald man dieses Tal erreicht.

Wahrscheinlich schaffen wir die achtzig Kilometer heute nicht. Müssen wir das? Wir wollen es gar nicht. Wir genießen den Moment. Wollen, dass der Film noch nicht zu Ende ist. Die Hauptrolle überlassen wir dem Hier und Jetzt. Jen und ich fühlen uns als winzig kleine Statisten im großen Kino der Natur.

> Wir rollen durch Kulissen, die zu einzigartig sind,
> zu mächtig, zu fabelhaft, um sie mit einem oder
> vielen Worten zu beschreiben.

Ein paar Stunden später haben wir in genau dieser gewaltigen Kulisse unseren Schlafplatz gefunden. Wir genießen die letzten Sonnenstrahlen, die das Drehbuch für uns bereithält, und freuen uns schon auf den Morgen. Hier kommt doch keiner und räumt über Nacht die Bühne weg?

Ach so, es gibt auch Scheißfilme im Kino!

Das Reisen in Echtzeit

Jennifer. Ich sitze an einem Strand im Osten Malaysias. Der Muezzin singt in der Ferne. Ich erinnere mich an den ersten Muezzin, den wir auf unserer Reise bewusst wahrgenommen haben. Es muss damals in Bosnien gewesen sein. Das war vor mehr als zwei Jahren. Es ist seltsam, wenn ich bei Erinnerungen an den Beginn unserer Reise von »damals« spreche. Kann das denn sein? Ich denke nach über das Wesen der Zeit.

Das Spannende am Reisen über Land ist für mich die Fortbewegung in Echtzeit – die ausgesprochen langsame Veränderung unserer Umwelt: Gesänge, religiöse Stätten, Kleidung, Vegetation, Landschaften, Architektur, Infrastruktur, Sprachen, Dialekte, Grußworte, Gesichtszüge, Schriften, Traditionen, Speisen ... ihre Wesen verändern sich unheimlich langsam, aber dennoch stets. Sie gehen ineinander über, verschwinden und erscheinen an anderer Stelle wieder. Die Kleidung von Dolma in Ladakh erinnert mich an die Kleidung der Nomadenfrau der Wüste Gobi. In Nagaland, im Nordosten Indiens, verändern sich die Gesichtszüge der Menschen so sehr, dass ich mich überall – nur eben nicht in Indien vermute.

Der Austausch über diese Beobachtungen nimmt einen unheimlich großen Raum in meinen Gesprächen mit Peter ein. *»Riechst du das?«,* *»Hörst du das?«, »Schmeckst du das?«, »Siehst du das?«* Immer wieder entdecken wir Neues, Überraschendes, Wiederentdecktes und Bekanntes. Wir freuen uns über kleine Details oder Dinge, die unsere kurz zuvor erlangten Erkenntnisse wieder ad absurdum führen.

Das Reisen mit unserem Truck passiert so langsam, dass wir es in zwei Jahren gerade mal von München nach Malaysia geschafft haben. Man kann das auch in drei Monaten schaffen, doch wir genießen die Freiheit der Langsamkeit, die Freiheit, uns in Nepal für zwei Monate in das Pokhara Valley zu stellen oder in Goa für genauso lange an den

175

Strand, die Freiheit des Innehaltens, wann immer wir das Bedürfnis danach haben. Mir persönlich erscheinen die letzten zweieinhalb Jahre unverhältnismäßig länger. Ich habe das Gefühl, seit mehreren Jahren unterwegs zu sein. Aber sollte es nicht genau so sein?

So muss ich vielleicht den Begriff des »Reisens in Echtzeit« berichtigen. Vielleicht führt das langsame Reisen mit dem eigenen Fahrzeug eher zu einer immensen Ausdehnung der Zeit? Ich weiß es nicht. Da werde ich vielleicht morgen noch einmal drüber nachdenken. Oder vielleicht auch übermorgen.

Diese Straße fahren wir gemeinsam

Jennifer. Singapur. Der 15. Mai 2015. Das ist unser zweiter Hochzeitstag. Peter hat mich in ein richtig großes Hotel eingeladen. Am Abend werden wir ausnahmsweise zum Dinner äußerst schick ausgehen. Zum Franzosen. Zwei volle Tage genießen wir ein klimatisiertes Zimmer, eine Dusche mit ordentlichem Druck, eine Badewanne, ein ausgiebiges Frühstück, ein großes Bett, ja sogar frische Bademäntel und hoteleigene Pflegeprodukte, einen Föhn und ein richtig großes Schwimmbecken mit sauberem Chlorwasser. Glücklich, dankbar und extrem bewusst drehe ich meine Runden in dem großen Pool auf dem Dach, der nachmittägliche Regen stört mich wenig. Ich freue mich über diesen außergewöhnlichen Luxus, den mein wundervoller Mann mir geschenkt hat – und über das Geschenk, das mir mein Leben gemacht hat: meinen wundervollen Mann. Und dann denke ich nach: über die Liebe und das Leben.

Wir sind gemeinsam ins kalte Wasser gesprungen und haben Schwimmen gelernt. Meistens planschen wir fidel, doch wir haben uns auch dem ein oder anderen Sturm oder den Naturgewalten gestellt, die von außen auf uns einwirken. Gemeinsam. Wir müssen uns aufeinander verlassen können, wenn wir einen Siebeneinhalbtonner durch die Welt fahren. Auch wenn wir gerade mal keine Lust dazu haben. Schmollen ist nicht – wenn man an einem siebenhundert Meter tiefen Abhang entlangrollt. Auf den Straßen Indiens mit Linksverkehr reichen zwei Augen nicht. Und wenn man den Truck im Matsch versenkt oder den Tee über den Spannungswandler schüttet, sind Wutausbrüche oder Vorwürfe wenig zielführend. Wir müssen handeln. Gemeinsam. Hand in Hand. Rund um die Uhr. Zugegeben: Sieben Quadratmeter können manchmal eng sein – besonders, wenn es regnet. Doch sie sind unser Zuhause geworden. Vierundzwanzig Stunden am Tag zusammen zu sein ist gewiss eine große Herausforderung – doch Achtsamkeit ist unser Mantra.

Peters Schwester Elisabeth hat uns vor der Abfahrt in München eine Kerze geschenkt. Wir sollten sie gemeinsam anzünden, wenn wir zwei miteinander an unsere Grenze stoßen. Sie steht noch immer hier im Schrank. Unangetastet. Und das ist schön.

Ach so. Und bevor die Reise richtig losging, haben wir ganz am Anfang spontan geheiratet. In Italien. Als Symbol unserer Liebe und des großen Wunsches, die Straße des Lebens gemeinsam gehen zu wollen.

»Danke, Peter, für Deinen Mut, Dein komplettes Leben über den Haufen zu werfen, um mit mir in die Welt zu fahren. Danke, dass Du Dich um all die technischen Dinge kümmerst, für die ich alles, nur kein Händchen habe. Danke, dass Du das Steuer übernimmst, wenn mein Oberschenkel vom vielen Kuppeln müde wird. Danke, dass Du es als äußerst ordentlicher Mensch wagst, auf sieben Quadratmetern mit einer großen Überzeugungs-Chaotin zu leben. Danke, dass Du meine Launen erträgst, die es selbstverständlich gar nicht gibt. Danke, dass Du meine Wunden versorgst, nach allen gefühlten einhundert Unfällen, bei denen ich mir irgendein Körperteil aufgeschlagen habe. Danke, dass Du die Leute vor dem Truck ablenkst, damit ich hinter den Büschen Pipi machen kann. Danke, dass Du mir die Decke an den Füßen einschlägst, wenn mir nachts kalt ist. Danke, dass Du mich hochhältst als Deine

Frau – und mich dennoch manchmal ein kleines, ängstliches Mädchen sein lässt. Danke, dass Du länger nachdenkst, wenn ich viel zu impulsive Entscheidungen treffen möchte. Danke für Deine Beharrlichkeit, den schönsten Stellplatz dieser Welt zu finden. Jeden Tag aufs Neue. Danke, dass Du die Sterne mit mir zählst, immer und immer wieder. Danke, dass Du da bist.«

Peter. Wir wurden mal gefragt, warum wir mit einem Unimog losgefahren sind. Meine vermeintlich sinnvolle Antwort war, »dass wir ein Fahrzeug wollten, das unseren Wunsch nach Freiheit zu einhundert Prozent mittragen kann!« Das stimmt schon, ist aber ganz schnell null und nichtig, wenn dein Reisepartner kein Bedürfnis nach Freiheit hat. Mit der Freiheit kommen sehr viele Entscheidungen, und die machen das Leben manchmal ein bisschen komplizierter. Und das muss man mögen, man muss es eigentlich lieben, wenn man für längere Zeit auf Reisen geht. Und genau dafür liebe ich meine Frau über alles! Nicht nur, weil sie die Freiheit liebt, nein, auch weil sie uns jeden Tag daran erinnert, dass wir die Freiheit leben dürfen!

»Danke, Jen, dass Du unsere Freiheit lebst und beschützt. Danke, dass Du immer noch eine Idee hast, wenn es scheinbar nicht mehr weitergeht. Und danke, dass Du auch in ätzenden Situationen immer noch eines Deiner vielen zauberhaften Lächeln parat hast. Danke, dass Du immer noch die Muße hast, auf viel zu wenig Küchenraum nicht nur unseren Proviant zu verstauen, sondern auch aus einfachsten lokalen Zutaten ein grandioses Abendessen zuzubereiten. Und danke, dass Du mich erträgst, wenn ich mal wieder was am Auto kaputt repariert habe, auch wenn es bedeutet, dass wir wieder einmal stundenlang Werkstätten oder Baumärkte oder sonstige Läden abklappern müssen. Danke, dass Du mir mein Buch aus der Hand nimmst, bevor es mir beim Einschlafen auf die Nase fällt. Und danke, dass Du mir beim Aufwachen die Zeit gibst, die mein schlaftrunkenes Ich benötigt, um in einen neuen auf-

regenden Tag zu starten. Ich weiß, dass das nicht jeden Tag leicht ist, und genau deswegen bewundere ich Dich so sehr: Du schaffst es, Dich immer wieder auf mich einzustellen. Danke, dass Du mich Deine Sachen wegräumen lässt, weil es mir Spaß macht. Aber am meisten möchte ich Dir danken, dass Du die letzten mehr als zwei Jahre immer genau da warst, wo ich auch war!«

Die Straße des Lebens geht weiter

Jennifer und Peter. Ist das nun das Ende? Nein, wir sind nicht Thelma & Louise. Nein, es wird keinen dramatischen Showdown geben. Das Ende unserer Reise kündigt sich sanft und ausgesprochen friedlich an. Es passiert an einem Strand in Thailand. Nach ein paar anstrengenden Wochen und einigen kräftezehrenden Werkstattbesuchen gönnen wir uns einige Tage an einem einsamen, paradiesischen Strand. Wir sind erschöpft und brauchen eine Pause.

Nach einer Weile der Ruhe soll es aber wieder weitergehen. Mit Sand zwischen den Zehen und das türkisblaue Meer beobachtend, brüten wir über Karten und den ersten Angeboten von Verschiffungsunternehmen. Doch als wir in die Details über die Fortsetzung unserer langen Reise über Kanada nach Südamerika einsteigen – in unserem Tempo ein Unterfangen von mindestens weiteren zwei bis drei Jahren –, spüren wir zum ersten Mal etwas ganz Neues und äußerst Spannendes: Die Sehnsucht nach Freunden und Familien – nach Heimat – überwiegt zum allerersten Mal unsere Sehnsucht nach der Ferne. Wir schauen uns an, halten uns, lächeln – und plötzlich entsteht ein ganz warmes und zauberhaftes Gefühl. Peter blickt aufs Meer und sagt: »Ich glaube, wir sind angekommen!«

Kurzerhand werden in den nächsten Tagen viele Pläne und Gedanken über den Haufen geworfen. Es passiert das, was uns während der Reise immer wieder passiert ist: Die Route wird neu berechnet! Schnell wird uns klar, dass wir nicht von heute auf morgen zurückkehren wollen. Nein. Wir wollen langsam nach Hause rollen, die Runde zu Ende fahren. Zeit und Raum haben, zu reflektieren, Abschied zu nehmen und uns auf die Fortsetzung der Straße des Lebens vorzubereiten. Ein neuer Streckenabschnitt beginnt, irgendwann in den nächsten Monaten, wenn wir nach zweieinhalb Jahren den langen Weg von Russland über die Mongolei und Kasachstan nach Deutschland gefahren sind.

Die Freude ist groß. Über das Gewesene. Über das Geschehene. Über das Hier und das Jetzt. Und die Vorfreude? Sie ist fast noch größer: auf alle Wege und Straßen und Umwege und Schotterpisten, die diese Straße des Lebens noch für uns bereithalten wird.

TEIL II

GEWAGTE UNTERFANGEN

Bangladesch

LEBEN UND STERBEN IM REICH DER TIGER

*Wenn das bedrohte Tier zur Bedrohung wird:
Eine Expedition in die Mangrovenwälder von Bangladesch.*

Von Marianna Hillmer

Den letzten Kilometer müssen wir laufen, mit Gepäck. Unser fahrbarer Untersatz, eine erfindungsreiche bengalische Konstruktion aus Motorrad mit Ladefläche, steckt fest. Der provisorisch angelegte Weg ist in einem miserablen Zustand, die Pflasterung aus Ziegelsteinen ist aufgebrochen, riesige und tiefe Gräben unterbrechen die Wegführung.

Es sind die Momente, in denen ich die hämischen Stimmen anderer Reisender in meinem Kopf höre: »Tja, würde sie doch einen Rucksack benutzen, dann müsste sie ihren kleinen Trolley nicht ungelenk über Stock und Stein hinter sich herzerren.« Meine Aggression auf mein bewusst selbst gewähltes Schicksal lasse ich mir nicht anmerken, übertrage sie aber innerlich auf meine vierfache männliche Begleitung, die, wie ich finde, mir durchaus gentlemanlike den Ballast abnehmen könnte.

Nach einer durchgeschwitzten Ewigkeit sagt Bobby endlich, dass wir da sind. Wir stehen vor einem blauen Holzhaus mit bunten Fenstern, einem Kreuz auf dem Dach, umwachsenden Palmen, Bananenbäumen und anderem Gewächs, das ich aufgrund meiner mangelnden botanischen Kenntnisse nicht benennen kann. Dahinter steht eine weitere kleine Lehmhütte. Es ist das Grundstück seiner Tante, die hier bereits ihr ganzes Leben wohnt. Wir haben Bobby vor ein paar Tagen in Khulna, der drittgrößten Stadt in Bangladesch, kennengelernt, als uns eine fröhliche Kinderschar durch die Straßen begleitete.

Touristen sind selten in Khulna – und generell äußerst selten in Bangladesch.

Bobby ist Bangladeschi und Couchsurfer, er sagt: »Es gibt nicht viele Dinge, auf die ich in Bangladesch stolz bin. Ich weiß, dass es hier zahlreiche Probleme gibt und dass Bangladesch sehr arm ist. Aber auf die bengalische Gastfreundschaft, auf die bin ich wahnsinnig stolz. Wir meinen es ehrlich, sie kommt von Herzen und ist ein wichtiger Bestandteil unserer Kultur. Es spielt dabei keine Rolle, wie gut situiert eine Familie ist.«

Er hat es sich zu seiner Mission gemacht, Touristen, die das echte Leben in Bangladesch kennenlernen wollen, diese bengalische Gastfreundschaft näherzubringen. Für drei Tage lädt er uns zu seiner Familie in das blaue Haus ein, in ein kleines Dorf am Rande der Sundarbans.

Bangladesch ist ein kleines, überbevölkertes Land in Südasien, das meist im Schatten seines riesigen und kulturell verwandten Nachbarn Indiens steht. Es wird beinahe komplett von Indien umschlossen, grenzt aber im Südosten an Myanmar.

1947 wurde es wegen seiner muslimischen Mehrheit bei der Unabhängigkeit des indischen Subkontinentes von der britischen Kolonialherrschaft unter dem Namen Ostpakistan an Pakistan angegliedert. Die große geografische wie auch kulturelle Trennung zu Pakistan führte 1971 nach einem blutigen Krieg zur eigenen Unabhängigkeit und zum heutigen Namen Bangladesch.

Im Südwesten des Landes befinden sich die Sundarbans, ein riesiges Deltagebiet, das die größten Mangrovenwälder der Erde beheimatet. Davon liegen etwa sechstausend Quadratkilometet in Bangladesch und viertausend Quadratkilometer in Indien.

»Es ist wunderschön hier, keine Autos, kein Krach. Meine Familie lebt sehr einfach. Es herrscht ein ganz anderer Standard auf dem Dorf. Wenn ich als Kind hier zu Besuch war, hatte ich immer sofort Heimweh und wollte zurück nach Hause in die Stadt, wo es Elektrizität gab. Ich weinte abends. Heute macht es mir nichts mehr aus, ich komme sehr gerne und genieße die Stille«, erzählt Bobby. Zur Begrüßung küsst er seiner Tante die Füße.

Schüchtern nuscheln wir verschiedene Grußformeln, verbeugen uns, legen die rechte Hand auf die Brust, während sich unser Mund vom Dauerlächeln verkrampft. Alles in der Hoffnung, dass irgendetwas davon den lokalen Gepflogenheiten einer bengalisch-christlichen Familie entspricht und unsere Dankbarkeit, dass wir Gast sein dürfen, deutlich zum Ausdruck kommt. Die Namen und Verwandtschaftsgrade der immer größer werdenden Familienschar – am Ende schauen uns zwanzig große und kleine Gesichter neugierig an – kann ich mir nicht merken.

Ich bin erleichtert, als wir uns erst mal wieder auf den Weg machen, Richtung Basar. Der Versuch, mit so vielen Menschen zu kommunizieren, mit denen man keine gemeinsame Sprache teilt, überfordert mich. Mein Kopf droht zu platzen.

Um uns herum einzig Naturgeräusche. Blätter rascheln im Wind, Vögel zwitschern, Ziegen und Hähne buhlen um das stärkere Stimmorgan. Eine Seltenheit, normalerweise beherrscht ein ständiges Hupkonzert die Straßen von Bangladesch. Nicht in diesem Dorf. Die meisten Häuser sind aus Lehm und strohgedeckt. Die Landschaft strotzt in diversen Grüntönen, Frauen waten mit Netzen durchs Wasser. Kanäle oder größere quadratisch angelegte Teiche umgeben die einfachen Häuser.

Ein riesiger Fluss zu unserer Linken trennt uns von den Sundarbans, der Heimat des vom Aussterben bedrohten bengalischen Königstigers.

Menschenfresser

Der Tiger in den Sundarbans trägt den Beinamen Menschenfresser. Man erzählt, Menschenblut nähre ihn länger als Fleisch.

Auf der anderen Seite des Flusses streift ein Tiger im Schilf umher: Diese Vorstellung berauscht mich! Zu gerne würde ich dieses majestätische Tier in freier Wildbahn sehen.

Der Tiger ist Nationaltier von Bangladesch. Er steht für unbezwingbare Stärke und wird deswegen auch als dekoratives Motiv auf Lastfahrzeugen eingesetzt, deren Herrschaft im bengalischen Straßenverkehr genauso unumstritten ist wie die des Tigers im Dschungel.

185

Der bengalische Königstiger ist auf dem indischen Subkontinent beheimatet, er kommt auch in Nepal und Bhutan vor. Doch die Tiger, die in den Sundarbans leben, sind mit einem Alleinstellungsmerkmal ausgestattet: Sie tragen den berüchtigten Beinamen Menschenfresser (den die LKWs in Bangladesch durchaus auch verdient hätten). Jährlich sterben um die dreißig Menschen und siebzig Viehtiere durch den Tiger.

Die Gründe für die außergewöhnliche Aggressivität des Tigers in den Sundarbans sind nicht erwiesen. Im Dorf erzählt man sich aber, der Tiger trinke das Menschenblut, es nähre ihn deutlich länger als Fleisch.

Es dauert nicht lange, bis wir abends in einem Lokal auf dem Basar mit einem jungen Bengalen ins Gespräch kommen, dessen älterer Bruder vor fünf Jahren durch einen Tiger das Leben verlor. Dieser war einundzwanzig Jahre alt, als er zum Krebsfischen in die Sundarbans ging und nicht mehr zurückkehrte. Erst befürchtete die Familie, er sei Piraten in die Hände gefallen, die überwiegend Waffenschmuggel im Mangrovenwald betreiben, hin und wieder aber auch Fischer und Holzfäller ausrauben.

Er war fünf Monate verheiratet gewesen, bevor er getötet wurde. In der patriarchalischen bengalischen Gesellschaft zieht die Frau traditionellerweise nach der Hochzeit zu der Familie des Mannes. Eine unverheiratete oder verwitwete kinderlose Frau ist für die Familie eine Last, da sie keine Kinder in die Welt setzen kann. Kinder bedeuten Sicherstellung des Lebensunterhaltes und Altersvorsorge. Die junge Witwe hatte jedoch Glück und wurde mithilfe der Familie wieder verheiratet. Was nach unserem Verständnis gefühllos und nach Abschiebung klingt, ist Hilfsbereitschaft, um der Frau nach ihrem Verlust noch ein erfülltes Leben zu ermöglichen. Als lebenslange kinderlose Witwe wäre sie gesellschaftlich stigmatisiert gewesen.

Der junge Bengale vom Basar hat einen Shop im Ort eröffnet, um sich und seine Eltern zu ernähren. Doch das Business läuft nicht immer ausreichend gut. Die Familie muss weiterhin zum Fischen in die Sundarbans gehen. »Ja, wir haben Angst. Aber wir haben keine andere Wahl, wenn wir überleben wollen«, verabschiedet sich der Mann.

Wir bleiben in dem kleinen Lokal sitzen und schlürfen weiter unseren Tee. Abwesend starre ich auf das Feuer in dem händisch errichteten Lehmherd, auf dem eine riesige Stahlpfanne mit brodelndem Fett steht. Das ist die Küche des Lokals. Fast immer stehen diese Feuerstellen draußen, abends werden Brote mit verschiedenen Füllungen darin ausgebacken. Mein sonst unbändiger Appetit auf Neues ist mir gerade vergangen. Entweder die Geschichte des jungen Mannes oder der hygienische Zustand des Restaurants sind daran schuld. Eventuell auch beides.

**Mir ist mein sehnlicher Wunsch,
einem Tiger in freier Wildbahn zu begegnen,
nun ein wenig peinlich.**

Den Anblick, den wir Touristen uns für Geld erkaufen würden, wollen sich die Bewohner in der Nähe der Sundarbans um jeden Preis ersparen. Die ganze Situation führt mir wieder meinen privilegierten Status vor Augen. Durch den glücklichen Zufall, in einem wohlhabenden Land geboren worden zu sein, kann ich mir wünschen, den Tiger in freier Wildbahn zu sehen – bevor es das bedrohte Tier vielleicht nicht mehr gibt. Beschützt von einem bewaffneten Ranger, der im Notfall eingreifen würde.

Die Verhältnisse vor Ort zeigen mir, dass der Tiger hier in erster Linie eine Bedrohung für die Menschen darstellt. Ich lebe daheim in einer Welt mit gänzlich anderen Möglichkeiten, als dass ich begreifen könnte, was es bedeutet, wenn der Tiger die einzige Kuh einer bengalischen Familie reißt. Es ist so, als würden wir unser Haus mit allem Hab und Gut, inklusive jeglicher Versicherungsansprüche, verlieren. Unsere Existenzgrundlage wäre vernichtet.

Vergeltung

Angst, Wut und Rachegelüste gehören zu den natürlichen
menschlichen Reaktionen auf lebensbedrohliche Situationen.

Die Lebens- und Existenzbedrohung durch den Tiger hat natürlich auch eine gänzlich andere Einstellung der Dorfbewohner zum Umgang mit dem Tier zur Folge, als wir sie haben. Vergeltungstötungen sind keine Seltenheit. Die wiederum sind eine echte Bedrohung für die Zukunft der bengalischen Tigerpopulation. Zwei bis vier Tiger werden jährlich in den Dörfern um die Sundarbans getötet. Aber wer schert sich um das Überleben einer bedrohten Spezies, wenn sie zur Bedrohung des eigenen Lebens wird?

Heute erhält man 20 000 bis 25 000 bengalische Taka für ein Tigerfell. Das sind nur zweihundertvierzig bis dreihundert Euro, wenn man am Anfang der mehrstufigen Verkaufskette steht, die von Bangladesch über Indien nach Nepal und schließlich nach China führen kann. Der Endkäufer zahlt selbstredend ein Vielfaches mehr, und die diversen Mittelsmänner verdienen gut dran. Die Nachfrage ist groß.

Aber dreihundert Euro sind in einem Land, wo der Durchschnittslohn knappe siebzig Euro im Monat beträgt, wo viele Familien auf dem Land von weniger als dreißig Euro im Monat leben, verdammt viel Geld. Plötzlich tut sich die Möglichkeit auf, das Zehnfache des gesamten Familieneinkommens zu erwerben. Ein verlockendes Geschäft.

Wildteam, eine NGO mit Sitz in Bangladesch, versucht, dem Dilemma entgegenzuwirken, und hat 2009 für zehn Jahre die Kampagne »Mother Sundarbans Project« gestartet, die einen ganzheitlichen Ansatz zur Lösung des Tiger-Mensch-Konfliktes in den Sundarbans verfolgt. Ziel ist, ein friedliches Zusammenleben zwischen Mensch und Tiger zu ermöglichen, indem weniger Menschen und Vieh durch Tigerangriffe ums Leben kommen.

Die Kampagne basiert auf drei Säulen: Aufklärungsarbeit in den Dörfern, patrouillierende Teams und Durchsetzung der Gesetze gegen Wilderei. Über dreihundertfünfzig geschulte Freiwillige helfen nachhaltig bei der Aufklärungsarbeit der Dorfbewohner. Viele der Bewohner, die in den Wald gehen, um dort zu arbeiten, sind sich präventiver Sicherheitsmaßnahmen nicht bewusst. Einmal im Monat finden Treffen zum Sicherheitstraining statt, wozu das Lesen frischer Tigerfährten gehört, der Ratschlag, nie alleine, sondern immer im Team in den Wald zu gehen, aber auch das Deuten von Gefahrenrufen von Wild. Außerdem wird die verschärfte Gesetzeslage gegen Wilderei effektiv erklärt, damit sie weitgehend verstanden wird. Nach den neuen Gesetzen drohen sieben Jahre Haftstrafe und eine Geldstrafe in Höhe von einer Million Taka, das sind etwa 12 000 Euro. Daneben gibt es mehrere Teams, die rund um die Uhr im Mangrovenwald patrouillieren. Bei akuten Zwischenfällen, wenn etwa ein Tiger ins Dorf kommt, jagen sie diesen zurück in den Wald.

Die Kampagne wird von der Bevölkerung sehr gut angenommen. Der Kampagnenname »Mother Sundarbans« wurde aus gutem Grunde gewählt: Die Sundarbans sind für die umliegenden Dörfer, in denen rund eine Million Menschen leben, eine wichtige Existenzquelle. Direkt oder indirekt leben alle vom Ökosystem des Waldes, die Sundarbans liefern Einkommen, sei es durch Fisch-, Garnelen-, Krebsfang oder durch Holz- und Honigsammeln. Sollte der Tiger aussterben, würde das Ökosystem der Sundarbans zusammenbrechen – dessen Erhalt liegt gleichermaßen allen Einwohnern direkt am Herzen.

In die Sundarbans

Auf der Suche nach dem Königstiger:
Eine Bootsfahrt in den größten Mangrovenwald der Welt.

Der Wecker klingelt, viel zu früh. Wortlos und müde stapfen wir den guten Kilometer zum Basar, um uns dem täglichen Frühstücksritual hinzugeben, bevor wir gleich mit einem kleinen Boot in die Sundarbans aufbrechen. So zumindest der Plan.

Der Basar ist wie ausgestorben heute Morgen, gestern Abend war er noch *the place to be*. Als würde das Dorf verkatert im Bett liegen, was nicht der Grund sein kann, denn Alkohol ist im muslimischen Bangladesch tabu.

Bei dem Wort »Basar« denkt man zuerst an ein verwirrendes Straßengeflecht mit engen Gassen. Dieser Basar besteht hingegen aus einer schnurgeraden Straße. Die Läden sind aus dem Nötigsten errichtet: Holzbalken als Stützpfeiler, Planen als Dach. Die befestigteren Gebäude bestehen aus Wellblech. Stahlbeton ist nur den offiziellen Einrichtungen wie der Schule, der Moschee und der Brücke vorbehalten. Am Ufer liegen ausschließlich Holzboote.

Unser Frühstückslokal nimmt grade den Betrieb auf. Routiniert bestelle ich *Parathas* (frittiertes Brot) mit scharfem *Dhal* (Linsensuppe) und Chili-Omelette. Ich kann mich lediglich so versiert geben, weil ich nach über einer Woche in Bangladesch gelernt habe, dass es hier keine anderen Frühstücksoptionen gibt. Zum Abschluss folgt das koloniale Überbleibsel mit bengalischem Finish: schwarzer Tee. Auf ein Glas Tee kommt ein halbes Glas Zucker und ein halbes Glas Kondensmilch.

Langsam reckt sich auch die Sonne aus der Wolkendecke und taucht alles in eine leichte Morgenröte. Die ersten Boote gleiten lautlos den Fluss entlang. Nur unser Schiffchen, das ist nicht in Sicht. Na ja, doch.

Bobby zeigt auf einen winzigen Punkt am Horizont. In ein paar Minuten seien sie da. Zehn, zwanzig, vierzig Minuten, alles bloß ein paar Minuten, wenn man so will. Der kleine Punkt am Horizont wird nicht größer. »Sie stecken fest«, erklärt uns Bobby nach einer Stunde die Problematik. Es ist Ebbe, sie sind auf Grund gelaufen, und nun heißt es, warten auf die Flut. Natürlich bei einer Tasse Tee.

Egal, wo Johannes und ich in Bangladesch aufschlagen, wir können garantieren, dass wir den Umsatz der Teeshops verzehnfachen. Wir sind Publikumsmagneten. In kürzester Zeit versammelt sich immer eine große Schar Menschen um uns herum und schaut gespannt auf jede unserer Bewegungen. Anstelle von Popcorn bestellen sie aber auch alle Tee und *Paan* (gehackte Betelnüsse mit gelöschtem Kalk, eingewickelt in ein Betelblatt). Männer in der erster Reihe, Frauen stehen des Anstands halber weiter hinten. Nach wenigen Minuten dann die vier Standardfragen:

»Wo kommt ihr her?«

»*Amar Desh Germany*« (Betonung auf dem lang gezogenen A – mein Land Deutschland), antworte ich und werde für meine drei bengalischen Wörter bejubelt.

»Seid ihr verheiratet?«

»Habt ihr Kinder?«

»Wie gefällt euch Bangladesch?«

»*It's so beautiful!*«, antworten wir synchron mit einem Lächeln im Gesicht.

Mehrere Male hintereinander führen wir diese Sorte von Gespräch, weil immer neue Anwohner dazukommen und weil die Englischkenntnisse hier im Ort nicht für tiefer gehende Unterhaltungen ausreichen. All unsere Antworten werden direkt mit Bobby diskutiert. Es ist ein irritierendes Gefühl, wenn man zum Gesprächsthema wird, aber dazu verdammt ist, stumm und verständnislos danebenzusitzen.

Schließlich hat auch unser Boot angelegt. Es geht los. Ich hatte Mangroven schon vorher gesehen und gestehe, dass ich keinen besonderen Reiz darin sah, mir nun diesen, wenn auch extrem großen, Mangrovenwald anzuschauen.

Die Sundarbans sind ein stark verzweigtes, schwer zugängliches Ökosystem aus Hunderten von Wasserwegen, weil die Deltagebiete der drei mächtigen Flüsse Ganges, Brahmaputra und Meghna hier ineinander übergehen. Die Mangrovenwälder bestehen aus Bäumen und Sträuchern, die sich an die salzigen Lebensbedingungen von Meeresküsten und Brackwasser angepasst haben. Eigentlich ein unwirtlicher Ort. Aber überraschend schön.

Dichter Dschungel, der uns vom Boot aus kaum Einblick in sein Inneres gewährt, aber uns umso neugieriger darauf macht, mehr davon zu sehen.

Wir treffen auf unserer Fahrt jede Menge Vögel, Affen, Flussdelfine und auch Krokodile.

Doch werden wir auch einen Tiger sehen?

In Bangladesch gibt es keine beständigen Dörfer in den Wäldern. Wenn die Menschen zum Arbeiten herkommen, leben sie immer auf ihren Booten, ob für zwei Tage oder mehrere Wochen. Tiger greifen Menschen auf Booten seltener an.

Auf unserer Fahrt durch den Wald begegnen wir mehreren solchen Arbeitern, die meisten sind Fischer.

Früher war die Otterfischerei hier noch stark verbreitet. Fischfang mit Ottern ist eine traditionelle Methode, bei der zwei an der Leine geführte Ottern, die Fische in das Netz des Fischers treiben. Per Hand werden die Fische aus dem Netz gesammelt und im Bauch des Bootes lebendig aufbewahrt, bis sie an Händler weitergegeben und zu den Märkten transportiert werden.

In den Sundarbans und den zwei umliegenden Distrikten Khulna und Narail wird die Otterfischerei noch bis heute betrieben. Es sind vielleicht ein Dutzend Familien, die diese Tradition bewahrt haben.

Furchtbare Armut, große Freundlichkeit, malerische Szenerien und politische Instabilität: Marianna Hillmer erlebt in Bangladesch viele verschiedene Seiten eines Landes, das mit äußerst widrigen Umständen zu kämpfen hat.

Im größten Mangrovenwald der Welt, der sich über Teile von Bangladesch und Indien erstreckt, leben über eine Million Menschen in unmittelbarer Nähe zum Bengalischen Tiger. Die Fischer gehen trotz großer Gefahr ihrer Arbeit nach, wie sie es seit jeher tun – sie müssen ihre Familien ernähren.

Duschen ist während einer Atlantiküberquerung eine seltene Freude. Da wird bei Flaute ganz einfach der Ozean zur Badewanne. Was sechstausend Meter unter ihren Füßen passiert, blendet Pia Röder aus und entspannt. Es ist schließlich anstrengend genug, auf einem winzigen Katamaran von der Karibik nach Europa zu segeln.

Wer auf dem National Highway 1D von Kaschmir nach Ladakh fährt, den überrascht Indien mit einer ganz neuen, beeindruckenden Seite.

»Friendly Islands« nannte einst James Cook das Königreich Tonga. Und es stimmt: Die Menschen des Archipels im Südpazifik empfangen Besucher besonders herzlich.

Straßenmarkt Tonga-Style: Jamswurzeln und Maniok werden von Häftlingen geerntet.

»Hinter der glitzernden Fassade der Khaosan Road in Bangkok lauern tückische Abgründe…«

Nach Thailand zog es Oleander Auffarth nie, erst ein Anschlussflug macht einen Stopp in Bangkok unumgänglich. Ein verhängnisvoller Transit.

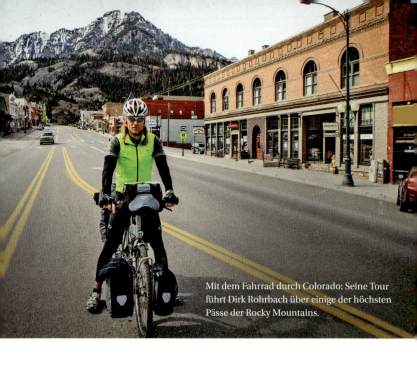

Mit dem Fahrrad durch Colorado: Seine Tour führt Dirk Rohrbach über einige der höchsten Pässe der Rocky Mountains.

Ariane Kovac hält nicht viel von Abenteuern – umso besser, dass sie ab und zu in eines hineinschlittert. Wie in Ecuador, wo sie aus Geldmangel in einer Hare-Krishna-Gemeinde landet.

Stephan Orth reist couchsurfend durch den Iran und schaut hinter verschlossene Türen. Dort wird gefeiert, getrunken und über Religion gelästert.

Oberbayerische Tradition: Die Burschen wollen ihre Kräfte messen. Und das Dorf will ein Fest. Hier können sich Liebschaften anbahnen, die Alten schwärmen von vergangenen Zeiten, vielleicht gibt's später eine kleine Prügelei. Mittendrin: Karin Lochner im geborgten Dirndl.

Wobei sie ihr Geld heute vor allem durch Show-Fischen für Touristen und Reporter zu horrenden Preisen verdienen. Mir scheint es der lukrativste Beruf in Bangladesch zu sein, die Fischer sprechen von mehr als dreihundert Euro die Woche.

In zahlreichen Reportagen über die Sundarbans sieht man die Arbeiter Masken mit aufgemalten Gesichtern am Hinterkopf tragen. Es heißt, der Tiger greift immer von hinten an, also überlistet man das mächtige Raubtier, indem man ihm durch die Maske mit aufgemaltem Gesicht die Vorderseite vorgaukelt. Ob die Fischer, an denen wir vorbeifahren, wohl Masken aufsetzen, wenn sie an Land gehen?

Der Ranger, mit dem wir einen kurzen Spaziergang durch den Wald machen, erzählt uns, dass zumindest in Bangladesch diese Masken schon sehr lange nicht mehr getragen werden. Der Grund ist ihm nicht bekannt, zynisch vermutet er, dass die Menschen sich inzwischen für immer mutiger halten und somit glauben, die Maske nicht mehr nötig zu haben.

Ich lasse die anderen bewusst ein Stück vorgehen. Ich will den Wald hören und mich für ein paar Sekunden allein in den Sundarbans fühlen. Nichts, nichts bewegt sich. Ich starre konzentriert in den Wald, als hätte ich den Röntgenblick und würde ganz weit hinten endlich den Tiger sehen. Dabei eröffnet sich mir, dass orange-schwarze Streifen hier tatsächlich die perfekte Tarnfarbe ist. Dicht am Boden herrschen die Farben Schwarz und Orange durch die Schatten und die verwelkten Blätter vor.

Der Ranger ist nicht besonders amüsiert über mein Ausscheren aus der Gruppe und erklärt uns noch mal, dass es wichtig ist, dass wir dicht beieinanderbleiben, wir sind hier im Reich des Tigers.

Wir kommen an einem Süßwasserteich vorbei. Der Teich ist wundervoll verziert mit unendlich vielen blühenden Seerosen. Die Tiger kommen hier oft zum Trinken her, weil der Teich eine der wenigen Süßwasserquellen in den Sundarbarns darstellt. Zwar trinkt der bengalische Tiger auch Salzwasser, angeblich ein Grund für seine außergewöhnliche Aggressivität, mag es aber lieber süß. Als Nächstes zeigt der Ranger uns weitere Spuren des gefährlichen Dschungelbewohners: Rechts am Wegesrand liegt Tigerscheiße, links ein hohler Baumstamm, wo der Tiger im Sommer geworfen hat. Die Tigerbabys waren bestimmt wahnsinnig süß, denke ich mir. Dann zeigt der bewaffnete Herr auf eine Stelle im Gras, hier hat der Tiger zuletzt gekuschelt. Das Ganze erweckt bei mir langsam den Eindruck eines groß angelegten Reliquienschreins. Nur ein paar Stunden sei es her, dass der Tiger hier entlanggekommen sei, sagt der Ranger. Ich bin skeptisch. Wahrscheinlich gibt es Tiger-Tatzen-Nachbildungen: Sobald Touristen kommen, werden schnell ein paar Abdrücke in den Schlamm gestampft, damit sie zumindest etwas gesehen haben, dass sie mit dem berüchtigten Tier assoziieren können.

Vor zwei Tagen habe ein Tiger seinen Weg gekreuzt, als er mit Touristen hier langgegangen sei, behauptet der Ranger nun. Na toll, denke ich, wär ja auch nett gewesen, wenn der Tiger jetzt hier langkäme, nützt mir gar nichts, dass das vor zwei Tagen passiert ist. Der pure naiv gefährliche Neid spricht aus mir, denn ich will unbedingt einen Tiger sehen. Und ich bekomme ihn einfach nicht zu Gesicht.

Die Gefahr, die von dem Tiger ausgeht, bleibt für mich abstrakt.

Ich habe keine Angst, weil ich ein Tier, das ich noch nie gesehen habe, überhaupt nicht als reale Bedrohung empfinden kann. Mir kommt unser Gespräch mit einem jungen Bengalen gestern Mittag wieder in den Sinn, der vor zwei Jahren einen Tigerangriff überlebt hatte. Ich habe ihn genau das gefragt, ob sie zuvor noch nie Angst gehabt hätten, als sie zum Fischen in die Sundarbans gefahren seien. »Nein, die Gefahr des Tigers war nie real«, hat er erwidert.

Er war mit Kollegen für einen Tag zum Fischen in den Wald gefahren. Plötzlich kam die Forstpolizei, sie versteckten sich vor ihr an Land und schauten aus dem Dickicht zu, wie die offizielle Patrouille ihr Boot konfiszierte. Denn zum Fischen in den Sundarbans braucht man Genehmigungen. Doch wenige Tage kosten unverhältnismäßig viel im

Vergleich zu mehreren Wochen. Es sei unmöglich, die Gebühren durch den Fischfang eines Tages wieder einzuspielen. Das Geld wollten sie sparen.

Er sprach nur widerwillig darüber. Schweigend zog er dann sein T-Shirt aus und zeigte uns die Narben der Tigerkrallen an seinem Oberkörper, dann die Narben an seinem Kopf, die von den gewaltigen Zähnen stammten. Den Angriff beschrieb er wortkarg: »Ich sah nur einen großen Schatten, als mich etwas Schweres zu Boden warf. Ich spürte starke Schmerzen und verlor das Bewusstsein.«

Es waren seine beiden Freunde, die den Tiger vertrieben und ihm das Leben retteten.

Den Wald will er nie wieder betreten,
auch seinem Sohn hat er es verboten.

Auf dem Rückweg fahren wir gemächlich am Flussufer entlang und begleiten die Leute beim Feierabend. Fischernetze werden eingeholt, Geschirr wird gewaschen, man geht zurück nach Hause oder Richtung Basar, um Freunde am Abend zu treffen. Die Arbeit muss vor Einbruch der Dunkelheit beendet sein, denn sobald die Sonne untergeht, wird es finster auf dem Land in Bangladesch. Die meisten Haushalte haben hier keine Elektrizität.

Die Behausungen am Flussufer sind temporär, der Fluss trägt stetig Land ab und wächst jedes Jahr um einige Meter in die Breite. In Kürze werden all die Menschen hier ihre Hütten verlieren und ein paar Meter weiter landeinwärts neue Lehmhäuser errichten. Für die Einwohner ist das der ganz normale Lauf des Lebens. Ich bin hingerissen von der Schönheit der Szenerie, mir aber gleichzeitig bewusst, dass sie der Unterentwicklung des Landes geschuldet ist.

Spät abends fällt uns auf, dass sich sogar die Sterne hier im Wasser spiegeln.

In eine andere Welt

Drei Tage bei einer bengalischen Familie.

Ich wache auf. Mir tut alles weh. Gefühlt hab ich eine Stunde geschlafen. Das Schnarchen meiner vier Zimmergenossen hat mich trotz meines Schlafbedürfnisses wach gehalten. Wenn man sich zu fünft ein extrem kleines Zimmer in einer Lehmhütte teilt, wir sprechen von etwa zehn Quadratmetern, hilft auch Ohropax nicht mehr.

Das Bett fühlt sich an, als wäre es aus Stein. Die fehlende Matratze auf der Holzplatte hat wohl diesen Eindruck bei mir verursacht. Außerdem muss ich aufs Klo. Schon die ganze Nacht, ich hab mich aber nicht getraut, weil es keinen Strom gibt und es hier nachts stockfinster ist. Das Klo oder, besser gesagt, der Verschlag mit einem Loch im Boden ist draußen und bereits bei Tageslicht nicht besonders einladend. Im Dunkeln würde man zwar nicht so viele Details sehen, aber ich bin unsicher, ob das nicht eher von Nachteil wäre.

Als ich im Klo bin, merke ich, dass mir Pinkeln in der Hocke gerade viel zu anstrengend ist. Es zieht in den Oberschenkeln, zum Festhalten gibt's auch nichts. Der Gestank, die Fliegen und meine Angst vor dem, was hier gleich alles auf mich zukrabbeln könnte, während ich mit heruntergelassenen Hosen über dem Loch hänge, hilft auch nicht, das Prozedere zu beschleunigen.

Der Rest der Bande schläft noch. Ich weiß nicht, wie spät es ist. Ich lege mich zurück auf meine Holzbank alias Bett. Eigentlich schlafen hier die Mutter mit ihrem Baby, sie haben extra für uns das Doppelbett geräumt. Unser schlechtes Gewissen deswegen versuchen wir zu verdrängen. Denn eine solche Geste der Gastfreundschaft auszuschlagen würde hier als Beleidigung aufgefasst werden.

Diese zehn Quadratmeter sind das ganze Haus einer Familie. Ein Raum, ummauert aus Lehm, mit Wellblech und Stroh gedeckt, ohne

Fenster. Es steht noch ein weiteres Einzelbett im Raum, jetzt schläft dort einer von Bobbys Freunden. Unter den Betten ist das gesamte Hab und Gut der Familie verstaut. Geschirr, Küchenutensilien, Decken und Klamotten.

Gekocht wird auf der Veranda über einer Gasflamme. Da befindet sich auch noch ein drittes Bett, wo Bobby mit einem weiteren Freund schläft. Ich frage mich: Was passiert, wenn Monsun ist – wird das Lehmhaus nicht einfach fortgespült?

Johannes wacht auf.

»Wir wohnen in einem Palast«, sind die ersten Worte, die ich seinem »Guten Morgen« entgegne.

Zu Hause in Berlin haben wir achtzig Quadratmeter für zwei Personen, drei Zimmer, Küche, Bad und Gäste-WC. Strom, fließendes Warmwasser, Heizung, Sanitäranlagen, eben all das, was für uns völlig normal ist und hier ein absoluter Luxus wäre.

Das blaue Holzhaus ist etwas größer, beherbergt aber auch mindestens fünfzehn Personen. Individueller Platzanspruch und Komfort wie ein eigenes Bett existieren hier nicht. Decken werden abends auf den Boden gelegt und bieten eben so vielen Menschen wie nötig Platz. Ich frage mich, wann man hier eigentlich dazu kommt, Kinder zu zeugen, so ohne jegliche Privatsphäre.

Für den Wasserbedarf bedient man sich aus der angrenzenden eigenen Fischfarm. Die Kinder tauchen, ohne zu zögern, ihre Zahnbürsten in das trübe Wasser. »Oh mein Gott, nicht!«, will ich schreien, aber unterdrücke meinen intuitiven Reflex. Das ist hier normal.

> Normal – was für ein relativer Begriff, dabei soll
> er doch das allgemein Übliche beschreiben.

Jede Gesellschaft, jedes Land hat offensichtlich seine eigene Allgemeinheit, seine eigene Normalität. Die Lebensbedingungen von Bobbys Familie sind hier eben normal.

Das einzige befestigte private Haus in der Umgebung gehört einem Familienfreund. Er besitzt mehrere Fischfarmen, auch Krebse und Garnelen züchtet er, das Business läuft richtig gut. Er hat ein zweistöckiges Haus, einen großen Gemüse- und Blumengarten mit Zierteich und jede Menge Kokospalmen.

Wir bekommen eine ausführliche Führung durch das Haus mit Küche, WC und Bad. Johannes geht mit dem Hausherren, ich mit der Dame des Hauses, damit keine Missverständnisse entstehen, weil uns auch das möblierte Schlafzimmer im zweiten Stock stolz präsentiert wird. Einen Wasseranschluss gibt es noch nicht, aber Glühbirnen hängen im Erdgeschoss vereinzelt an der Decke.

Als Snack wird Fisch-Masala gereicht und so viel frisches Kokosnusswasser, wie wir wollen.

Die Familie steckt den gesamten Gewinn in den Ausbau des Hauses, für schlechte Zeiten wird nichts zurückgelegt, erzählt uns Bobby – dass die Familie zeitweise hungert, wenn die Fischzucht zu gering ausfällt, kommt einem bei ihrem Status nicht in den Sinn.

Wir brechen auf Richtung Khulna, zurück in die Stadt. Unsere drei Tage auf dem Land sind vorbei, irgendwie ging alles sehr schnell, und doch hab ich so viele intensive Eindrücke wie selten gewonnen. Im Westen neigen wir dazu, aus unseren bequemen Sesseln heraus die Bangladeschis für das Ausrotten des Tigers in den Sundarbans zu verurteilen, ohne uns mit der tatsächlichen Situation aller vor Ort auseinanderzusetzen. Meine Begegnungen mit den Anwohnern haben mir einmal mehr gezeigt, dass jede Thematik zwei ernst zu nehmende Seiten hat. Erst ein ganzheitlicher Lösungsansatz, wie ihn das Wildteam mit dem Projekt »Mother Sundarbans« verfolgt, kann zu einer zufriedenstellenden Lösung führen.

Ich bin glücklich, es war eine anstrengende, aber wundervolle Zeit mit Bobbys Familie, die uns am Ende sogar noch zum Weihnachtsfest einlud. Das Angebot lockte mich ein wenig, weil es hier tatsächlich um das Beisammensein gegangen wäre, ohne Diskussionen um Essen,

Geschenke und Dekoration. Allerdings hätten wir es nicht entspannt genießen können, wenn wir das Haus der Familie auch noch über die Feiertage blockiert hätten. Ich bin ganz sicher, auch wenn sie es sich nicht haben anmerken lassen, dass sich alle wieder auf ihre Betten freuen.

So, wie ich mich freue, wieder im Hotel zu sein, mich auf ein gepolstertes Bett zu legen, bei Licht auf einer Toilette zu sitzen und die schönste Dusche meines Lebens zu nehmen.

Noch nie hab ich heißes fließendes Wasser so sehr zu schätzen gewusst.

Atlantik

DAS ERSTE MAL RICHTIG DIE HOSEN VOLL

Es ist wie Elfmeterschießen. Vierundzwanzig Stunden lang alle paar Sekunden volles Holz aufs Tor. Und ich bin das Netz. Alles um mich herum wackelt und rumpelt. Dabei versuche ich, einfach nur zu schlafen. Dann ist alles still. Das ist Hochseesegeln.

Von Pia Röder

Den Atlantik auf einem Segelboot zu überqueren ist eine fixe Idee. Ich sitze in meiner Wohnung im argentinischen Mendoza und will nach langer Reise irgendwie wieder nach Hause, nach Deutschland. Doch für einen Flug fehlt das Geld. Meine Reisebekanntschaft Judith aus Regensburg hat mir in Ushuaia, am Ende der Welt, im Süden Patagoniens, den Floh ins Ohr gesetzt, auf einem Boot anzuheuern.

In Segelforen bereite ich den Wahnsinn vor, fasle »Mir ist schon klar, dass das kein Kindergeburtstag wird, aber ...«. Ich weiß nichts übers Segeln. Ich bin so naiv.

Bernd antwortet, will mich und seinen Kumpel Johannes mitnehmen über den Atlantik: von der Karibik nach Europa auf seinem Segelboot, einem Katamaran von gerade einmal elf Metern Länge, Baujahr 1988. Im Bug vorne rechts klafft ein Loch. Beste Voraussetzungen.

Bernd ist Ende vierzig. Er selbst kommt aus Kiel, sein Look kommt aus den Achtzigern: drahtig, braun gebrutzelt von der karibischen Sonne, die langen Haare salzig-bleich, die abgeschnittene Levis 501 viel zu kurz, das Stirnband viel zu rosa.

Seit einem halben Jahr schippert er durch die Karibik, von Brasilien bis rauf nach St. Martin, die inselgewordene Werkstatt für Hobbysegler. Dort lassen wir das Boot reparieren.

Wir schnorcheln im Türkisblau, kratzen mit Spachteln Krebse, Algen und Meeresdreck vom Rumpf und flicken Segel mit dicken Nadeln. Im Großmarkt kaufen wir Proviant für den Atlantik-Cross: Mehl und Hefe zum Brotbacken, Obst und Gemüse in Dosen, gefühlt zwölf Kilo Haferflocken, und wir tanken fast fünfhundert Liter Süßwasser.

Sturm

Wir sind mitten auf dem Atlantik, südlich der Bermudas: N27°23' W064°58'. Es ist zwei Uhr nachts. Ich sitze auf Deck und halte Wache. Über mir funkeln mehr Sterne, als ich jemals zuvor gesehen habe, vor mir tanzt fluoreszierendes Plankton im pechschwarzen Kielwasser. Die Dünung hebt und senkt das Boot wie einen Fahrstuhl. Die Luft ist warm und riecht nach – nichts. Um mich herum – nichts. Alles still. So weit weg von allem, so nah bei mir.

Am Morgen ist alles anders. Es regnet und stürmt, das Boot bebt in den Wellen, und ich falle fast aus der Koje. »Das ist dann wohl das Ende der Fahnenstange«, begrüßt mich Bernd am Frühstückstisch. Bernd ist kein Pädagoge.

Das Wetterfax aus Boston rattert über den Bildschirm. Auf der Iso-baren-Karte bauen sich piepsend schwarz-weiße Linien auf. H steht für *High Pressure*, L für *Low Pressure*. Dort, wo wir schaukeln, liegen die Linien eng beieinander. Neben dem großen L steht »990«. Normaler Luftdruck ist 1013 hPa. Das bedeutet Sturm.

Nur zwei Stunden später peitschen uns acht Windstärken übers Meer. Der Autopilot kapituliert vor dem Wellengang. Die Männer klammern sich ans Ruder und versuchen, Kurs zu halten. Ich kann, ich will nicht raus zu ihnen. Ich bin zu feige. Es ist wie Elfmeterschießen: Vierundzwanzig Stunden, alle paar Sekunden volles Holz aufs Tor. Und ich bin das Netz. Alles um mich herum wackelt und rumpelt. Dabei versuche ich, einfach nur zu schlafen. Zusammengekauert sitze ich unter Deck, lutsche zur Beruhigung homöopathische Globuli und bin mir sicher, dass es vorbei ist. Das war's mit meinem Leben. Ja, ich weine.

Im Boot dröhnt und röhrt es. Die Wellen lassen uns tanzen wie einen Korken. Wasser schwappt auf die Luken. Ich beobachte die Dichtungen. Es tropft! Es plätschert in den Schränken! Nein, nichts tropft, nichts plätschert. Alles draußen.

Stille

Die Sonne scheint vom blauen Himmel, als wäre nie etwas gewesen. Eine Seeschwalbe beobachtet uns neugierig und segelt davon. Kein Wind, keine Wellen. Flaute. Die Wasseroberfläche wabert ölig und träge wie Quecksilber. Das ist schlimmer als Sturm. Tagsüber schmeißen wir den alten Dieselmotor an und tuckern mit sechs Knoten über den Ozean – sechzig Seemeilen an einem Tag. Nachts stellen wir den Motor ab, und die Strömung treibt uns die ganze Strecke wieder zurück. Das macht mürbe.

Wir vertreiben uns die Zeit mit Kochen und Essen. Ich nähe nutzlose Täschchen aus den abgeschnittenen Hosenbeinen von Bernds Jeans. Johannes fotografiert die wenigen Motive auf dem Boot: den Kompass aus allen Perspektiven; Seile, die von den schlaffen Segeln baumeln; gebackenes Brot, das auf Deck auskühlt; Fliegende Fische, die vom Kurs abgekommen sind. Bernd döst in der Sonne. Ich starre stundenlang auf das GPS-Gerät und zähle die Sekunden und Minuten, die wir irgendwie gen Osten vorstoßen. Wir planschen im Atlantik. Sechstausend Meter unter uns nur Wasser. An das, was da unten lauert, denken wir nicht.

An den Tagen, wenn der Wind wieder auffrischt und wir tatsächlich segeln, begleiten uns Delfine. Ganze Schulen preschen an uns vorbei und veranstalten mit dem Katamaran Wettrennen, die sie immer gewinnen. Früh morgens – ich glaube, es ist ein Dienstag – dümpelt ein Einrumpf-Segler ganz dicht neben uns. Thomas aus Braunschweig. Sonst niemand da, aber ein Deutscher. Wetterinfos brauche er, sein Fax habe den Geist aufgegeben, und er wisse nicht, was ihn im Osten erwarte. Wir helfen, und irgendwann am Vormittag verschwindet er wieder in den Wellen am Horizont. Tschüs, Thomas.

Es wird Tag, es wird Nacht und wieder Tag ... alles gleich. Draußen ist es blau, manchmal grau. Es riecht immer noch nach nichts. Nur manchmal modrig-faul, wenn ein Wal in der Nähe seinen Blas ablässt. Ein gigantischer Furz mitten im Nirgendwo. Ich lese viel und doch nichts: zotige Spionagepossen, Reiseberichte von mutigen Hochseeseglern. Nichts davon interessiert mich. Ich bin müde. Mir ist seit drei Wochen übel. Ich will nach Hause.

Ich lerne viel in den Wochen auf See: Karten lesen, mit sehr wenig Wasser auskommen, Kakerlaken fangen und auf See bestatten. Doch die wichtigste Lektion ist, Umstände, an denen ich nichts ändern kann, einfach hinzunehmen. An der Wetterküche auf dem Atlantik kann ich in dem winzigen Segelboot nichts ändern. Ich bin hier. Ich kann nicht weg. Das ist nun einmal so.

Tage später krabbele ich frühmorgens aus meiner Koje an Deck. Es nieselt. Doch die Luft riecht anders. Würzig und schwer. Sie riecht nach Erde und Moos, nach feuchtem Wald. Das Tageslicht kriecht über die Wellen, und wir sehen in Wolken gehülltes Land: die Azoren. So viel Grün. Wir sind bald da! Ich bin glücklich. Nie hat Luft besser gerochen.

Indien

LIEBES INDIEN,

*wenn Du diese Zeilen liest, habe ich Dich bereits verlassen.
Wahrscheinlich überrascht Dich das nicht. Unsere immer wieder
auftretenden Differenzen musst Du gespürt haben.
Wir hatten unheimlich schwierige Phasen, aber natürlich auch
unglaublich schöne. Sonst wäre ich kaum ein Jahr geblieben!*

Von Jennifer und Peter Glas

Zuallererst möchte ich Dir sagen, dass ich Dich mit einem Gefühl voller Liebe, Respekt und Dankbarkeit verlasse. Ich bereue keinen einzigen Tag unserer intensiven Beziehung. Ich weiß nicht mehr genau, wann ich mich in Dich verliebt habe, nur dass es schon einige Jahre zurückliegen muss. Und ja, wir hatten eine unvergessliche Zeit miteinander. Und obwohl uns unsere kulturellen Unterschiede von Anfang an bewusst waren und trotz aller Warnungen vieler Freunde, haben wir unserer Liebe und einer dauerhaften Beziehung eine Chance gegeben – und einzigartige Dinge miteinander erlebt!

Dennoch habe ich mich nun endlich dazu durchgerungen, mich von Dir zu trennen. Ich muss gehen, solange ich Dich in guten Erinnerungen behalten kann und bevor wir beginnen, uns gegenseitig nicht mehr gutzutun. Wir beide sind von Natur aus unglaublich verschieden, und ich respektiere dein Anderssein völlig. Dennoch möchte ich Dir mit diesem Brief erklären, warum ich auf Dauer nicht mit Dir leben und Dich nicht mehr uneingeschränkt lieben kann. Ich denke, das bin ich Dir schuldig.

Indien, Du hast atemberaubend schöne Züge, eine faszinierende, wenn auch manchmal traurige Geschichte, viele Deiner Menschen sind einfach nur großartig, hilfsbereit, fröhlich, doch im Alltag mit Dir auf der Straße wurde mir vieles deutlich und bewusst: Indien, Du machst unheimlich viel Krach! Und das ist kein Vorwurf. Aber Du müsstest mittlerweile wissen, dass ich jemand bin, der immer wieder Rückzug und Ruhe braucht. Du allerdings bist immer laut. Du sprichst laut, Du telefonierst laut, Du isst laut, Du siehst laut fern, Du bewegst Dich laut. Damit kommst Du mir zu nahe, lässt mir keinen Raum. Du nimmst keine Rücksicht auf meine Privatsphäre. Du starrst mich an, pausenlos, ohne Achtung meines Schamgefühls. Doch ich darf und kann Dich nicht ändern. Und deshalb muss ich gehen.

Indien, Du bist schludrig! Das meiste, was Du anpackst – und das ist zugegebenermaßen sehr viel –, ist nicht von Dauer. Du reparierst und flickst und malst und tust. Doch mit welchem Resultat? Nach zwei Tagen ist alles wieder kaputt. Dein Anspruch ist: »Hauptsache, es funktioniert. Irgendwie!« Mein Anspruch ist ein anderer. Ich wünsche mir, dass Dinge auch eine gewisse Qualität haben, dass sie effizient sind, nachhaltig, und manchmal auch, dass sie schön aussehen. Jetzt lachst Du mich wieder aus für mein typisch deutsches Geschwätz. Das darfst Du auch. Ich bin eben anders. Doch ich darf und kann Dich nicht ändern. Und deshalb muss ich gehen.

Du bist so eitel, liebes Indien! Du legst viel Wert auf Deine nichtssagenden Titel und auf Auszeichnungen und auf Hierarchien und Deine Kasten. Doch Eigenschaften wie Erfahrung oder Charakterstärke sind Dir völlig gleichgültig. Immer diese zwei Gesichter!

Vieles liegt im Argen, und dann plötzlich schießt Du eine Rakete ins All – mit einem Satelliten für den Mars? Du schaffst es immer noch, mich zu überraschen. Aber was ist Dir dabei wichtig? Ist es der Ruhm, die Ehre, der Stolz? Nach außen hin sollen Dich alle bewundern, doch hinter Deiner Fassade liegt alles in Trümmern. Doch ich darf und kann Dich nicht ändern. Und aus diesem Grund muss ich gehen.

Indien, Du kannst einfach nicht mit Geld umgehen! Verzeih, doch Du bist ein Spieler, ein Betrüger ... und manchmal gar ein Verbrecher. Stets befindest Du Dich an der Grenze zur Kriminalität. Du bist korrupt und nimmst Geld, das Dir nicht gehört. Und damit nicht genug. Ständig versuchst Du, sogar *mir* das Geld aus der Tasche zu ziehen, einem Menschen, der Dich liebt! Dass Du Dich dabei aufgrund Deiner Berechenbarkeit oft lächerlich machst, das merkst Du nicht einmal. Glaubst Du denn, ich kann nicht rechnen? Du willst groß in der Politik mitmischen und kapierst nicht einmal die einfachsten Regeln des gesellschaftlichen Miteinanders – Gerechtigkeit, Wahrheit oder Gesetzestreue. Deine Armen machst Du immer ärmer, Deine Reichen immer reicher. Du folgst keinen Regeln und schützt Deine Verbrechen. Das macht Dich gefährlich. In diesem Punkt habe ich Angst vor Dir! Dies würde ich gerne ändern. Doch ich kann es nicht. Und aus diesem Grund muss ich gehen.

Indien, Deine offen demonstrierte Gleichgültigkeit macht mich fertig! Du bist oft nicht in der Lage, die Konsequenzen für Dein Handeln zu tragen. Alles ist Dir egal – Dein eigenes Fehlverhalten oder das Deiner Mitmenschen. *»No Problem!«* Ich möchte das nicht mehr hören! Schau Dich einmal um. So vieles in Dir ist kaputt, es sieht aus wie Sau. Nimm doch mal Dein Leben in die Hand!

Wenn Dein Boss gerade nicht hinsieht, spielst Du Karten, trinkst Tee oder schaust fern. Fatal, dass Dein Boss oft nicht hinsieht, weil er gerade selbst mit Kartenspielen, Teetrinken oder Fernsehen beschäftigt ist. Aber wenn Du auf der Straße bist, hast Du es plötzlich furchtbar eilig. Dann sind alle anderen Deine Feinde, denen Du mit der größten Rücksichtslosigkeit begegnen musst. Aber warum? Damit Du schneller beim Kartenspielen, Teetrinken oder Fernsehen bist? Und wenn Du doch dauernd in Eile bist, warum kommst Du immer zu spät?

Du rennst in jeden Tempel und wirfst Dein Geld in den Rachen der vielen Götter, alles muss stehen und liegen bleiben, damit Du Deine Feiertage feiern und zelebrieren kannst. Doch kaum hast Du den Tempel verlassen, zeigst Du wieder Dein wahres, von Rücksichtslosigkeit geprägtes Gesicht. Am Anfang unserer Beziehung habe ich Dich noch oft entschuldigt, habe Deine Lebensbedingungen als Ursache gesehen und Deine Resignation verstanden. Doch mehr und mehr beschleicht mich das Gefühl, dass Du Dich oft hinter dieser Resignation versteckst. Ist es so? Sag Du es mir!

Und dann sind es immer die anderen. Die anderen sind korrupt, die anderen bauen Unfälle, die anderen sind gefährlich! Aber das bist auch immer Du – mit all Deinen Facetten! Doch ich darf und kann Dich nicht ändern. Und aus diesem Grund muss ich gehen.

Indien, Du bist der miserabelste Autofahrer dieser Welt! Verzeih meine Direktheit, aber Du bist ein Arschloch im Straßenverkehr. Dass Du *Dich* damit täglich in Lebensgefahr bringst, ist mir mittlerweile wirklich egal. Mach doch diesbezüglich, was Du willst! Doch wenn es um das Leben *anderer* oder *mein* Leben geht, kann und will ich das nicht mehr akzeptieren. Du beherrschst nicht das Fahren, Du beherrschst nicht das Überholen, Du kennst Deinen eigenen Blinker nicht, und Du weißt keine Konsequenzen abzuwägen. Dass Du mich immer wieder auslachst, wenn ich mich anschnalle, dass Du Dich im Straßenverkehr über mein Blinken, meine Rücksicht oder meinen defensiven Fahrstil lustig machst, das verletzt mich. Doch ich darf und kann Dich nicht ändern. Und aus diesem Grund muss ich gehen.

Indien, Du bist phasenweise ganz schön ungepflegt! Nun, was ich zu Beginn unserer Beziehung vielleicht für wild, authentisch und exotisch hielt, macht mich inzwischen nur noch sprachlos. Entschuldige, dass ich so deutlich werden muss, doch Du stinkst! Du riechst, Du bist dreckig, Du bist ungepflegt, Du spuckst mir vor die Füße, und Dein Umgang mit Müll ist einfach indiskutabel. Alles wirfst du weg, ohne Dir Gedanken über die Konsequenzen zu machen. Was glaubst Du denn, was mit dem ganzen Mist hinter Deinem Küchenfenster passiert? Ich bin es leid, Dich darauf hinzuweisen, ich bin es leid, von Dir verspottet zu werden, wenn ich meinen Müll tagelang spazieren fahre, um ihn in einen verwaisten Mülleimer zu werfen. Und ich bin es leid, dass Du einen Teufel tust, Müll zu vermeiden, zu trennen oder zu reduzieren. Täglich frisst Du diesen Junk: Chips und Kekse! Nicht nur, dass dieser künstliche Scheiß ungesund ist, Du kannst mit all den Verpackungen einfach nicht umgehen. Warum hast Du nur angefangen mit diesem Mist? Doch ich darf und kann Dich nicht ändern. Und aus diesem Grund muss ich gehen.

Ach, Indien, es ist mir ein dringendes Bedürfnis gewesen, all das einmal loszuwerden ... Doch natürlich hatten wir auch unheimlich schöne, unvergessliche Zeiten miteinander. Du bist das vielleicht kreativste Land dieser Welt. Ich bewundere Dich dafür. Es hat mich immer wieder überwältigt, wie gut Du improvisieren kannst. Ich beneide Dich darum. Mmmmh, und Du kannst kochen! Göttlich! So einfach, so günstig, pure veg ... ich liebe es! Ich erinnere mich an jede unserer gemeinsamen Mahlzeiten. Und Du kannst tanzen, feiern, gesellig sein wie kein anderer, bist unermüdlich, fröhlich, lachst immer und überall. Das ist wunderbar!

Und unsere Zeit am Meer, unsere vielen Monate in Deinen wunderschönen Bergen … da warst Du ganz anders! Plötzlich warst Du freundlich zu mir, höflich, hilfsbereit. Die Natur dort war so schön, dass Du ganz still wurdest. Du hast geschwiegen, sanft gelächelt, mir ganz besondere Orte gezeigt. Du warst friedlich, spirituell, hast Dich selbst nicht mehr so wichtig genommen, hast mir zugehört. Du hast sogar den Müll aufgehoben, warst leise, hast meditiert, hast nicht mehr gehupt. Ich habe mich ganz neu in Dich verliebt, habe an Dich geglaubt, fand Dich wieder schön und sexy. Und ich glaubte wirklich wieder, wir könnten eine gemeinsame Zukunft miteinander haben. Für mich waren das die schönsten Phasen unserer Beziehung. Diese Seiten an Dir machen Dich so unheimlich liebenswert.

Und mit dieser Erinnerung habe ich nun beschlossen zu gehen. Denn sollte man nicht gehen, wenn es am schönsten ist? Ich möchte Dich als das Wundervolle in Erinnerung behalten, das Du bist. Ich habe so viel von Dir gelernt. Über Dich – und über mich. Und wenn ein wenig Zeit vergangen ist, kann ich mir sogar vorstellen, Dich voller Freude wiederzusehen. Doch im Moment brauche ich etwas Abstand.

Ich wünsche Dir von Herzen alles Gute für Deine Zukunft. Ich werde Dich im Herzen immer bei mir tragen und kann anderen viel Gutes und Schönes über Dich erzählen. Ja, ich wünsche mir, dass wir richtig gute Freunde bleiben.

Für mich beginnt jetzt ein neuer Lebensabschnitt, doch ich bin unendlich dankbar für alles was ich mit Dir teilen und erleben durfte. Schau *Du* einfach, dass Du Dich auf die Reihe kriegst. Ich wünsche Dir von Herzen alle Kraft der Welt. *Take good care!*

Ein leises und letztes »Namaste!«

Thailand
LOST IN TRANSIT(ION)

Es hat mich nie nach Thailand gezogen. Erst ein Anschlussflug machte eine Übernachtung in Bangkok unumgänglich. Katastrophale Ereignisse in dieser Nacht übertrafen noch meine schlimmsten Befürchtungen. Ich hatte mich nicht besser verhalten als die Typen, wegen denen ich das Land immer gemieden hatte.

Von Oleander Auffarth

Suvarnabhumi Airport. Vor mir steht eine Servicekraft von Air Berlin. Sie bringt nicht einmal ein schäbiges Servicelächeln zustande, ignoriert den armen Irren vor sich geflissentlich, bellt wirre Kommandos in ein Walkie-Talkie und straft ihn mit Todesverachtung, ihn, der sich die Blöße gibt, in seinem verlotterten Zustand zum verzweifelten Bittsteller zu werden, um doch noch an Bord der Maschine zu gelangen. Die letzte Fassade meiner Würde bröckelt bedenklich. Doch die eiserne Lady und Air Berlin kennen keine Gnade – irgendwann werde ich mich fürchterlich rächen. Mit ihrem neuen deutschen Hauptstadt-Flughafen sind sie aber fürs Erste genug gestraft.

Außerdem bin ich selbst schuld: Als ich nach einer durchzechten Nacht zur besten Frühstückszeit in meine indiskutable Massenabsteige auf der *Khaosan Road* torkelte, schien alles noch in bester Ordnung. Mein verstrahltes Grinsen spiegelte diesen Zustand wider. Ich hatte gerade noch Verpflegung für den Flug gekauft und würde mich nun nach einer Dusche auf den Weg zum Flughafen machen. Doch während ich die Treppen zu meinem Zimmer hinaufstieg, keimte langsam die fürchterliche Gewissheit in mir auf, was für einen Bockmist ich in der Nacht fabriziert hatte. Ich lehnte mich gegen die Wand und versuchte, einzelne, bruchstückhafte Erinnerungen zu fixieren – bevor sie mit der Wucht eines gnadenlosen Vorschlaghammers zerschmettert würden und auf ewig in den Orkus der Bedeutungslosigkeit hinabdrifteten. Ich blinzelte zweimal, schüttelte mich und beschloss, weiteres Forschen in den Abgründen meiner schemenhaften Erinnerungen auf später zu verschieben. Auf dem Weg zur Dusche traf mich der Schlag beim Blick auf die Uhr. Ich musste völlig weggetreten gewesen sein und hatte zwei Stunden verloren.

Der folgende Taumel, das eilig zusammengeraffte Gepäck, hastiges Auschecken sowie das Chartern eines Taxis, das sich trotz meiner Beschwörungen nicht in einen Düsenjet verwandeln wollte, haben nichts genützt. Ich stehe vor dem Nichts.

Vielleicht spürt die Dame am Serviceschalter, dass ich gerade dabei bin, mich in eine tickende Zeitbombe zu verwandeln. Sie verkündet mir jetzt zumindest großmütig, man könne mir aus Kulanzgründen eine Umbuchung für den nächsten Tag gegen die Gebühr des halben Flugpreises zugestehen – vielleicht kann man ja an dem Irren noch mal verdienen, wenn er wieder klar im Kopf ist, und erspart sich, eine Randexistenz voreilig zu vernichten. Der Haken ist das Geld.

Am Abend zuvor habe ich mich bei einer unglücklichen Transaktion, infolge der zu raschen Abfolge verschiedener Währungen in den letzten Monaten, um eine Null vertan und mehr abgehoben, als mir noch zustand. Diesen Fehler verstand ich zu allem Überfluss auch noch als Wink des Schicksals, entgegen meiner Gewohnheiten habe ich geprasst. Schuldig im Sinne der Anklage.

Nicht ganz unmaßgeblich dürfte der dabei einsetzende »Hirnfick« gewesen sein, der aufgrund der herrschenden vierzig Grad Celsius und der aufkommenden Euphorie, dass ich auch diese Reise gemeistert hatte, rasant an Fahrt gewann. Der Genuss eines süffigen Weißweins, den ein gewiefter Abzocker in einer Bierflasche verkaufte, war auch nicht unbedingt hilfreich. Als dann auch noch der Himmel seine Pforten öffnete, ein feiner Nieselregen meine Haut benetzte und vor mir die im bunten Licht illuminierten Tempel des Königsviertels auftauchten, fühlte ich mich geradezu beflügelt.

Eigentlich muss meine Bank doch kooperativ sein und der Automat verdammt noch mal erneut Geld ausspucken. Schließlich tut sich die ehemalige Landesbank in der selbst ernannten »Weltstadt« Stuttgart auch als Immobilienspekulant im neuen Herzen Europas, auf der unglaublich wichtigen Magistrale Paris – Bratislava, bei der humanistischen Stützung von Nahrungsmittelpreisen und bei fragwürdigen Geschäften mit hirnamputierten Arschlöchern hervor, die mit Wasserwerfern im Park Wahlkampf machen.

Doch der Bankautomat lacht mich bloß höhnisch aus: »Hier hast du keinen Kredit mehr, du asozialer Herumstreicher! Wärst du nicht auf

Reisen gegangen und hättest wie jeder anständige Mensch weitergehamstert, dann hätten wir dir auch den Dispo nicht gestrichen.« »Dämlicher Arsch!«, murmele ich, doch der nächste Automat ist nicht besser erzogen.

So muss ich anerkennen, zu was für einem trostlosen Aufenthaltsort ein seelenloses Flughafengebäude für einen Gestrandeten in solch einer Stunde werden kann. *Lost in Transit!* Panik steigt mir die Kehle hinauf – jetzt habe ich es wohl endgültig zu weit getrieben. Es musste ja irgendwann so weit kommen. Erbärmlicher Idiot! Wirre Bilder entstehen in meinem geschädigten Hirn. Würde mich eine Fabrik in Bangkok anstellen? In einem Anfall von ausgewachsenem Wahnsinn muss ich mir verkneifen, mir zur Belohnung für meine Heldentaten der vergangenen Nacht den Kopf an der nächsten Scheibe blutig zu schlagen oder durch wütendes Gebrüll die Aufmerksamkeit der heimtückischen Security auf mich zu lenken.

Doch so schnell der Wahnsinn ausgebrochen ist – so schnell verebbt er auch schon wieder.

Ich beginne, mich all der schönen Erlebnisse der letzten Monate zu erinnern, und beschließe, meine Reise nicht auf solch unwürdige Weise zu beenden. Ich atme tief durch, und eine lässige Ruhe, die der Situation seltsam unangemessen erscheint und meinerseits zu einem dümmlichen Grinsen führt, kehrt zurück.

Das wird kaum der letzte Fehler in meinem Leben sein. Dafür bin ich Erfahrungsmillionär. Wenn bipolare Menschen auf Reisen gehen, gibt es eben viel zu erzählen. Jetzt ist es an der Zeit, durch einen massiven Konsum von Koffein und Nikotin wieder einen klaren Kopf zu kriegen. Dafür werde ich Hilfe brauchen.

Den höllischen Kater in meinem Schädel habe ich zwischenzeitlich vergessen. Das Adrenalin, das sich während der Taxifahrt zum Flughafen in mir aufgestaut hat, hätte sicher gereicht, um mit einem Jagdbomber einmal um die Welt zu fliegen – mit einem debilen Lächeln im Gesicht. An diesen Zustand muss ich wieder anknüpfen.

Infolge einiger Telefonate, die ich von einem Internetcafé aus führe, kann ich dankbar registrieren, dass es im weit entfernten Europa Menschen gibt, die mich trotz meiner Allüren noch immer mögen und mir beispringen würden. Schon während der Gespräche bin ich wieder zum Scherzen aufgelegt – schließlich werde ich als Überraschungsgast auf einer Geburtstagsparty im schweizerischen Jura erwartet, für die ich gerade aus Bali anreise.

Danach bin ich wieder in der Lage, mich ganz meinen Kopfschmerzen hinzugeben. Im Flughafenbus fahre ich erneut in die Stadt und checke mit meinen letzten Groschen wieder in derselben Absteige ein – schlimmer kann es ohnehin nicht werden. Den Rest des Tages verbringe ich in einem buddhistischen Tempel, um zu bereuen. Immer wieder streifen furchtbare Gedankenfetzen aus der letzten Nacht mein Bewusstsein. Was bin ich nur für ein grausamer Bastard!

Eben hatte ich noch stundenlang mit einem gehörlosen Thai über das Leben philosophiert und hatte ihm Essen, Zigaretten und Wein spendiert, und schon wurde ich – begünstigt durch unsere Ankunft auf der Khaosan Road – in einen finsteren Abgrund hinabgezogen. Dort fühlte ich mich in dieser Nacht pudelwohl. Ich hatte mein Gewissen irgendwo in den Seitenstraßen verloren. Eigentlich turnte mich dieser Ort unglaublich ab: Von Kitsch aller Art, über Kleidung, Elektronik, Accessoires bis hin zu gefälschten Führerscheinen und Studentenausweisen oder Masken von Saddam Hussein oder Osama bin Laden findet man dort alles – und mehr. Man kann sich Rastas knüpfen oder Tattoos stechen lassen und sich so in Windeseile in einen »Alternativen« verwandeln. Andere sitzen lässig in riesigen Aquarien und lassen sich von Fischen anknabbern. Garniert wird das Spektakel durch das Anpreisen von Flatrate-Saufen, wummernden Technobässen, Angeboten aller Art aus dem leichten Gewerbe und durchtriebenen Gestalten, die einem ins Ohr raunen: »*Ping-Pong, Sir?*«

Die Preisliste dieser Marketinggenies bestand aus Gegenständen, die ich aussuchen sollte, woraufhin sie von einer mir nicht persönlich bekannten Frau in ihre Geschlechtsöffnung gesteckt würden. Ich will nicht ins Detail gehen, aber das war ekelerregend. Und wie konnte man diese indiskutable Einladung mit einem »Sir« abschließen? Vielleicht waren die Gentlemen schlicht ausgestorben! Nachdem das nicht zog, wurde das Angebot noch wesentlich subtiler: »*You like Boom, Boom?*«, schmierig grinste mich der missratene Typ von der Seite an. Schwer zu beschreiben, wie übel mir in diesem Moment wurde. Ich war hin und her gerissen zwischen handfestem Ekel und einer Form von morbider Faszination, dass sich ein solcher Ort wirklich auf Längen- und Breitengraden materialisiert hatte.

Dies war ein Ort heimtückischer Versuchung. Kein Wunder, wie leicht ich den Verstand verloren hatte. Katastrophen treten ein, wenn man sich an solch einem zwielichtigen Ort, an dem die Oberfläche des Scheins nur wenige Millimeter dick ist, betrinkt und gehen lässt. Die beschämenden Details nehme ich mit ins Grab.

Neben mir stimmen die Mönche ihre Mantras an, ich sitze in tiefer Einkehr neben ihnen und versuche, die entsetzlichen Erinnerungen zu vertreiben, die ich aufgrund meiner massiven Zellvernichtung bereits verloren hoffte, und entschuldige mich im Stillen für meine grenzenlose Dummheit.

Rückblickend bin ich dankbar, dass der zweite Teil meiner Reise nicht mit einem Desaster endete und ich mit einem Rest von Würde heimkehren konnte. Irgendeinen Kredit brauchte ich schließlich ...

Colorado
ROCKY MOUNTAIN HIGH

Colorado ist berühmt für seine grandiosen Berge, denen John Denver einst eine Hymne widmete. Eine Radtour über einige der höchsten Pässe der Rocky Mountains, auf der Suche nach dem besonderen Kick.

Von Dirk Rohrbach

Erst vor ein paar Tagen bin ich in Cortez ganz im Südwesten Colorados angekommen. Unweit liegt das »Four Corners Monument«, wo vier Staaten zusammentreffen und sich Touristen gerne in skurrilen Posen fotografieren lassen. Während deren Hände dabei den Boden von Arizona und Utah berühren, stehen die Füße gleichzeitig in New Mexico und Colorado. Auf solche Akrobatik verzichtete ich. Mein vierzig Jahre alter Truck war kurz zuvor im Navajo-Reservat liegen geblieben. Lichtmaschine. Zum Glück hatte ich Handyempfang, und eine gute Stunde später brachte mich der Abschleppwagen im Sonnenuntergang zu meinen Freunden Judy und Gay nach Cortez.

Die Mesas brannten im warmen Abendlicht, das durch tief hängende Wolken schnitt. Ich fragte den indianischen Fahrer, ob sein Job angesichts dieser Szenerie jemals zur Routine werde.

»Never«, antwortete er knapp.

Ich kenne die Gegend seit meiner Durchquerung Amerikas mit dem Rad vor zwei Jahren. Damals wollte ich die USA von New York bis Los Angeles erkunden, auf Nebenstrecken das *Small Town America*, das mich seit jeher fasziniert. Es sind die kleinen Städtchen auf dem Lande, ihre Beschaulichkeit, die Freundlichkeit ihrer Bewohner und die unzähligen Geschichten, die mich immer wieder hierherführen.

Während Nachbar Bob sich in den nächsten Tagen um meinen Truck kümmern will, möchte ich mit dem Rad auf dem »San Juan Skyway« in die Berge fahren. Der gut vierhundert Kilometer lange Rundkurs führt durch spektakuläre Schluchten, über einige der höchsten Pässe der Rocky Mountains zu historischen Minenstädtchen aus dem 19. Jahrhundert. Damals lockten Bodenschätze die Glückssucher hierher. Gold, Silber, Erze. Restaurierte Häuserfronten erinnern plakativ an die Blütezeit. Durango, Silverton, Ouray, Telluride – klingende Namen seit dem großen Silberrausch.

Auch wenn die Tour dieses Mal nur ein paar Tage dauert, ist das Rad wieder ordentlich beladen. Zelt, Schlafsack, Isomatte, Wechselkleidung, Waschzeug, Reparaturset, Proviant. Den Campingkocher lasse ich zurück, will mich lieber in den Dorfläden frisch eindecken und dabei vielleicht auch die Gelegenheit für das eine oder andere Gespräch nutzen.

Eine Stunde nach meinem Start erreiche ich Dolores – und mir geht das Herz auf. Schlagartig weicht die Halbwüstenlandschaft, und ich rolle durch ein beschauliches Tal, das den alpinen Winter gerade erst abschüttelt. Die Pappeln und Espen am Dolores River zeigen erste Knospen, aber in schattigen Winkeln hält sich noch der letzte Schnee. Die Sonne wärmt schon ganz ordentlich vom nahezu wolkenlosen Himmel. Nur eine kühle Brise von hinten erinnert daran, dass der hier gewöhnlich heiße, trockene Sommer wohl noch eine Weile auf sich warten lässt. Im »Food Market« gibt es frisch aufgebrühten Biokaffee, Selbstgebackenes und eine übersichtliche, aber gut sortierte Auswahl in den Regalen, die kaum Wünsche offen lässt. »*You find everything you're looking for?*«, fragt mich der Kassierer, und bei ihm klingt es gar nicht abgespult, wie manchmal in den Filialen der Supermarktgiganten. Ich kaufe zwei Bananen, ein gebackenes Welsfilet »*Cajun Style*«, hausgemachten Kartoffelsalat, einen Himbeer-Shortbread-Riegel, einen Brownie und einen kleinen Laib Bananen-Nuss-Brot fürs Frühstück.

Mit Country Music von der lokalen Radiostation im Ohr rolle ich weiter. Autofahrer grüßen, indem sie die Hand kurz vom Lenkrad heben. Hier fährt man mit Allradantrieb und Radträger auf dem Dach. Später überholen mich zwei Motorradfahrer, einer streckt seine Faust respektzollend gen Himmel. Die Freundlichkeit und Rücksicht der anderen Verkehrsteilnehmer ist auffällig. Ich genieße das Unterwegssein. Vielleicht ist Radfahren sogar die schönste Form des Reisens.

Entschleunigt und aus eigener Kraft unterwegs zu sein lässt einen die Umwelt viel intensiver wahrnehmen. Es bleibt Zeit und Gelegenheit für die Details am Wegesrand. Ich passiere jetzt immer wieder Campgrounds und Restaurants, deren Saison erst im Juni beginnt. In Rico, einem 200-Seelen-Dorf mit einer Reihe von historischen Gebäuden aus dem Silberrausch des vorletzten Jahrhunderts, stocke ich noch einmal den Getränkevorrat auf, Wasser und Cola. Ein paar Meilen weiter finde ich dann den ersten Lagerplatz, fünf Meter unterhalb der Straße, direkt am Fluss gelegen.

Eine halbwegs ebene Fläche, gerade ausreichend, um mein Zelt aufzustellen. Die Sonne ist längst hinter den Bergen verschwunden, eisige Kälte legt sich übers Tal. Ich schlinge mein Abendessen runter und verkrieche mich bald in den Schlafsack.

Day Two – Kitzbühel im Wilden Westen

Raureif auf dem Zelt, dünnes Eis auf den Pfützen
neben dem Fluss, kalte Füße in der Nacht: 2700 Meter Höhe.
Von Rico nach Telluride. 70 Kilometer. 650 Höhenmeter.

Habe schlecht geschlafen, auch wegen der kalten Füße, trotz mehrerer Lagen Kleidung und dicker Socken. Auf den Berghängen wärmt schon die Sonne, aber mein schattiges Camp bleibt noch eine Weile frostig. Mit klammen Händen nage ich ein wenig lustlos am Bananenbrot. In diesem Moment bereue ich es, den Campingkocher zurückgelassen zu haben.

Gegen neun Uhr breche ich auf. Inzwischen flutet die Sonne das gesamte Tal, inklusive des Highways, der weiter graduell ansteigt. Ganz anders als in den Appalachen im Osten der USA oder den heimischen Alpen mit ihren brutalen Anstiegen, die oftmals in Serpentinen verlaufen, klettert man hier in den Rocky Mountains meist stetig für viele Stunden Richtung Pass, um dann auf der anderen Seite eine ganze Weile rasant ins Tal zu stürzen. Mit manchmal nicht mehr als sechs oder sieben Stundenkilometern geht es im Wiegetritt aufwärts. Auf der anderen Seite mit sechzig, siebzig Sachen wieder runter.

Glücklicherweise scheint mir die dünne Höhenluft dieses Mal nichts auszumachen, zumindest verfalle ich nicht in Schnappatmung. Kilometer um Kilometer geht es bergauf, bei abermals besten Bedingungen, auch wenn es hier oben inzwischen deutlich kühler ist. Mit Arm- und Beinlingen und gelber Warnweste geschützt, erreiche ich schließlich den Lizard Head Pass, gut 10 000 Fuß hoch, über 3100 Meter. Vor lauter Begeisterung vergesse ich glatt, ein Foto vom namensgebenden Lizard Head zu machen, einem prominenten Berggipfel in der Nähe, dessen Form an den Kopf einer Eidechse erinnern soll. Mit sehr viel Fantasie.

Kurze Verschnaufpause, dann die erste Abfahrt. Das Wetter zeigt sich hier weniger freundlich als auf der anderen Passseite. Viele Wolken, aus denen es auch mal schauern könnte, verdecken die Sonne immer wieder. Also fahre ich weiterhin in voller Montur, greife zwischenzeitlich sogar zur zweiten Jacke.

Erst in Telluride, am Ende einer langen Sackgasse und tiefer gelegen, steigen die Temperaturen wieder, und die Sonne setzt sich länger durch. Auch hier haben viele Geschäfte an der sonst so belebten Hauptstraße noch geschlossen.

Zwischensaison.

Tellurides Name strahlt seit dem 19. Jahrhundert einen schillernden Glanz aus. Kaum als Minensiedlung gegründet, raubte der legendäre Gangster Butch Cassidy schon 1889 die örtliche Bank aus. Zwei Jahre später kam die Eisenbahn nach Telluride und sorgte für einen ersten Boom. Die Minen in den umliegenden Bergen bescherten der kleinen Stadt und ihren Bewohnern bis in die 1970er-Jahre Arbeitsplätze und Wohlstand. Als die Ressourcen schwanden, bauten findige Investoren die ersten Skilifte. Zeitgleich zogen Hippies in die Gegend und verdrängten die Minenarbeiter, die mit ihren Familien auf der Suche nach Arbeit in andere Regionen umsiedelten.

Die neuen Einwohner lockten vor allem die grenzenlosen Outdoor-
möglichkeiten – Klettern, Drachenfliegen, Paddeln. Und die Aussicht
auf einen entspannteren Lebensstil im abseits allen Trubels gelegenen Taleinschnitt. Die inzwischen legendären Film- und Musikfestivals
wurden ins Leben gerufen. Parallel entstand eines der besten Skigebiete
Nordamerikas. Aber auch der Ruf, das Bergdorf sei ein Umschlagplatz
für Drogenschmuggler und Rückzugsort für deren gut betuchte Bosse.
Glenn Frey thematisierte das sogar in einer Zeile seines 1980er-Jahre-
Hits *Smuggler's Blues*.

Dieses Wild-West-Image schien dem Ruf von Telluride aber keineswegs zu schaden, sondern seine Attraktivität noch zu steigern. Die ersten Promis kamen, Schauspieler, Regisseure, Fernsehstars. Heute ist
der Ort im Sommer ein Outdoormekka und im Winter ein Tummel-
platz für Skifans aus dem ganzen Land.

Dann weht ein Hauch von Kitzbühel durch
die historische Hauptstraße.

Ich kaufe einen Kaffee im einzigen Laden, der für die Einheimischen
im Moment geöffnet hat und bin total überfordert. Hochbetrieb in der
Mittagszeit. Überall Mütter in Yoga-Outfits, die sich beim Lunch lautstark austauschen, während ihre Kleinkinder, kaum dem Kinderwagen
entwachsen, über die Dielen toben.

Ich melde mich telefonisch bei Joanna, bei der ich mich über *warm-
showers.org* für eine Nacht angekündigt hatte. *Warmshowers* vernetzt
Radfahrer weltweit und hat als Plattform innerhalb weniger Jahre eine
bunte Community geschaffen. Man erstellt ein Profil und findet anschließend auf der Website Gleichgesinnte und Gastgeber, die neben
einer warmen Dusche meist auch noch Unterkunft und Verköstigung
anbieten. Alles unentgeltlich, denn der Gastgeber von heute ist vielleicht schon morgen der Radler, der sich über die Gesellschaft und
Gastfreundschaft der anderen auf seiner Tour freut.

Joanna lebt mit ihrem Mann Daniel und zwei Töchtern ein paar Meilen außerhalb von Telluride. Ich solle einfach dem Highway bergab folgen.

Vorher decke ich mich im kleinen Supermarkt noch mit ein wenig Proviant für die nächste Etappe ein und studiere bei einem Schokocroissant im »Visitor Center« die Broschüren. Ich erfahre vom wiederentdeckten Ski-Eldorado Colorado, nachdem die angesagten Gebiete in den Küstengebirgen im Westen und in Alaska zuletzt immer wieder über Schneemangel klagten, während die Rockies Rekordschneefälle verbuchten. Ich lese über John Denver, selbst leidenschaftlicher Abfahrer, der zwar in New Mexico geboren wurde, sich Colorado aber so verbunden fühlte, dass er seinen Künstlernamen der Hauptstadt entlehnte und nach Aspen zog. In seiner später vom Staat Colorado als offiziell deklarierten Hymne *Rocky Mountain High* singt er von einem, der auszog, sein altes Leben hinter sich zu lassen, und in den Bergen zu sich selbst fand. Der Titel ist längst zu einem Schlagwort für Gegner und Befürworter der Legalisierung von Cannabis als *recreational use*, also für den nichtmedizinisch begründeten Konsum von Marihuana, geworden. Colorados Bevölkerung entschied sich im Jahr 2012 mit einer knappen Mehrheit von 55 Prozent für die Freigabe. Ein Novum, weltweit.

Überhaupt hat man den Eindruck, die Menschen hier übernehmen gerne die Vorreiterrolle. Colorado scheint überdurchschnittlich viele progressive Quer- und Vordenker zu beheimaten. Die Häuser hier sind keine sterilen Retortenkolonien, sondern kreative Eigenbauten aus Adobe, Holz und Stein. Selbst auf dem Land finden sich hier Bioläden, in denen lokal angebautes Obst und Gemüse angeboten werden.

Und nirgendwo sonst sind die Menschen so aktiv. Mountainbiken, Raften, Wandern, überall Radwege. Ja, hier ließe es sich leben, denke ich und rolle bei inzwischen fünfundzwanzig Grad Celsius zu Tal, wo die Bäume und Sträucher schon längst in saftigem Grün treiben.

Day Three – Siesta in the Sierra

Über traumhafte Nachtruhe, liberale Freigeister und
amerikanische Gastfreundschaft. Von Telluride nach Ouray.
50 Kilometer. 650 Höhenmeter.

Habe herrlich geschlafen auf Daniels Erfindung, der Schlafmatte »Siesta
Rest«. Besser als auf jeder Luxusmatratze mit Federkern oder aus
Latex. Die Idee zu den komfortablen Schlafmatten kam Daniel schon
vor einer Weile, nach vielen Nächten auf extrem dünnen, sehr sparta-
nischen Isomatten. Statt auf Luft setzt Daniel bei seinen Matten auf
eine ordentliche Lage *memory foam*, einen hochwertigen Schaum-
stoff, der sich den individuellen Konturen des Körpers anpasst. Mit
flauschigem Fleece als Liegefläche und verpackt in einer robusten,
waschbaren Hülle aus Kunststoffgewebe, ist die »Siesta Rest« zwar
weder ein Leichtgewicht noch ein Platzwunder, aber auf Touren mit
dem Kanu, Auto oder Motorrad gibt es nichts Bequemeres. Wenn
Daniel seine Matte doch nur endlich zur Serienreife brächte.

Ursprünglich kommt der Vierundvierzigjährige aus Kalifornien, wo
er Rucksacktouren geführt hat und auch seine spätere Frau Joanna
kennenlernte. Er studierte Kunst in Taos, New Mexico, und landete
schließlich in Telluride. »Wenn es irgendwo mehr Menschen als Bäume
gibt, werde ich schnell klaustrophobisch«, scherzt er.

Warum er und Joanna sich bei *Warmshowers* als Gastgeber regis-
triert haben, ohne selbst jemals den Service genossen zu haben, will
ich noch wissen. »Es ist doch toll, wenn Reisende mit ihren Geschichten zu uns kommen. Das bringt Spannung in unseren Alltag!«

Der sicher nicht langweilig ist, denke ich mir. Mit den beiden Töchtern Ayla (11) und Shay Ann (7) und Hund Breezy soll es demnächst
auf eine erste Tour gehen. Mit dem gerade restaurierten Wohnwagen,
der letzte Nacht meine behagliche Zuflucht gewesen ist. Bevor wir uns

verabschieden, tauschen wir noch Adressen aus. Ich will unbedingt auf die Vorverkaufsliste für die ersten »Siesta Rest«-Matten.

Sonne verwöhnt mich auf der Weiterfahrt,
und leichter Rückenwind.

Die gut zwanzig Kilometer Anstieg bis zur Dallas Divide, meinem nächsten Pass, sind sehr erträglich. Am Gipfel treffe ich Teddy, die nahezu zeitgleich mit ihrem Rennrad von der anderen Seite eintrifft. Wir plaudern kurz, sie erkundigt sich nach meiner Route, fragt, wo ich heute übernachten will, und lädt mich spontan zu sich ein. Die ohnehin immer wieder überwältigende Gastfreundschaft der Amerikaner wird unter Radlern noch übertroffen.

Bei der rasanten Abfahrt nach Ridgway überlege ich: Teddys Haus liegt kurz vor Ouray, eigentlich wollte ich es heute deutlich weiter schaffen, mindestens über den Red Mountain Pass bis nach Silverton. Aber der Wetterbericht verheißt Sturm und Regen, die ersten Wolken verdichten sich schon bedrohlich über den schneebedeckten Gipfeln. Also beende ich meine Tagesetappe nach gerade mal fünfzig Kilometern und nehme Teddys Einladung an.

Eigentlich heißt sie Mary Edna, aber so nenne sie seit der Kindheit niemand mehr. Vor vier Jahrzehnten kam Teddy nach Telluride, war dort verheiratet, nach der Trennung entwarf sie ihr großzügiges Haus ganz nach eigenen Vorstellungen. Ich bin beeindruckt von den unkonventionell kombinierten Stilen. Europäische, asiatische und amerikanische Elemente vermischen sich zu einer einzigartigen Fusion, die ganz offensichtlich Teddys vielschichtigen Charakter widerspiegelt. Bei gebackenen Hähnchenfilets, Gemüse und Quinoa unterhalten wir uns angeregt über amerikanische Ignoranz, die Spaltung des Landes und das am Ende vielleicht doch freiere Europa.

Auch typisch für Colorado. Ausländer, die über die konservativen Fundamentalisten und die amerikanische Politik der Überlegenheit wettern, finden hier in den Bergen reichlich liberale Mitstreiter, die Reizthemen wie Einwanderung, Waffengesetze und den Kampf gegen den islamistischen Terror sehr viel komplexer analysieren und dabei Amerikas rationales Gewissen formen. Balsam für die gebeutelte europäische Seele, die angesichts von Militarismus, evangelikaler Wertevorstellungen und bigotter Prüderie den amerikanischen Traum anzweifelt – und ihn tief im Inneren doch selbst gerne ausleben möchte.

Day Four – Königsetappe

Drei Pässe, mehr als 2000 Höhenmeter, fast 100 Kilometer Strecke. Hat was von Alpe d'Huez bei der Tour de France. In meinem Fall allerdings im Schneckentempo.

In schier endlosen Serpentinen windet sich der »Million Dollar Highway« immer weiter in die Höhe. Die Herkunft des Spitznamens der Straße, die offiziell als »Federal Highway 550« beschildert ist, bleibt übrigens umstritten. Die einen behaupten, die immensen Baukosten steckten dahinter. Die anderen, der für den Bau verwendete Schutt aus den umliegenden Gold- und Silberminen habe reichlich wertvolles Erz enthalten.

Teddy, die mich nach dem Frühstück eigentlich bis zum Red Mountain Pass begleiten wollte, bricht nach wenigen Kilometern ab, als brutale Fallwinde sie fast von der nur zwei Autos breiten Fahrbahn in den Abgrund geblasen hätten. Immer wieder warnen Schilder vor Steinschlag, keine Strecke für Menschen mit Höhenangst. Leitplanken sichern nur an wenigen, besonders brenzligen Stellen. Das Wetter ist umgeschlagen, die Sonne von dichten Wolken verdeckt. Weiter oben überraschen mich Schnee- und Graupelschauer, das Thermometer sinkt auf fast null Grad Celsius. Nach zwanzig äußerst zähen Kilometern aber stehe ich auf dem Red Mountain Pass, dem höchsten Pass meiner Tour, weit über 3300 Meter.

Ich lege zusätzliche Lagen Kleidung an, hole sogar die Daunenweste aus der Packtasche. Aber aus der vermeintlich entspannten sechzehn Kilometer langen Abfahrt nach Silverton wird der körperlich härteste Teilabschnitt der Tour. Schon nach kurzer Zeit spüre ich vor Kälte meine Hände nicht mehr, halte an und umwickle sie mit einem T-Shirt und einem Halstuch. Das hilft zwar etwas, aber der Fahrtwind kühlt meinen Körper so sehr aus, dass meine Zähne schließlich unkontrolliert aufeinanderklappern wie bei einem Schlossgespenst in der Geisterbahn. Erste Zeichen von Hypothermie? Ich halte immer wieder, um der Kälte Einhalt zu gebieten, ohne merklichen Erfolg. Am Ende lasse ich es nur noch laufen, um möglichst bald Silverton zu erreichen.

Im Dorfladen versuche ich mich bei dünnem Kaffee aufzuwärmen. Selbst eine Stunde später zittere ich noch, aber die Regenwolken haben sich verzogen, und die Sonne versöhnt für den Rest des Tages. Nach einem kurzen Abstecher bis zum Ende der Hauptstraße zieht es mich weiter. Aber schon jetzt ist klar, bis zum Städtchen Durango werde ich es heute nicht mehr schaffen. Es warten heute noch zwei weitere Pässe auf mich, auch beide deutlich über 3000 Meter gelegen. Und so bleibt nur Zeit für ein paar Schnappschüsse vom historischen Silverton, das ähnlich wie Telluride vom Minenstädtchen zum Tourismusort mutierte, mit deutlich rauerem Charme, was nicht nur der beachtlichen Höhenlage von 2800 Metern geschuldet ist.

Day Five – Zielgerade

Ein herrlicher Morgen. Um mich herum rote Felswände,
und in der Ferne zeichnen sich wieder die vertrauten
Tafelberge ab. Von Hermosa nach Cortez. 110 Kilometer.
1000 Höhenmeter.

Meinen Zeltplatz habe ich letzte Nacht in der Dunkelheit gefunden. Am weitgehend verwaisten »Durango Mountain Ski Ressort« hatte mich zunächst noch einer der verbliebenen Bewohner meine leeren Trinkwasserflaschen auffüllen lassen und mir von einer Tankstelle ein paar Meilen die Straße weiter runter erzählt, wo ich sicher auch ein paar Snacks fände. Als ich dort eintraf, war sie längst geschlossen. Stattdessen kehrte ich schräg gegenüber im zum Saloon umfunktionierten alten Schulhaus ein und bestellte ein *Meatball Sub* mit überbackenem Käse und Chips.

Nach den schweißtreibenden Pässen gierte ich nach Salz. Den schummrigen Raum dominierte ein mächtiger Poolbillard-Tisch in der Mitte, an dem sich die Guides und Skilehrer der vergangenen Saison die Zeit vertrieben. Zumindest interpretierte ich die Gruppe bärtiger Jungs in Canvas-Hosen und Ballcaps so. Die Bar war dicht besetzt, überall Fernseher, auf denen der Boxkampf des Jahrhunderts angekündigt wurde. Als ich mein Rad nach einer Dreiviertelstunde wieder bestieg, war es längst dunkel. Ein paar Meilen talwärts folgte ich einem Hinweisschild und entdeckte bald einen kleinen Hügel zwischen zwei Reiterpfaden, gerade groß genug für mein Zelt. Gute Nacht ...

Nach ein paar *Chocolate Chip Cookies* zum Frühstück rolle ich weiter zu Tal. Am linken Straßenrand sehe ich bald eine bunte, sonderbar gefärbte Felspyramide, aus deren Spitze Wasser zu fließen scheint. Ein Hinweisschild erklärt die Pinkerton Hot Springs, benannt nach James Harvey Pinkerton, der im 19. Jahrhundert hier siedelte und ein Hotel mit Pool und Ferienanlage um die heißen Quellen baute. Später soll sogar Marilyn Monroe hier gebadet haben. Die Pyramide wurde dann vor rund fünfzehn Jahren von der Straßenbehörde aus Steinen errichtet, durch die ein Rohr das achtunddreißig Grad warme Wasser an die Oberfläche leitet.

Beim Fotografieren höre ich das Pfeifen der historischen Schmalspur-Eisenbahn, die seit 1882 ununterbrochen zwischen Durango und Silverton verkehrt. Gebaut wurde sie ursprünglich, um Silber und Gold aus den Bergen zu transportieren. Heute ist sie eine der größten Touristenattraktionen der Region. Leider erkenne ich nur die dunkelgraue Rauchfahne der Dampflokomotive zwischen den dicht stehenden Kiefern auf dem gegenüberliegenden Hügel.

Eigentlich wollte ich in Durango Daniel treffen. Nicht den mit den Schlafmatten, einen anderen. Daniel und seine Frau Diana waren vor zwei Jahren bei der langen Tour meine ersten *Warmshowers*-Gastgeber. Daniel ist allerdings gerade beim Mountainbiken, wie er mir übers Handy erklärt. Also besorge ich in der Stadt nur ein paar Snacks und mache mich auf den langen Anstieg Richtung Westen. Die Landschaft wirkt jetzt wieder weiter und wüstenartiger, der Bewuchs ist spärlicher, Steine und Felsen dominieren den Straßenrand vom »Highway 160«. Habe das Gefühl, überhaupt nicht voranzukommen.

Dann auch noch kurz vor Mancos die erste Panne im unplattbaren Reifen. Ich erkenne kein Loch und wechsle rasch den Schlauch, denn um mich herum brauen sich Unwetter zusammen. Einem letzten Anstieg folgt die rasante Abfahrt nach Mancos, und mit den ersten, schweren Tropfen flüchte ich mich in den »Zuma«-Market, einen Bioladen mit kleinem Café. Dustin aus Connecticut hat ihn erst vor sechs Monaten gekauft. Er kam wegen der Berge nach Colorado, erklärt er mir, will aber mit dem Rad selbst in ein paar Jahren auf große Tour nach Patagonien. Die Ausrüstung steht schon in der Garage, wir fachsimpeln. Nach einem dreifachen *Americano* mit Milch ziehe ich weiter, wie die Wolken, die längst nicht mehr drohen. Farmland kündigt

Cortez an. Ich passiere die Abzweigung zum Mesa Verde National Park und trete noch einmal ordentlich in die Pedale. Zielgerade.

Zwei Stunden später sitze ich bei »Dairy Queen« in Cortez und gönne mir zum Abschluss der Tour einen *Blizzard*, eine Kalorienbombe aus Softeis, *Cookie Dough*, Pekannüssen, Schokosauce und Butterkaramell. Bloß am Ende der Tour nicht noch in Unterzucker verfallen. Fünf Tage, 400 Kilometer, 5300 Höhenmeter. Hätte noch Lust und Energie weiterzufahren, freue mich aber auch auf die Dusche bei Judy und Gay. Und auf die nächste Tour.

Tonga

FAST KUNST

Tonga könnte so sein, wie es sich die alten Meister erträumt haben: ein Paradies in der Südsee, wild und ursprünglich, wie gemalt in satten Farben. Ein Archipel als Projektionsfläche für all den Kitsch aus Kolonialzeiten. Nicht ganz.

Von Pia Röder

Du berührst das Bild, fährst mit den Fingerspitzen über eine Topografie aus Ölfarbe, wanderst entlang grüner Palmwedel, streichst über ein leuchtend rotes Kleid, zwirbelst schwarze Haare, stupst eine bronzefarbene Nasenspitze. Du zögerst. Hat die Nase bei deiner Berührung gerade gezuckt? War da nicht ein Flüstern?

Die Farben werden flüssig, bilden Strudel. Die Pigmente fließen ineinander. Aus Bronze wird Rot und Gelb, kriecht in Blau und Grün. Lila Tropfen rinnen wie Sirup an der Leinwand hinab. Der bunte Strom wandert deinen Finger entlang, färbt deine Hand, deinen Arm. Ein Sog zieht dich ins Bild. Du kannst dich nicht wehren, du drehst und drehst dich, alles verschwimmt in einem einzig bunten Ozean.

Du öffnest die Augen. Die Sonne blendet dich.

Der Schatten einer Kokospalme streift für eine Sekunde deinen Blick, und der Duft von gebratenem Huhn und Vanille liegt in der Luft. Die Frau mit dem roten Kleid und Haut aus Milchkaffee sitzt neben dir, wie ein dickes gemütliches Sofakissen.

»*Malo lei lei, wanna coconut? Cool and fresh?*«

Du bist durstig. »*Yes, yes, malo. Thank you.*«

Du bist in Tonga.

Paul Gaugin hat Polynesien einst so gemalt, wie er es sich in Europa erträumt hat: bunt, ursprünglich, wild. Mit nackten Schönheiten in Baströckchen, geflochtenen Körben voll Maniok und Kochbananen, Hühnerbeine dampfen im Erdofen. Er malte Orte am Ende der Welt, Orte ohne Zeit, getaucht in satte, leuchtende Farben. Seine Vorstellung, ein Kitschroman aus Kolonialzeiten.

So ist Tonga.

Geflochtene Bastgürtel halten die gewaltigen Becken wuchtiger Frauen. Wenn sie lächeln, blitzen goldene Kronen zwischen perlweißen Zähnen. Männer in wadenlangen schwarzen Röcken, umwickelt mit Bastmatten, trinken Kava – kaltes Matschwasser, das die Zunge betäubt. Zierliche Mädchen in bunten Uniformen mit langen schwarzen

Zöpfen hopsen kichernd zur Schule. Irgendwo läuten Kirchenglocken, und der laue Wind trägt den Lobgesang über Herrn Jesus Christus an dein Ohr. Nicht weit von hier waschen sanfte Wellen den Kalk aus Korallenriffen und hinterlassen einsame, hohle Buchten – schneeweiß im gleißenden Sonnenlicht.

Jedoch: Tonga, das sind auch die unzähligen Chinesen in billigen Kunstlederjacken, die kein Wort Englisch sprechen. Ramschware aus Asien verstaubt hinter den rostigen Gittern ihrer Tante-Emma-Läden am Straßenrand. Einheimische in fleckigen Karohemden und ausgetretenen Schuhen sitzen davor, fast zu geschäftig für das Paradies. Gigantische Reklametafeln entlang der Hauptstraßen versprechen endlich schnelles Internet, und Autovermietungen schicken ihre würfelförmigen Hondas und Nissans als Shuttle-Service zum Flughafen.

Die Jugend tanzt Hip-Hop in der »Dance Academy« und verarbeitet so ihre ganz gewöhnlichen Episoden über Liebe, Streit und Drogen. Die Alten warten auf Almosen ihrer Verwandtschaft in Neuseeland und Australien, die dem Inselkönigreich mit seiner Korruption und Armut entflohen ist. Zarte Frauen mit sanftem Lächeln und solche, die gerne echte Frauen wären, bespaßen Touristen in den Beach-Resorts mit traditionellen Tänzen. Die klatschen und schunkeln dazu, bis ihre teigig-weißen Oberarme wackeln. Zum Abschied gibt's einen duftenden Blumenkranz. Zwischen all dem graben fette Schweine mit ihren Rüsseln Jamswurzeln aus. Ihre schweren Zitzen schleifen im Dreck, die Ferkel quieken dazu. Das ist Tonga.

James Cook hat diesen Klecks in der Südsee einst »*Friendly Islands*« genannt. Ein Wimmelbild freundlicher Gesichter, so weit weg von Chaos und Krieg der »*Palangi People*« – so heißen hier die Weißen aus dem Westen. Hier weiß man wenig von Grexit und Flüchtlingsstrom. Auf Tonga hat man andere Sorgen, aber irgendwie sind die auch nicht so wichtig.

Du bist so eine *Palangi*, eine Weiße inmitten von Bronze. Eine Fremde. Jeder weiß es, jeder sieht es. Doch sie winken, sprechen mit dir, laden dich ein. Nach Kilometern zu Fuß entlang endloser Kokosnussplantagen hält knatternd ein Lieferwagen neben dir. »*Where you wanna go?*«, fragt ein Lächeln aus Perlen und Gold. »*Veitongo*«, antwortest du und steigst auf die Ladefläche.

An dir vorbei ziehen grüne Palmen, unter dir ein Fluss aus rotem Sand. Schulkinder winken dir zu und rufen »*Bye!*«, niemals »*Hi*«. Du blickst auf deine Hände, schwarzer Dreck kauert unter deinen Nägeln. Du kratzt weiße Farbe von der verschmierten Dose neben dir, verreibst sie zwischen den Fingern. Die Farbe wird flüssig, sie kriecht ... nein, Unsinn. Der Fahrtwind rupft an deinen Haaren und weckt dich aus deinem Tagtraum.

Das ist echt. Du bist in Tonga.

Du bist weit weg von allem.

Und du bist glücklich.

Oberbayern

OLYMPIA BAVARIA

Fingerhakeln und Goaßlschnalzen? Pah, Kräfte kann man auch ganz anders messen: Baumstämme kugeln, Fichtenstämme durchhacken und Baumscheiben abschneiden. Forstdreikampf in Ohlstadt.

Von Karin Lochner

Ich bin wenige Kilometer von Ohlstadt entfernt aufgewachsen. Bei einem Besuch daheim lese ich in der Lokalzeitung von einem Wettbewerb, der als »Forstdreikampf« angekündigt wird. Noch nie hatte ich davon gehört. Fingerhakeln und Goaßlschnalzen kenne ich, auch bei Ochsenrennen oder Fischerstechen hatte ich schon zugeschaut. Aber Forstdreikampf?

Die Veranstaltung ist am Vorabend des Gaujugendtages und so eine Art Warm-Up für eine ganze Festwoche in Ohlstadt, mit Bierzelt, Karussell, Buden und Festgottesdienst.

Da muss ich hin!

Ich leihe mir von meiner Mutter ein Dirndl, das sie sich von ihrem ersten Lehrgeld hat nähen lassen. Das Kleid ist fünf Jahre älter als ich und passt, die Schürze auch.

Von der Decke des Festzelts in Ohlstadt hängen blau-weiße Fahnen. Die Musikanten von der Kapelle D'Näbeloch Buam scherzen auf der Bühne miteinander, ordnen ihre Notenständer und nehmen freudig die vollen Maßkrüge entgegen, die der Trompeter bringt. Draußen, wo die Schiffsschaukel, die Schießbude und der Stand mit den gebrannten Mandeln aufgebaut sind, zeigt das Thermometer um sechs Uhr abends noch siebenundzwanzig Grad Celsius. Immer mehr Besucher strömen ins Zelt. Es scheint das gesamte Dorf zu kommen, um der Gaudi beizuwohnen. Alle haben Trachten angelegt.

Auf der Bühne liegen Baumstämme in unterschiedlicher Dicke, fein säuberlich nummeriert. Manche mit Zurrgurten befestigt. Links hängt eine Bayernfahne, rechts eine elektronische Tafel für die Zeitmessung. Darunter, an einem Pult mit Laptop, das gestrenge Kampfgericht, lauter ehemalige Sieger des Wettbewerbs. Das dreiköpfige Team beaufsichtigt mit wachsamen Augen das Einhalten der Wettkampfbestimmungen. Die teilnehmenden Männer mit ihren ausgeprägten Bizeps- und Trizepsmuskeln prüfen ihre Äxte, Hacken und Sägen. Hier und da wird auf die Werkzeuge noch ein wenig Öl gespritzt. Die prachtvollen Sägen und Äxte sind der ganze Stolz ihrer Besitzer. Ich schaue gebannt auf die Gerätschaften, die in einem anderen Kontext einen Waffenschein erfordern könnten. Freudige Spannung liegt in der Luft.

Der Ablauf wird nun am Mikrofon von einem Moderator erklärt: Zehn Zweierteams treten zur Kraftprobe an. Es gilt, einen unförmigen Baumstamm mit einer Art Kralle von einem Ende der Bühne zum anderen zu bewegen, einen Fichtenrundling mit achtzehn Zentimeter Durchmesser durchzuhacken und anschließend mit der »Wiagsog« (Fachbegriff »Hobelzahnsäge«) eine Fichtenscheibe (»Radl«) abzuschneiden. Der Ansager auf der Bühne erklärt die Regeln. Der Gamsbart auf seinem Hut zittert resolut.

Ich frage mich, ob die Tradition des Forstdreikampfs bis in die Jungsteinzeit zurückreicht und die besagten Regeln jahrhundertealter Überlieferung zugrunde liegen.

Kaum mehr als ein Wimpernschlag in der bayerischen Geschichte. Blicken wir der Wahrheit ins Auge, den beiden Hauptgründen für diesen Wettbewerb: Die jungen Burschen wollen ihre Kräfte messen. Wie überall auf der Welt. Und das Dorf will ein Fest. Hier können sich Liebschaften anbahnen, die Alten schwärmen von vergangenen Zeiten, das Bier fließt in Strömen, gegen Morgengrauen kommt vielleicht eine kleine Schlägerei auf.

Erste Disziplin: Baumrollen

Die Kapelle betritt die Bühne, noch schnell ein paar Runden
auf dem Tanzboden gedreht! Bald fliegen hier nicht mehr
Dirndlröcke, sondern Späne.

Ein unförmiger Baumstamm wird schweißtreibend über die zehn Meter breite Bühne manövriert. Jetzt leuchtet mir der dramatisch weite Abstand zwischen Bühne und Publikum ein. Sehr untypisch für bayerische Bierzelte. Doch falls die Kontrolle über das eiernde Ungetüm verloren gehen sollte, könnte es polternd von der Bühne fallen.

Niemand muss nach Timbuktu oder Hinterindien reisen, um Handwerk ohne Elektrizität, rohe Manneskraft außerhalb eines Fitnessstudios und brachiale Wucht erleben zu dürfen.

Doch Achtung, warnt die Frau des Kandidaten, der sich gerade auf der Bühne abmüht. Sie stellt sich als Ottilie vor und sieht, dass mein Dirndl zwar echt ist, ich selbst aber ahnungslos bin. Mit angestrengtem Gesicht hat ihr Gatte Sepp das Ende der etwa zehn Meter langen Bahn fest im Blick. Die stolze Gattin doziert verschwörerisch wie ein Profitrainer: Muskelkräfte allein nützen hier nichts. Jahrelange Erfahrung im Umgang mit einem »Sapie« hingegen schon. Einem was? Einer Mischung aus Hammer und Wendehaken, wie er bei Männern zum Einsatz kommt, die noch selber im Wald arbeiten und nicht ihr Brennholz im Baumarkt kaufen, erklärt sie.

Ob Zufall oder dramaturgisch geschickt eingefädelt: Das Baumkugeln ist der perfekte Einstieg, um uns Zuschauern einzuheizen. Wir feuern die Akteure auf der Bühne an. »Hop hop hop!« Es ist Spannung pur, ob der rumpelige Koloss aus der imaginären Spur kullert oder geschmeidig den direkten Weg hinüber zum aufgeregt wartenden Partner findet. Wir klatschen, bis wir unsere heißen Handinnenflächen an den Gläsern mit frisch gezapftem Bier kühlen müssen.

Zweite Disziplin: Hacken

*Unter Keuchen und Hecheln fliegen die Späne bei
der nächsten Runde wieder meterweit. Zwei Männer
hacken um die Wette. Wie in vergangenen Glanzzeiten
einer naiven Kultur.*

Nach dem Baumkugeln dürfen die beiden Wettkämpfer zeitgleich mit
der zweiten Disziplin weitermachen, dem Durchhacken eines Fichtenstammes. Wie wirkt der sonderbare Brauch auf Außenstehende?
Ich blinzel, und Ottilie sagt:

»Egal! Es gibt eh keine Fremden hier, außer euch!«

Meine beiden Freunde, beide Fotografen, gehen in Deckung. Sogar
auf den Tischen der Zuschauer landen Bruchstücke der Fichte. Manches Kind hält ein Stück Holz stolz wie eine Trophäe in die Höhe. Beim
Anfeuern sind auf der Bühne oben alle Favoriten, und unten an den
Bierbänken alle Fans. Rivalitäten sind nicht zu spüren.

»Hauts nei!«, brüllt ein vielstimmiger Chor. Es sind so viele Väter,
Söhne, Ehemänner, Cousins, Schwager, Vereinskameraden dabei, dass
es unentwegt einen Kandidaten zum lautstarken Antreiben gibt. Die
Gesichter der Zuschauer sind so rot wie die der Akteure auf der Bühne.
Mein Dirndl klebt mir am Leib, als würde ich selbst im Akkord sägen
und hacken. Ich muss ohne Unterlass Radler nachbestellen.

Ottilie stellt klar: Das sei keineswegs wie bei den »Stihl Timbersports
Shows«, wo die Männer sich an weichem amerikanischen Pappelholz
vergehen. Sie rümpft ein wenig die Nase. Heute und hier stehen nur
harte, einheimische Fichtenstämme zur Verfügung. Regional, saisonal, ehrlich. Aha, sage ich und versuche unauffällig, »Stihl Timbersports« unter der Bierzeltgarnitur auf dem Smartphone zu googeln. Es
kommen sofort haufenweise Links zu YouTube-Videos mit Motorsägen. Ich probiere das Googeln auch zum Thema Forstdreikampf.

Nur eine einzige Meldung: »Der örtliche Trachtenverein richtet den Bayerischen Forstdreikampf am 4.7. in Ohlstadt aus.« Sonst nichts. Auf Wikipedia gibt es auch keinen Eintrag. Ich stecke das Smartphone weg. Schließlich bin ich mittendrin und muss nur die Augen öffnen, statt auf dem Handy rumzuwischen.

Baumstämme und scharfe Handsägen – analoger geht es nicht. Hier wird nicht geliked, sondern angefeuert, bis die Stimme heiser ist. Hier wird niemand eingeladen, einen Link zu teilen, sondern sein Bier. Hier gibt es keine Freundschaftsanfragen zu beantworten, man klopft sich auf die Schulter. So wie Ottilie es jetzt bei mir tut, weil ich die nächste Runde Radler übernehme. Ich bin mittlerweile im Kreis der Ehegattinnen gelandet. Es wird über die Gepflogenheiten der Szene fachgesimpelt. Selbstverständlich schließe auch ich mich der Meinung an, dass die »Stihl Show« nur geckenhafte Effekthascherei ist. Jawohl.

Pappelholz ist was für Warmduscher.

Sepp, Ottilies Gatte, stolpert glücklich und nass geschwitzt von der Bühne. Er und sein Partner haben eine hervorragende Zeit vorgelegt. Ottilie reicht ihm ein Tuch zum Gesichtabwischen.

Dritte Disziplin: Sägen

Alles ist echt, der Schweiß, das splitternde Fichtenholz und die vielen Späne. Unser Johlen begleitet die Naturgewalten auf der Bühne.

Nach dem Baumkugeln und dem Hacken ist das »Wiagsog«-Schneiden der letzte der drei Wettbewerbe, der virtuos in Szene gesetzt wird. So eine Stimmung muss 1974 in Kinshasa gewesen sein, als sich Ali und Foreman den *Rumble in the Jungle* lieferten.

Mit einer heute nicht mehr gebräuchlichen Säge in Wiegeform, der »Wiagsog«, muss zum Ende des Wettbewerbs eine ordentliche Scheibe des Fichtenstamms abgesägt werden. Sobald sie zu Boden fällt, wird die Zeit gestoppt. Mit dieser Sägetechnik haben Männer im gesamten Alpenraum über Jahrhunderte Bäume gefällt.

Die bäuerlich-regionalen Traditionen bewegen mich. Ebenso, wie leidenschaftlich die Besucher im Festzelt miteifern. Ich sinniere, wie wohl das karge Leben in der rauen Natur in vormoderner Zeit vonstatten gegangen sein mag. Wer seine Werkzeuge so gut beherrschte wie die Burschen auf der Bühne, hatte zweifelsohne einen Wettbewerbsvorteil bei den Dorfschönheiten. Als Hochzeitskandidat oder zumindest beim Fensterln. Die »Wiagsog«, also die Wiegesäge, ist das eindruckvollste Werkzeug des Abends und eine Reminiszenz an alte Zeiten.

Heute werden Bäume mit Motorsägen gefällt. Nur noch wenige Spezialisten, wie ältere Waldarbeiter, wissen um die Geheimnisse der Wiegesägen und ihrer »Schneidegeometrie«, dieser kunstvoll geschliffenen, gefährlich scharfen Werkzeuge. Jeder, der heute in Ohlstadt antritt, hat solch ein historisches Schneidegerät in Familienbesitz und pflegt es achtsam. Der Forstdreikampf ist daher auch eine Möglichkeit, das Wissen der Vorfahren am Leben zu erhalten und in die Gegenwart hinüberzuretten.

Keiner fälle im 21. Jahrhundert in unseren Breitengraden noch Bäume von Hand, und doch sei es gut, diese Technik zu beherrschen, findet Markus Michl, der dieses Jahr bereits an Josephi, am 19. März, in Reutberg einen anderen Forstdreikampf gewann. Er zwinkert schelmisch. Der größte Vorteil sei es ohnehin, sein Einkommen nicht bei einem Bürojob zu verdienen. Die antretenden Rivalen sind alle in Branchen tätig, die eher als tatkräftig zu bezeichnen sind, wie Metzger, Spengler, Zimmerer.

Markus Michl, genannt »Kusl«, bezeichnet seine Mitstreiter als »gwoitdadig«, Bayerisch für gewalttätig. Es ist keineswegs negativ gemeint, eher ein Qualitätsmerkmal. Man kennt sich. Manch einer stand, wie Markus Michl, schon bei einem anderen Wettbewerb auf dem Treppchen oder gewann beim Fingerhakeln. Was alle verbindet: Diese Männer sorgen daheim immer für genug Kaminholz für den Kachelofen.

Meistersäger-Siegerehrung

1 Minute und 12,89 Sekunden. »Das war das Adrenalin«, erklärt Sepp glücklich seufzend.

Sieger des Abends werden Jakob Miller aus Leibersberg und Sepp Finsterwalder aus Aidling, Letzterer der Ehegatte von Ottilie. Die Gewinner sind das erste Mal bei dem Wettkampf dabei. Stolzer könnte auch ein Bundesliga-Aufsteiger nicht sein, der gleich in der ersten Saison die Meisterschale erringt.

»Das war das Adrenalin,« erklärt Sepp glücklich seufzend den Erfolg.

Kusl, heute Dritter, hingegen stellt klar, dass auch er und sein Partner Anteil am Sieg haben:»In unserer Halle haben sie trainiert, des san unsere Lehrbuam!«

Neben einer Urkunde erhält jeder Teilnehmer einen der gestifteten Preise, nimmt sich der Reihe und seinem – im wahren Wortsinn – Abschneiden nach das, was ihm am attraktivsten erscheint: Bergschuhe, Werkzeuge, eine Hausbank, eine Kinderwiege und vieles mehr.

Und was suchen sich die Gewinner des ersten Platzes aus? Die Motorsägen.

Geh weiter, Sepp! Ottilie hatte so sehnsuchtsvoll auf die Kinderwiege geschielt. Sie nimmt es mit Humor, dass der Gewinn nicht gerade nach ihrem Geschmack ist. Am besten gefallen hat ihr an dem ganzen Abend ohnehin, wie fleißig und schnell die Männer zwischen den

Runden immer die Bühne sauber gefegt haben. Nicht ein Fitzelchen hätten die übersehen. Dabei dachte sie immer, Männer, die putzen, verstoßen gegen die Naturgesetze.

Als die Biergläser sich das letzte Mal leeren, sind das Spektakel und die euphorische Party im Zelt so plötzlich vorbei, wie sie rauschhaft begonnen hatten. Insider feiern jetzt in der Bar am Ende des Festzelts weiter, wo der nicht verheiratete bayerische Gentleman seiner Angebeteten einen Cocktail spendiert. Oder zwei. Die Bar gehört zum Festzelt wie die Wadlstrümpfe zur Lederhose. Wer allerdings morgen beim Trachtenzug eine gute Figur machen oder als Ministrant beim Festgottesdienst dem Pfarrer den Messwein reichen muss, geht jetzt lieber heim. Zwar wird das gesamte Dorf beim Festzug mitmarschieren. Jedoch werden bei den Barbesuchern Schattierungen körperlicher Fitnessdefizite sichtbar sein – von leicht verknittert bis maximal verkatert.

Ich muss mich mehrmals zwicken, um mich zu vergewissern, dass heute in Ohlstadt tatsächlich etwas stattgefunden hat, an dessen Ende zwei Meistersäger auf dem Siegerpodest standen. In einer sehr, sehr kurzen Zeitspanne wurde zehn Mal ein Baumungeheuer über die Bühne hin- und hergeschleift, zwanzig Fichtenstämme blitzschnell durchgehackt und zehn Baumscheiben mit einem Werkzeug abgeschnitten, das es lange schon nicht mehr zu kaufen gibt. Sehr viel Brennholz ist dabei entstanden. Alles ohne Elektrizität, Benzin oder einen Motor.

Ich brauch noch ein Radler. Oder noch besser, einen Cocktail an der Bar. Ich muss morgen ja auch nicht beim Trachtenumzug mitmarschieren. Oder doch? Ich frag mal Ottilie.

Indonesien
SURFING BALI

Verletzungen, bei denen Blut floss, konnte ich bis jetzt an einer Hand abzählen, und sie liegen über fünfzehn Jahre zurück. Doch jetzt ist das Loch in meinem Kopf nicht harmlos. Jetzt fließt wirklich Blut. Und ich bin an einem Strand auf Bali.

Von Gesa Neitzel

»Kannst du kurz hier warten? Ich muss noch schnell pinkeln«, sagt der junge Balinese, der mich ins Krankenhaus fahren soll. Ich nicke benommen und ziehe meine Shorts über die nasse Bikinihose. Den Knopf kriege ich nicht zu, meine Hände zittern zu sehr. Sie sind voller Blut. Ein Anblick, der mir nicht vertraut ist.

Wie das passieren konnte? Keine Ahnung, ehrlich. In einem Moment werfe ich mich und mein Surfboard in die Welle am Balangan Beach auf Bali, im nächsten werde ich von ihr erfasst – im übernächsten spüre ich einen brennenden Schmerz am Hinterkopf. Das Surfboard ist mir auf den Kopf geknallt. Nicht weiter schlimm, denke ich noch, passiert andauernd. Ich schwinge mich also wieder aufs Board, bereit für die nächste Welle. Nur beiläufig fasse ich mir dann aber doch an den Kopf, so, als wollte ich sichergehen, dass mir kein Vogel draufgekackt hat.

Erst als ich das Blut sehe, verdünnt mit Salzwasser in meiner Hand, bin ich nicht mehr eins mit dem Meer, sondern kämpfe dagegen an. Ich muss hier raus, muss zum Strand, herrje, wahrscheinlich sogar ins Krankenhaus! Ich paddele unkoordiniert, versuche verzweifelt, zum Strand zu gelangen. Wasser prallt in Schüben hart gegen meinen Rücken und zieht mich jedes Mal wieder raus ins Meer. Mein Surfbrett reißt an der Leine wie ein wild gewordener Hund. Endlich eilt mein Surflehrer zu Hilfe, nimmt mir das Brett ab und untersucht meinen Kopf, die Gischt spült um unsere Beine. Ich muss mich hinsetzen, damit er gucken kann, bin ich doch ganze zwei Köpfe größer als er.

»Das muss genäht werden«, sagt er. Alle Umstehenden starren mich an, und ich versuche doch tatsächlich, mir ein Lächeln abzuringen.

»Mein Freund hier fährt dich zum Arzt!«, redet mein Surflehrer weiter und deutet auf einen halbstarken Burschen, der sich schnell ein Shirt überwirft – mein Helfer in der Not.

Während der nun auf dem Weg zum Parkplatz kurz im Busch verschwindet, stolpere ich den steinigen Hügel hinab, wo der 68er-VW-

Bus parkt, mit dem ich zum Strand gekommen bin. »Nein, nein, hier lang!«, ruft mein Helfer, knüpft sich die Hose zu und deutet auf ein Moped, das im Schatten einer Palme parkt. »Das ist mein Roller!«, sagt er stolz.

Die Gedanken, die mir jetzt durch den Kopf gehen, sind erstaunlich klar, wenn man bedenkt, dass mir vor wenigen Minuten ein Surfbrett auf den Kopf geknallt ist:

Soll ich auf sein Moped steigen? Oder doch auf einen Krankenwagen bestehen? Gibt es hier überhaupt Krankenwagen? Vielleicht kann ich ein Taxi rufen? Aber das wird ewig brauchen, bis es hier ist. Wie schlimm ist meine Verletzung wirklich? Aua, schlimm genug! Okay. Hat er überhaupt einen Helm dabei?

Nein, hat er nicht. Trotzdem startet er jetzt den Motor, und ich soll hinten drauf. Ein stechender Schmerz fährt mir durch den Kopf, ich springe auf, sende ein Stoßgebet gen Himmel. Gott, wenn du mich hier heil rausbringst, verspreche ich dir, dass ich diesen Blödsinn in Zukunft sein lasse! Und ich weiß genau, was ich mit »diesem Blödsinn« meine. Seit einer ganzen Weile schon. Ich meine diesen Blödsinn, mich selbst finden zu wollen, indem ich in fremde Länder reise, von deren Sprache und Kultur ich keine Ahnung habe. Diesen Blödsinn, mich austesten zu wollen in Situationen, denen ich nicht gewachsen bin. Diesen Blödsinn, vor meinem Leben davonzulaufen und flüchtige Begegnungen zu feiern, anstatt langfristige Beziehungen aufzubauen.

So bin ich auch hier gelandet, in einem Surfcamp auf Bali, wo ich »den Traum« leben wollte. Welchen Traum? Na, den Traum! Den Traum, den wir alle haben, an schlechten Tagen, wenn wir in einem grauen Büro vor unserem Computer sitzen und anfangen, Bilder vom Paradies zu googeln. Dann träumen wir davon, einfach abzuhauen, auszubrechen aus der Routine, ein neues Leben anzufangen, surfen, tauchen oder segeln zu lernen und dort zu arbeiten, wo andere Urlaub machen. Diesem Traum tatsächlich nachgeben, das machen die wenigsten – was wohl der Grund dafür ist, dass mich viele meiner Freunde für mutig halten. »Du hast alles richtig gemacht«, höre ich häufig.

Pustekuchen. Nichts an dieser Situation ist richtig. Alles ist so verkehrt, wie es nur verkehrt sein kann. Ich war noch nie ernsthaft verletzt. Ich war noch nie in der Notaufnahme. Und jetzt bin ich schnurstracks auf dem Weg dorthin, auf dem Rücken eines rostigen Rollers, den ein balinesischer Surferboy durch die chaotischen Straßen steuert, während mein Blut auf sein weißes Shirt tropft. Tatsächlich formuliere ich genau diesen Satz in genau diesem Moment, bastele in Gedanken schon an der Story, die dieses Erlebnis einmal werden wird. Und ich erinnere mich an einen Unfall, der letzte Woche passiert ist. Einer der Surflehrer war von einem Roller genau wie diesem hier gestürzt und hatte sich dabei den Kiefer gebrochen und sechs Zähne ausgeschlagen. Er landete in einem lokalen Krankenhaus, und die hygienischen Zustände, die dort herrschten, waren so bedenklich wie die auf einem öffentlichen Klo am Bahnhof Zoo. Davor habe ich Angst.

Mein Helfer (ich kenne immer noch nicht seinen Namen) parkt jetzt den Roller in der Einfahrt eines Kiosks. Wenn das hier das Krankenhaus ist, möchte ich lieber gleich sterben, denke ich. Und ein Krankenhaus ist es auch nicht, aber eine Arztpraxis. Wir gehen rein, und ich denke sogar daran, mir die Schuhe an der Türschwelle auszuziehen. Mein Helfer spricht auf Indonesisch mit einer Dame in Weiß, die mir dann gestikuliert, mich auf eine Liege zu setzen. Dann folgt der Moment, in dem ich nicht mehr anders kann: Ich fange bitterlich an zu weinen, als sich die Ärztin über mich beugt, meinen Kopf begutachtet und dann mit weit aufgerissenen Augen ihren eigenen schüttelt. Und auch wenn ich ihre Sprache nicht verstehe, verstehe ich doch, was sie sagt: »Ach du Scheiße! Nee, nee, nee, da kann ich nix machen. Die muss sofort in ein richtiges Krankenhaus.«

Mir ist schwindelig. Ich habe nicht die Kraft, auf einen Krankenwagen oder zumindest auf ein Taxi zu bestehen. Die wilde Fahrt geht also weiter. Meine Tränen trocknen im Fahrtwind, hinterlassen salzige

Schlieren auf der Haut. Ich kralle mich fester ans weiße Shirt, will nur noch nach Hause. Aber das geht jetzt nicht.

Über dem Eingang steht »Emergency Room« – es ist ein westliches Krankenhaus. Drinnen spricht man trotzdem nur gebrochen Englisch, mein Helfer übersetzt. Dann geht alles ganz schnell. Im Handumdrehen liege ich auf einem Operationstisch, der nur durch dünne Vorhänge vom nächsten getrennt ist. Eine Krankenschwester rollt ein Metalltischchen mit medizinischem Instrument um die Ecke, ich werfe einen Blick drauf, sieht relativ sauber aus, aber was weiß ich schon? Dann schiebt man mir ein Formular unter die Nase, das meine Unterschrift verlangt und in etwa Folgendes besagt: »Wir wissen zu diesem Zeitpunkt nicht genau, was die OP kostet, aber wenn Sie wollen, dass wir weitermachen, dann müssen Sie jetzt unterschreiben.«

Ich zögere. Aber was habe ich schon für eine Wahl? Ein anderes Krankenhaus aufsuchen? Wer weiß, wie weit das weg ist, und wahrscheinlich machen die das dort genauso. Und mal ehrlich – wie teuer kann's schon werden? Ich unterschreibe also, und die Krankenschwester wirft mir flink ein grünes Operationsdeckchen über den Kopf, der nun seitlich auf dem Tisch liegt. Mein Helfer steht neben mir, hält meine Hand, Wasser tropft noch immer von seiner Badehose. Er unterhält sich mit dem Arzt, dessen Füße ich sehen kann, weiße Plastikpantoffeln. Die beiden scherzen und lachen, ich spüre ein Brennen, rieche Alkohol. Ich weiß wirklich nicht, was daran witzig sein soll.

Der Arzt presst mit seinen Händen meinen Kopf, setzt die Nadel an. Das Unangenehme daran, wenn dir der Kopf genäht wird, ist die Tatsache, dass du den Faden hörst, wie er durch deine Kopfhaut gezogen wird. Ich spüre die Nadel, wie sie die beiden Hautfetzen wieder zusammennäht.

Stich eins. Ach, so fühlt sich das also an.

Stich zwei. Hoffentlich müssen die mir nicht den Kopf rasieren.

Stich drei. AUA! Hätte ich nicht eigentlich eine Narkose kriegen müssen?

248

Stich vier. *VIER* Stiche?! Wirklich? Na, Gott sei Dank kann keiner die Narbe sehen.

Stich fünf. Heilige Scheiße! Wann ist das endlich vorbei?

Mein Helfer tätschelt mir die Schulter. »Yeah! Du hast es geschafft. Geht's dir gut?«

»Ich will rauchen«, sage ich, obwohl ich doch gar nicht mehr rauche.

»Aber nicht hier drin«, antwortet er und lacht. Ich setze mich vorsichtig auf, das Kopfkissen ist blutdurchtränkt, aber alle meine Haare sind noch dran. Hallelujah!

Und dann fällt's mir endlich ein: »Ich weiß nicht mal deinen Namen …«, sage ich und lächele schwach.

»Ich heiße Samo. Und wie heißt du überhaupt?«

»Gesa. Freut mich, dich kennenzulernen, Samo. Du bist ein echter Lebensretter.«

Und was wie eine Liebesgeschichte beginnt, endet schließlich mit einer Krankenhausrechnung von zwei Millionen Rupien, Schmerztabletten für die nächsten Tage und einer geteilten Zigarette vor der Tür, die mir nicht schmeckt.

Samo besteht noch darauf, mich mit dem Roller nach Hause zu fahren, aber dieses Mal nehme ich ein Taxi.

Für heute hatte ich wirklich genug Abenteuer.

Iran

COUCHSURFING BEI DEN MULLAHS

Es ist offiziell verboten. Trotzdem reise ich couchsurfend durch den Iran und lerne dabei ein Land kennen, das so gar nicht zum Bild des Schurkenstaates passt.

Von Stephan Orth

Gib mir jenen Wein, den alten,
Der dem Landmann Kraft verleiht,
Denn ich will mit neuem Saume
Zieren mir des Lebens Kleid.

Mach mich trunken und entfremde
Mich der Welt, auf dass ich dann
Dieser Welt verborgne Dinge
Dir berichte, edler Mann!

Sofia sitzt in einem Café des Basars und liest auf Deutsch Trinkverse des persischen Dichters Hafis vor. Sie wohnt in Isfahan, mitten im Iran, wir haben uns über das Internet kennengelernt. Sofia lernt Deutsch und war total begeistert, als ich ein Reclam-Buch mit der Übersetzung einiger berühmter persischer Gedichte anschleppte.

> »Auf dass ich dann dieser Welt
> verborgne Dinge dir berichte.«

Dieser Satz könnte genauso das Motto meiner Iranreise sein: Im April und Mai 2014 war ich für zwei Monate dort unterwegs, um herauszufinden, wie es wirklich zugeht in der Islamischen Republik, jenseits der verbreiteten Klischees und Vorurteile. Dabei hatte ich eine Mission: Ich wollte ein bisschen selbst zum Iraner werden, obwohl ich mit hellen Haaren und blauen Augen herausteche wie ein Zebra im Pferdestall. Mithilfe der Couchsurfing-Webseite wohnte ich bei den Einheimischen, guckte hinter verschlossene Türen und lernte ein Land kennen, in dem das Doppelleben bei jungen Leuten Normalität ist. In der Öffentlichkeit wird das Kopftuch getragen, offiziell ist jeder gläubiger Muslim. Doch im Privaten sieht das Leben häufig ganz anders aus, dort wird gefeiert, getrunken und über Religion gelästert.

Bei Sofia habe ich nicht gewohnt, sie hat mich zu einem männlichen Freund weitervermittelt. Das wäre ihr dann doch zu gewagt gewesen, einen Mann bei sich zu Hause aufzunehmen. Offiziell ist Couchsurfing im Iran verboten – zumindest so, wie es gehandhabt wird. Wer privat bei Menschen unterkommt, muss sich laut Gesetz innerhalb von vierundzwanzig Stunden bei der örtlichen Polizei registrieren – was aber keiner macht. Oft musste ich mich heimlich zur Tür reinschleichen, wenn ich sicher sein konnte, dass kein Nachbar zuguckt. Obwohl Ärger mit der Staatsgewalt droht, gibt es im Iran inzwischen mehr als 25 000 Couchsurfing-Mitglieder, jeden Tag werden es mehr.

Man spürt ein enormes Interesse am Leben im Westen.

Auch die Frage »Was denkst du über den Iran?« wird immer wieder gestellt.

Schon nach wenigen Tagen unterwegs konnte ich darauf ohne Übertreibung antworten: Der Iran ist eines der wunderbarsten Reiseländer der Welt. Und ein Land, das zugleich verzaubert und wütend macht.

Es verzaubert, weil es magische Orte gibt wie Yazd, Shiraz oder Isfahan und wunderbare Natur. Und weil die Herzlichkeit der Menschen weltweit einzigartig ist. Es macht wütend, weil es den Bürgern eine Staatsreligion aufzwingt, ohne ihnen eine freie Wahl zu lassen. Weil es den jungen Leuten zu wenig Chancen eröffnet, etwas aus sich zu machen. Weil es ein wohlhabendes Land ist, mit gigantischen Öl- und Gasvorkommen, aber viele Menschen nichts von dem Reichtum abkriegen. Sie sind wie Cassim in der Schatzhöhle in *Ali Baba und die vierzig Räuber*: umgeben von Reichtümern, aber gefangen.

Sofia zeigt mir ihre Stadt. Isfahan ist berühmt für den riesigen Naqsh-e-Jahan-Platz im Zentrum und für seine historischen Brücken über den Zayandeh Rud, den »Fluss des Lebens«. Doch derzeit ist er ein toter Fluss ohne einen Tropfen Wasser. Ein Wüstenstreifen, der die Stadt durchschneidet. Am gegenüberliegenden Ufer kann ich ein paar

Dutzend Tretboote mit Schwanenkopf-Galionsfiguren ausmachen, die auf dem trockenen Flussbett stehen.

»Die Regierung hat das Wasser umgeleitet, keiner weiß genau, warum«, sagt Sofia. »Vielleicht, weil woanders Felder bewässert werden müssen. Es hat nicht viel geregnet, alles ist verdorrt. Wir wissen nicht, wann wir hier wieder Wasser haben werden.«

An einem der Ufer steht ein »*No Swimming*«-Schild wie ein schlechter Witz. Man stelle sich Paris ohne die Seine vor oder Hamburg ohne die Elbe. Grüne Parks rahmen den Fluss ein, prächtige alte Steinbrücken queren ihn, jetzt sind sie nur noch Schmuckwerk ohne praktischen Sinn: Man kann genauso gut fünf oder fünfzig Meter neben ihnen rüberspazieren.

Ob sie sich ärgert, dass das Wasser abgeknipst wurde, will ich von Sofia wissen.

»Ich denke nicht über die Regierung nach. Das belastet nur. Viele meckern den ganzen Tag, ich lebe einfach mein Leben.«

»Und die Sittenpolizei? Deine Schuhe sind ziemlich gewagt, man kann die Knöchel sehen.«

»An meinem Outfit ist einiges gewagt: die Schminke, selbst die Farbe. Aber ich arbeite als Englischlehrerin für Mädchen im Grundschulalter, und die Kinder lieben es, wenn ich bunte Umhänge trage. Nur mit dem Schulleiter habe ich manchmal Stress deswegen.«

Mit anderen Regeln ihres Landes ist sie einverstanden. Etwa, wenn es um Beziehungen zwischen Männern und Frauen geht. Sie geht nicht mehr auf Couchsurfing-Treffen, weil dort zu offensiv geflirtet wird. »Viele suchen nur nach einem Partner. Und sie versuchen, andere zum Trinken zu überreden, setzen sie unter Druck mit Sätzen wie: ›Ach, du bist keine moderne Frau.‹ Dabei ist kein Mädchen wirklich modern im Iran, du musst es nur mal zu Hause erleben.«

Ich erlebe viele Iraner und Iranerinnen zu Hause, eine bunte Mischung von Charakteren, die sich ganz unterschiedlich mit den Zwängen ihres Landes arrangieren.

Zum Beispiel Ehsan *(Name geändert)* aus dem Westen Irans, den Urahn eines früheren iranischen Herrschers, er ist passionierter Winzer. Sechshundert Liter Wein stellt er jedes Jahr her. Trocken, leichtes Brombeeraroma, ein bisschen pelzig im Abgang.

»Für jeden Liter würde ich ein Jahr Gefängnis bekommen, wenn ich erwischt werde. Das wären dann sechshundert Jahre«, erklärt er.

Zum Beispiel Elaheh, die in der heiligen Stadt Mashhad wohnt und mich spontan auf eine Bikiniparty mitnimmt. Hinter vier Meter hohen Betonmauern gehen junge Menschen in einem kleinen Pool baden. Wir trinken »Delster«-Limonade, Alkohol und Drogen haben die Organisatoren zu Hause vergessen. Die meiste Zeit sitzen wir herum, essen Melonenstücke und rauchen »Bahman«-Zigaretten. Die unschuldigste Party der Welt, doch wegen der Outfits der Mädels wären wir alle verhaftet worden, wenn uns jemand erwischt hätte.

Zum Beispiel Nasrin aus Kerman, die einen Tag bei der Arbeit schwänzt, um zwei Australier und mich in die Kaluts-Wüstenregion zu fahren. Nasrin hat vor zwei Jahren ihre Lizenz als Touristenführerin verloren, weil herauskam, dass sie regelmäßig Ausländer bei sich beherbergt. Sie macht trotzdem weiter damit. Und obwohl sie schon über zwanzig Mal in den Kaluts war, macht sie extra blau für uns – so sind die Prioritäten im Gastfreundlichkeits-Weltmeisterland Iran.

»Seid leise und redet kein Englisch auf der Straße, sonst hören euch die Nachbarn«, sagt Saeed. »Es ist verboten, Ausländer bei sich aufzunehmen.« Er steigt aus dem Auto, blickt nach rechts und links wie ein Einbrecher und schließt die Stahltür seiner Wohnung im Südwesten von Shiraz auf. Dann winkt er, schnell reinzukommen. Ich schnappe meinen Rucksack und haste durch den Eingang. Saeeds Freund, der uns mit seinem Wagen in der Innenstadt abgeholt hat, verabschiedet sich und rauscht davon in die Nacht.

Saeed ist zwanzig, Grafikdesignstudent, hat buschige Augenbrauen und ein umwerfendes Lächeln.

Und er ist absoluter Couchsurfing-Junkie.

In den letzten drei Monaten hatte er fünfundvierzig Gäste, er organisiert Treffen der Community und ist selbst ständig mit Zelt und Rucksack in seinem Heimatland unterwegs. Am liebsten per Anhalter.

Saeed hat noch einen anderen Besucher. Auf dem Teppich fläzt sich Christian aus Kolumbien, ein Mittzwanziger mit Sechstagebart, der es fertigbringt, gleichzeitig wahnsinnig müde und wahnsinnig glücklich auszusehen. Reisetrunken und straßenhigh, vor vier Monaten hat er seinen Job als Unternehmensberater gekündigt und jettet nun um die Welt. Kenia, Tansania, Äthiopien, Dschibuti, Ägypten, Türkei. Der Iran war das einzige Land auf seiner Route, bei dem ihn seine Mutter bat, alle zwei Tage Bescheid zu geben, ob er noch lebt.

»Da gibt es eine Parallele: Kolumbien hat auch einen schlechten Ruf in der Welt, jeder denkt sofort an Kokain, Drogenbosse und Verbrechen. Dabei hat das Land so viel zu bieten. Hohe Berge und Traumstrände, fantastische Natur und lebendige Städte. Aber viele haben Angst hinzufahren.«

»Ich hatte schon Gäste, die ihren Eltern ihr Reiseziel verschwiegen haben«, sagt Saeed. »Die Leute denken, im Iran wartet an jeder Ecke ein Terrorist und ständig verbrennen Demonstranten USA- und Israel-Flaggen. So ein Quatsch!« Er macht schwarzen Tee. Eine enge Küchenzelle trennt die beiden Zimmer der schlauchartigen Wohnung.

Auf Regalen liegen Muscheln aus dem Persischen Golf, ein Zauberwürfel, Jonglierbälle und eine beträchtliche Sammlung ausländischer Münzen. Cents, Pence, Lire, Rupien, Pesos. Die Haustür ist mit Alufolie blickdicht verklebt, nach hinten raus hat die Wohnung ein Fenster, das mit Pappe abgedeckt ist, und eine Tür zu einem Innenhof, verborgen hinter einem dunkelroten Vorhang. Eine typische iranische Wohnung, gesichert vor neugierigen Blicken: Von außen kann niemand erspähen, was drinnen geschieht.

»Ich erwarte jeden Tag, dass die Polizei vor meiner Tür steht wegen der ganzen Besucher«, sagt Saeed. »Ich bin darauf vorbereitet. Aber bis dahin werde ich so viele Gäste haben, wie ich will.«

Der freieste Mensch, den ich auf meiner gesamten Iranreise treffe, ist dreiundfünfzig, trägt Schnurrbart und Khakiweste und heißt Mohamed.

Erheblich besser passt der Spitzname, mit dem er seine E-Mails unterzeichnet: Funman.

Wir treffen uns vor einer Eisdiele in Abbas Abad, einer kleinen Ortschaft am Kaspischen Meer, die zum Großteil aus einer Hauptstraße mit angrenzenden Häuserreihen besteht.

»Ich liiiebe Eiscreme!«, verkündet Funman, als er mit zwei vollen Bechern von der Theke kommt: Er schreit die Worte heraus, sein Stimmorgan scheint nicht auf leise Töne ausgelegt zu sein. »Warum sind so viele Menschen unglücklich oder gestresst? Ein Eis reicht doch schon, um glücklich zu sein!«, ruft er. »Und genau das ist das Wichtigste im Leben: Spaß haben!« Wir kennen uns gerade mal eine Minute, doch schon steht die Losung für die nächsten Tage.

»Heute Abend bin ich auf einer Hochzeit eingeladen. Mein Sohn ist nicht da, willst du dafür mitkommen?« Dann mustert er mich skeptisch von Kopf bis Fuß. Nach mehr als sechs Wochen unterwegs wäre ich ein geeigneter Darsteller für eine Waschmittelwerbung. Für die »Vorher«-Bilder. »Hast du was Passendes zum Anziehen?«

Funman fährt eine weiße Honda-125er mit Gepäckcontainern aus Blech, auf die er seine Handynummer und E-Mail-Adresse geschrieben hat. Ein kontaktfreudiger Mann. Über dem Tacho hat er in einer abenteuerlichen Konstruktion mit Klebestreifen und Gepäckband ein JVC-Autoradio und eine Lautsprecherbox mit etwa zwanzig Zentimeter Durchmesser befestigt. »Damit bin ich viel gereist!«, ruft Funman. »Vorher war ich Truckfahrer. Ich habe nie in meinem Leben mehr als neunzig Tage zu Hause verbracht. Komm, mein Shop ist nicht weit weg, einfach die Straße runter bis zu dem Sonnenschirm.« Ich gehe zu Fuß, er fährt vor.

Der Shop ist eine kleine Snackbude mit Plastiktischen und Landkarten an der Wand. Funmans Frau Mahboube kocht dort Ash-Suppe in einem großen Topf, die sie in Plastiknäpfen serviert. »Auf der Hochzeit stelle ich dir ein paar Freunde vor. Und du wirst viele schöne Mädchen kennenlernen. Um neun geht's los!«, ruft Funman.

»Nein, lieber um acht«, korrigiert Mahboube mit sanfter Stimme. Sie ist sehr konservativ gekleidet und strahlt große Gelassenheit aus, größer könnte der Gegensatz zu ihm kaum sein. Ich gebe den beiden eine Packung Walnusskekse als Gastgeschenk.

»Ich liiiebe Süßigkeiten, woher wusstest du das?? Danke! Ich gebe keinem was ab!«, ist die Reaktion des Hausherrn. Weiter im O-Ton: »Willst du ins Internet? Komm, ich füge dich als Freund bei Facebook hinzu! Ich brauche Musik! Meine Frau findet, ich bin zu laut. Aaah, Radfahrer!« Er rennt raus, weil auf der Hauptstraße ein paar Sportler auf Mountainbikes vorbeikeuchen. Mein Gastgeber hat die Gemütsruhe eines Wespenschwarms, dem soeben jemand einen Stein ins Nest geschmissen hat.

»Ich liiiebe Radfahrer«, erklärt er, als er zurückkommt. »Ich bin bei *Warm Showers* angemeldet, das ist eine Plattform nur für Radler, die eine Unterkunft suchen.« Insgesamt dreihundert bis vierhundert Besucher habe er in den letzten zweieinhalb Jahren bei sich untergebracht.

Die Hochzeit im »Vazik«-Hotel ist ein rauschendes Fest mit ein paar Hundert Besuchern in Anzügen und Abendkleidern. Und einem Besucher in Jeans und schwarzem Hemd. Auf dem Parkplatz steht ein polierter weißer Hyundai mit Blumengesteck auf der Motorhaube, eine Art Pavillon führt zu einem Speisesaal und zu einem achteckigen Raum mit Tanzfläche.

Die meisten Frauen tragen keine Schleier, sondern gewagt kurze Röcke und Absätze jenseits der 10-Zentimeter-Marke. Das ist natürlich gegen die Regeln, das Brautpaar wird aber vorgesorgt haben. Mit einem Bündel Geldscheine lässt sich bei der örtlichen Polizei aushandeln, dass sich einen Abend lang keine Streife zum »Vazik« verirrt.

Davon profitiert auch eine Gruppe Männer, die an der anderen Seite des Parkplatzes an Holztischen sitzt. Funman dirigiert mich dorthin, stellt mich einigen Bekannten vor. Schon sitzen wir mittendrin, und ein junger Mann mit besonders ordentlicher Frisur und besonders feinem Anzug schenkt Rosinenschnaps ein, der nur mit »Delster«-Limonade gemischt genießbar ist.

Gruppenfotos werden gemacht, lediglich der junge Kerl mit der Flasche will nicht ins Bild. »Der ist bei der Marine«, erklärt Funman. Er hat Angst, weil ein Saufpartyfoto bei Facebook oder Instagram ihm Ärger bringen könnte.

Ein anderer kommt mit glasigen Augen
auf mich zu und küsst mich dreimal
auf die Wange.

»Ich wollte schon immer mal einen Deutschen küssen«, lallt er und hebt den Arm zum Hitlergruß, der Schwung bringt ihn fast aus dem Gleichgewicht.

»Aber ich bin nicht schwul!«

Ein Freund schiebt ihn weg: »Kümmer dich nicht um ihn, der ist verrückt.«

Die Drinks sind stark wie Benzin und von zweifelhafter Qualität, ich bin ganz froh, dass wir nach drei Schnäpsen in den Tanzraum wechseln. »Lass uns sehen, wie die junge Generation auf dich reagiert«, sagt Funman.

Sie reagiert zunächst gar nicht. Aber ich bin ganz zufrieden, einfach von einem der in Seidenstoffe gehüllten Stühle das Geschehen zu beobachten. Gerade muss das Paar allein Tango und Walzer tanzen. Der Mann ist etwa drei Köpfe größer als die Braut, sie wirkt ein bisschen verkrampft und schwitzt in ihrem vielschichtigen Hochzeitskleid. Direkt hinter mir steht der DJ, ein Typ mit Bodybuilder-Oberarmen, der ständig irgendwas ins Mikro brüllt. Die Anlage ist lauter aufgedreht als in den meisten deutschen Clubs, Funman stellt sich direkt vor die Box.

»Ich mag laute Musik!«, brüllt er. »Los, geh auf die Tanzfläche!«

Ich gehorche, schon um etwas weiter von der Box weg zu sein. Die Perser sind hervorragende Tänzer, ausgelassen fegen sie über das Parkett, strahlende Gesichter überall, ein wunderbares Fest. Die meisten Anwesenden haben mehr Anmut im kleinen Finger als ich im ganzen Körper. Stilistisch liegt der größte Unterschied im Armeinsatz: Bei Iranern gehen die Ellenbogen selten tiefer als Schulterhöhe, während Westeuropäer tendenziell die Arme anlegen. Im direkten Vergleich wirkt das wie ein Huhn bei vergeblichen Flugversuchen. Das scheint Funman genauso zu sehen: »Du tanzt nicht besonders gut«, sagt er, als ich mich nach ein paar Songs wieder hinsetze.

Einen historischen Glücksmoment bringt der Abend aber doch noch: Ein Mädchen namens Setareh sagt, sie habe gedacht, ich sei Mohameds Sohn, und erst später erkannt, dass ich Ausländer sei. Sie hat mich für einen Einheimischen gehalten!

Ich trete vor die versammelte Hochzeitsgesellschaft, bitte den DJ mit einem lässigen Wink um Ruhe, warte noch ein paar Sekunden, um die Spannung zu erhöhen. Und dann rufe ich so kennedymäßig »Ich bin ein Iraner!« ins Mikrofon.

Nein, das mache ich natürlich nicht, die rosinenverschnapste Fantasie geht mit mir durch. Aber ein Spaß wäre es gewesen.

Ecuador
OHNE GELD IN ECUADOR

*Karte rein, Karte raus. No se puede procesar su
solicitud en este momento. Ihre Anfrage kann im Moment
nicht bearbeitet werden. Karte rein, Karte raus. Egal,
wie oft ich es probiere, es kommt eine Fehlermeldung,
auf Deutsch, auf Spanisch, auf Englisch.*

Von Ariane Kovac

Ich befinde mich in Baños de Agua Santa, kurz Baños, einer ecuadorianischen Kleinstadt, und drücke eine Taste nach der anderen, um dem Automaten der »Banco de Crédito« wenigstens ein paar kleine Dollarscheine zu entlocken. Aber irgendwann bin ich doch gezwungen aufzugeben und stehe schließlich mit ein paar allerletzten Münzen auf der Plaza de Armas, dem Hauptplatz der Stadt.

Seit anderthalb Wochen bin ich nun in Ecuador unterwegs. Es ist meine erste richtige Reise in den vier Monaten, die ich bereits in Peru lebe. Über Weihnachten wollte ich mir mal das Nachbarland ansehen – und habe dabei völlig die enormen Entfernungen unterschätzt. Die vielen langen Busfahrten haben mich geschlaucht, doch dafür waren die Tage dazwischen mehr als erlebnisreich. Ich habe mich in einem Dorf im Regenwald nahe Puyo mit Maisbier beschütten und mit Essen bewerfen lassen, habe im strömenden Regen den Fischern eines Regenwalddorfes bei der Arbeit zugesehen und mir an der Küste mein Bett mit handtellergroßen Spinnen geteilt. Doch langsam ist mal gut mit Abenteuer, habe ich mir gestern noch gedacht, als ich völlig erschöpft auf dem Sofa meines Couchsurfing-Hosts lag. In Baños wollte ich mir endlich ein Hostel-Bett und vor allem etwas Ruhe gönnen.

Und jetzt das. Ohne Geld stehe ich im Irgendwo von Ecuador, ohne Heimfahrtticket in der Tasche, ohne jemanden, der mir helfen könnte. Ich setze mich auf eine Bank, ganz ruhig, mein Kopf ist leer. Dass ich ein bisschen verloren aussehe, scheint offensichtlich zu sein. Ein paar deutsche Touristinnen setzen sich zu mir und erzählen von ihrer Tour auf den nahe gelegenen Vulkan Tungurahua. Ich nehme alles nur durch einen Schleier wahr.

Meine Erlebnisse der letzten Tage unterscheiden sich so sehr von organisierten Reisetouren, dass ich gar nicht weiß, wo ich anfangen soll zu erzählen. Schon jetzt wird mir klar, dass ich lange brauchen werde, um alle Begegnungen und Eindrücke meiner kurzen Zeit in Ecuador zu verarbeiten. Schließlich fasse ich mir ein Herz und erzähle von dem Problem mit meiner Kreditkarte. Die jungen Frauen schenken mir einen Apfel und ein paar Brote, damit ich wenigstens nicht verhungere. Eine nette Geste, aber meine eigene Situation kommt mir dadurch noch absurder, noch ausgloser vor.

Gut, dass ich ohnehin viel couchsurfe auf meiner Reise. So besitze ich bereits die Adresse einer Hare-Krishna-Gemeinde in der Nähe von Baños in meinem Notizbuch. Eine Anfrage, ob ich dort kostenlos übernachten könnte, hatte ich schon geschrieben. Genauer weiß ich jedoch nicht, was mich dort erwartet. Mit Hippies und Mantras kann ich generell eher wenig anfangen. Ich hatte mich dort bloß gemeldet, weil die Anlage auf den Fotos im Internet hübsch aussah. Mitten im Regenwald säumten kleine Tempelchen und Statuen einen Wasserfall – das wirkte auf mich wie ein Ort, an dem man nach einer so stressigen Reise auch mal die Füße hochlegen und Entspannung finden kann. Auf Neugier oder die Lust auf eine Oase zwischen Backpacker-Unterkünften und unbequemen Sofas kommt es nun allerdings nicht mehr an, ich brauche schlicht einen Platz für die Nacht.

Von Baños aus nehme ich einen Bus und anschließend ein Taxi. Ich investiere fast vier Dollar, ganz schön viel, wenn man nur noch zwanzig in der Tasche hat und nicht weiß, wann sich das Kontoproblem löst. Meinem *Couch Request* wurde noch zugestimmt von einem gewissen Daniel, das hatte ich vor ein paar Tagen im Internetcafé gesehen. Trotzdem scheint mich niemand zu erwarten, als ich ankomme.

Ein paar Leute sitzen herum, lockere Hippie-Kleidung, lange Haare, Dreadlocks und Bärte neben einigen Glatzköpfen. Ich frage zaghaft, stelle mich vor und fühle mich dabei nur noch verlorener. Ach ja, der, der früher das mit dem Couchsurfing organisiert hat, der ist gar nicht mehr hier, antwortet einer stirnrunzelnd. Übernachten kann ich hier trotzdem, der Chef – einer von den Glatzköpfen – zeigt mir eine Hütte, die richtig schön aussieht. Ich freue mich jetzt schon, die Umgebung ist wunderbar, überall grünt es, und die Gärten sind hübsch angelegt. Wohin man sieht, gibt es etwas zu bestaunen. Auf dem Gelände stehen mehrere Tempel, die genau so aussehen, wie ich sie mir vorgestellt habe, ausgelegt mit weichen Matten und bunten Tüchern, überall geschmückt mit goldenen Statuen. Der kleine Wasserfall, den ich schon auf den Fotos so hübsch fand, liegt im Garten, die Steine rundherum sind bunt bemalt. Alles hat eine sehr friedliche Atmosphäre. Ich bin für so etwas sonst wenig empfänglich, aber bereits kurz nach meiner Ankunft habe ich das Gefühl, hier könnte sogar ich meditieren.

Ich esse mit den Bewohnern zu Abend, es gibt vegane, leider beinahe ungenießbare Kost. Schöner ist das Zusammensitzen mit den Leuten, nicht alles wirklich fest Gläubige, auch einige, die sich das Leben dort ansehen und als Freiwillige im Haus mitarbeiten. Nach dem Essen wird das Hare-Krishna-Mantra gesungen, ich finde das ganz schön absurd und muss mein Grinsen unterdrücken. Nun gut, das könnte ich mir dann doch nicht vorstellen. Für mich wirkt es merkwürdig deplatziert, auch hier zwischen Tempeln und Gebetsfahnen. »*Hare Krishna, Krishna Krishna, Hare Hare ...*« Ich frage mich, ob die meisten, die mitsingen, überhaupt wissen, was das alles bedeutet. Für mich ist das Lied einfach eine willkürliche Aneinanderreihung von Begriffen und Namen.

Täglich muss man als Hare Krishna dieses Lied eintausendsiebenhundertachtundzwanzigmal singen, sechzehn Runden auf einer Gebetskette mit einhundertundacht Perlen. Das dauert etwa zwei Stunden und soll die Gläubigen durch die monotone Wiederholung in eine Art bewusstseinsentleerenden, meditativen Zustand versetzen.

Später sitze ich allein mit dem Chef an einem Tisch, er legt mir eine Preisliste vor. Eine Übernachtung in einer der Hütten koste fünfundzwanzig Dollar, einen Preis von zwölf Dollar, also eine Ersparnis um die Hälfte, könnten wir machen, wenn ich bereit dazu wäre, tagsüber viereinhalb Stunden bei der ökologischen Landwirtschaft zu helfen. Ich bin ganz schön perplex, erkläre noch einmal das Prinzip von Couchsurfing und dass mir von Daniel zugesichert wurde, ich könne hier übernachten, ohne zu bezahlen. Beziehungsweise, dass ich mit

263

einer Lebensgemeinschaft gerechnet hatte, die Couchsurfer aufnimmt, anstatt mit einem Hotel. Auf Daniel scheint der Chef nicht gut zu sprechen zu sein, von Couchsurfing hält er auch nicht viel, damit haben sie nichts mehr zu tun.

Ich ringe mich dazu durch, ihm von meiner etwas peinlichen Situation zu erzählen, eigentlich möchte ich nicht betteln. Ich erzähle von dem Automaten in Baños und davon, dass sich über die Weihnachtsfeiertage wohl eine Überweisung verspätet haben muss. Es ist mir wirklich unangenehm, vor allem, da der Glatzkopf mich nun eigentlich nicht mehr wegschicken kann. Um diese Uhrzeit komme ich schließlich aus dem kleinen Dorf, in dem sich die Öko-Finca befindet, gar nicht mehr fort, so spät fahren keine Busse mehr mitten im Regenwald. Noch dazu hat es angefangen, wie aus Kübeln zu regnen. Eine Achtzehnjährige ins Ungewisse zu schicken, hinaus in den Regen, ohne Schlafplatz oder Orientierung, das bringt dann auch der ziemlich wirtschaftlich denkende Krishna nicht übers Herz.

Wir nehmen eine Plane gegen den Regen und eine Lampe mit, und er zeigt mir meinen nun zugedachten Schlafplatz in einer Hütte, die etwas abseits steht und in der länger nicht mehr geputzt wurde. Das einzige Möbelstück ist ein schmales Stockbett, das in einer Ecke steht. Ich sehe mich schon nachts vor lauter Angst vor Spinnen, Kakerlaken und anderem Getier kein Auge zumachen, bin aber dennoch dankbar, ein Bett für die Nacht zu haben. Couchsurfing hat mich vielleicht ein bisschen verwöhnt, ich erwarte inzwischen wohl zu selbstverständlich, dass Leute ihre Türen für einen öffnen, wenn man Hilfe braucht. Ich möchte den Krishnas noch eine Chance geben, schließlich ist es auch verständlich, dass sie niemanden kostenlos dort hinlassen, wofür andere Geld zahlen müssen.

Es ist noch nicht ganz Zeit zum Schlafengehen, doch fast alle anderen sind verschwunden. Ich unterhalte mich noch ein bisschen mit dem Chef. Der Regen prasselt laut auf das Schilfdach, die Kerze auf dem Tisch flackert, Käfer krabbeln über die Tischdecke, eine Katze streicht maunzend um die Stühle herum. Der etwa vierzigjährige Mann sitzt in seinem Stuhl, in seinem Gesicht krabbelt eine Fliege, ein Käfer läuft sein Hemd hoch und verschwindet im Ausschnitt, doch er verzieht keine Miene. Respekt vor allem Leben gehört zur Religion der Krishnas, deshalb gibt es nur vegane Nahrung, bekomme ich erklärt. Warum erschlagen die Menschen Fliegen und Mücken?! Diese hätten schließlich das gleiche Recht auf Leben wie alle anderen Lebewesen.

Ich muss an meine Schlafhütte denken und lachen. »Wenn ich heute Nacht eine Spinne sehe, werde ich der aber nicht so ruhig begegnen«, kündige ich an.

Der Krishna lächelt mich an und sagt weise: »Das ist dann eine Sache zwischen dir, der Spinne und dem Karma.«

Als ich wieder zu Hause bin, lerne ich noch mehr über die Religion, zum Beispiel, dass es verboten ist, Rauschmittel zu sich zu nehmen, auch Geschlechtsverkehr ist nur zur Zeugung von Kindern erlaubt, und dann nur, wenn diese später anhand der Krishna-Religion aufgezogen werden. Es bleibt mir suspekt, wie eine Religion mit derart festen Regeln und veralteten Ansichten zu einem Anziehungspunkt für Hippies und Freigeister werden kann.

Die Finca im Regenwald stellt sich den Gästen jedoch zumindest auf den ersten Blick so dar, wie diese es wollen und erwarten: Regenwald, Yoga, bunte Tempel, veganes Essen, ein bisschen Entspannung und Meditation, ein bisschen Abschalten vom Alltag und als Freiwillige auf der Öko-Farm etwas Gutes tun. Dafür zahlt man dann auch gerne mal doppelt so viel wie für ein Hostel, und das, obwohl man die Hälfte des Tages arbeiten muss.

Das alles weiß ich jedoch noch nicht, als ich dort im Bett liege. Ich weiß nur, dass ich am nächsten Tag schnell weitermuss, denn wenn ich nicht nach dem Frühstück verschwinde, werden mir die Übernachtungskosten in Rechnung gestellt. Obwohl die Leute nett sind, werden klare Grenzen gezogen, wenn es ums Geld geht. Ich fühle mich daher eher wie ein Eindringling als wie ein Gast und frage mich, ob der Respekt gegenüber allem Leben bei den Hare Krishnas nur Spinnen und Schaben gilt oder auch Leuten, die Hilfe nötig haben. Als der Regen in meiner Hütte wieder auf das Dach zu prasseln beginnt, herrscht in mir ein komisches Gefühlschaos aus Leere und Geborgenheit. Dies führt dazu, wieder einmal aufs Neue gelernt zu haben, dass das Universum in sich doch irgendwie gut ist und Hilfe dann kommt, wenn man sie braucht, dass Menschen einem gut gesinnt sind und einen unterstützen und dass es immer, immer einen Ausweg gibt, egal, wie blöd die Situation ist, in der man steckt – dafür hat sich der Ausflug zu den Hare Krishnas gelohnt, denke ich und fühle mich fast selbst ein bisschen spirituell.

Auf Reisen muss man oft Momente der Angst erleben, doch noch viel intensiver sind die Erinnerungen an den Moment, an dem alles gut ausgegangen ist, an dem die Welt einen aus freiem Fall aufgefangen und sanft zurück auf die Erde gesetzt hat, und solche Momente gibt es unterwegs immer wieder.

Ich höre in mir wieder das Hare-Krishna-Lied, darunter reihen sich meine Gedanken ein, und alles vermischt sich mit dem Regen, der pausenlos und monoton auf das Holzdach prasselt, und irgendwann ist all die Aufregung des Tages vergessen, und ich schlafe ein.

TEIL III

INNERE STIMMEN

Berlin

FERNWEH – EIN KRANKHEITSBILD

Ich habe chronisches Fernweh. Wirklich, kaum zurück von einer Reise, könnte ich direkt wieder los. Mich hält hier nicht viel. Dafür habe ich gesorgt, wenn auch nicht bewusst.

Von Gesa Neitzel

Die Ursachen

Mir war nicht klar, was es bedeuten würde, ein Großstadtleben zu führen, bevor ich nach Berlin zog. Mir war nicht klar, dass ich mit dem Verzicht auf ein Studium auch auf die Möglichkeit verzichten würde, Wurzeln in dieser Erde zu schlagen. Mir war nicht klar, wie meine Langzeitreisen das Bedürfnis nach einem routinierten Arbeitsleben von neun Uhr früh bis fünf Uhr nachmittags, von Montag bis Freitag, von jetzt bis zur Rente auslöschen würden. Mir war nicht klar, wie merkwürdig es sein würde, nach jeder dieser Reisen wieder einen Alltag aufzubauen. Mir war nicht klar, dass ich anfangen würde, mir Fragen über diese Welt zu stellen. Fragen, deren Antworten da draußen gesucht werden wollen. Mir war nicht klar, dass ich mich irgendwann in geschlossenen Räumen nicht mehr wohlfühlen würde und dass mich das Unterwegssein so prägen würde, dass ich nun nicht mehr still stehen kann. Aber jetzt isses so. Ich habe chronisches Fernweh.

Ich vermisse die Freiheit und die Wildnis und das Abenteuer.

Die Symptome

Es ist für mich undenkbar geworden, für den Rest meines Lebens unter der Woche einen Bürojob auszuüben, an den Wochenenden auszuspannen und nur im zweiwöchigen Urlaub mein Fernweh zu lindern. Nein, lange wird das nicht mehr gut gehen. Die Symptome sind längst chronisch geworden. Nur eine dauerhafte Luftveränderung kann noch Heilung versprechen.

Fernweh-Symptome: Herzrasen. Schwerer Atem. Langeweile. Unmut. Pläne schmieden. In die Ferne schweifender Blick. Hibbelige Füße. Zu viel Energie.

Die Auswirkungen

Also reise und reise und reise ich. Und schmiede Pläne und lasse den Blick in die Ferne schweifen und kriege hibbelige Füße, kaum dass die wieder unterm Bürotisch feststecken. Gleichzeitig merke ich aber, dass ich so nicht mehr allzu lange weitermachen will. Allein und ankerlos durch die Welt zu ziehen und zwischendurch die Tage bis zum nächsten Abflug zu zählen – das war doch nie der Plan. Wenn überhaupt, dann war ich doch immer unterwegs, um einen Platz zu finden, an dem ich bleiben möchte. Ich habe Fernweh, aber eigentlich habe ich Heimweh.

Ich wünsche mir für immer den Wind in den Haaren, die Sonne auf der Haut und den wilden Geruch von Freiheit in der Nase.

Die Behandlung

Mit fortgeschrittenem Krankheitsverlauf nimmt mein Fernweh andere Formen an. Reisen nur um des Reisens willen ist mir längst nicht mehr genug. Schließlich hat jede noch so lange Selbstsuche irgendwann mal ein Ende. Doch es gibt ja genug andere gute Gründe, hinaus in die Welt zu ziehen. Das Fernweh werde ich wohl nicht mehr los. Darum wird es höchste Zeit, einen Weg zu finden, mich mit meiner Krankheit zu arrangieren. Und ich glaube, ich weiß endlich, wie. Ich weiß endlich, wie ich meine Geschichte erzählen möchte.

Natürlich habe ich noch keine Ahnung, was in den kommenden Kapiteln genau passieren wird. Aber ich habe genug Vertrauen in mich selbst und in die Fügung, um mich auf die nächsten Seiten freuen zu können. Mein Leben wird vielleicht nie wieder so spannend sein wie jetzt. Und exakt die Tatsache, nicht zu wissen, wohin die Reise führt, ist mein größter Ansporn weiterzuziehen und es herauszufinden.

Heimkehr
DAS ENDE EINER REISE

*Eineinhalb Jahre leben aus dem Rucksack, immer in Bewegung.
Kurz vor dem Ende unserer großen Reise erkennen wir:
Die Rückkehr macht uns mehr Angst als der Aufbruch.*

Von Aylin Berktas und Stefan Krieger

Zurück in Deutschland. Eineinhalb Jahre sind wir gereist. Ununterbrochen. Wir kehren voller Eindrücke zurück. Haben gemeinsam Höhen und Tiefen des Reiselebens durchlaufen. Wir pflegten einen Lebensstil, der sich radikal unterschied von unserem Leben vor der Reise, das von Routine geprägt und von unseren Jobs dominiert war. Eineinhalb Jahre schrieben wir regelmäßig Reiseberichte, versuchten zu reflektieren und auch dem ganzen Gefühlscocktail des Langzeitreisens Ausdruck zu verleihen. Jetzt sind wir wieder daheim. In der Regel enden Reiseberichte dort, wo die Reise aufhört. Doch diesmal nicht.

Die Reise ist eine Zäsur. Es gibt nun ein Vorher und ein Nachher. Und alles dazwischen.

Gerade jetzt, finden wir, tun sich doch die spannendsten Fragen auf. Hat uns die Reise verändert? Was hat sie uns gelehrt? Worauf freuen wir uns jetzt? Wovor haben wir Angst? Was bedeuten für uns eigentlich die Begriffe »Fernweh« und »Heimat«, mit denen in Reiseberichten so gerne jongliert wird?

Reisen ist ja zunächst ein recht vages Konzept: Verschiedene Menschen reisen aus verschiedenen Gründen, etwa um kulturelle Erfahrungen zu machen oder um sich zu erholen. Erst aus dieser individuellen Motivation heraus wird das Reisen zur sinnvollen Handlung. Viele Fernreisende spüren gerne dem größtmöglichen Gegensatz zum Vertrauten nach.

Stefan: *Mich treibt vor allem eines an, der Abgleich der Realität mit meinen eigenen Wirklichkeitsvorstellungen. Immer wieder auf dieser Reise widerlegten neue Erfahrungen die vorherrschenden Bilder in meinem Kopf. Natürlich war meine Motivation auch, an dieser Reise persönlich zu wachsen. Die Idee: Mich auf unbekanntem Terrain zu beweisen und dadurch Grenzen zu verschieben.*

Unser Reiserhythmus war wie wir: unstet. Mal sind wir schnell gereist, zeitweise aber auch extrem langsam. Im Vorfeld legten wir nur eine grobe Route für die ersten Monate fest, was sich als glücklicher

Schachzug herausstellte. So standen wir praktisch schon mit einem Bein in Indien, als wir, einem spontanen Instinkt folgend, kurzerhand nach Nepal abdrehten. Es stellte sich heraus, dass das Reisen für uns sehr viel mit gelebter Freiheit zu tun hat. Die unbegrenzte Selbstbestimmung und vor niemandem die eigenen Entscheidungen rechtfertigen zu müssen, machte unser Projekt Weltreise so reizvoll.

Langzeitreisen werden oft zu Selbstfindungstrips hochstilisiert, was auf unsere Reisemotivation nicht zutraf. Klar, wir wollten unseren Horizont erweitern. Wir wollten schlichtweg mehr Dinge wissen und können als vorher. Allerdings mussten wir kein traumatisches Ereignis verarbeiten oder uns auf die Suche nach der eigenen Identität begeben.

> Wir waren vor der Reise schon
> glückliche Menschen und sind es
> jetzt immer noch.

Trotzdem tat sich plötzlich unheimlich viel Zeit vor uns auf, als wir quasi über Nacht raus waren aus der viel zitierten Tretmühle. Diese gewonnene Zeit war ein echter Segen. Nach und nach wurden wir ruhiger, gelassener, als wir begriffen, dass wir tatsächlich keine äußeren Zwänge mehr hatten. Die freie Zeit eröffnete plötzlich auch Freiräume im Kopf. So entstanden und wuchsen neue Hobbys, wir philosophierten stundenlang über dieses und jenes.

Stefan: *Als wir die Reise planten, hatte ich spektakuläre Bilder vor Augen, wir am Traumstrand, wir im Hochgebirge, wir im Dschungel. Ich war hoch motiviert, wollte einfach alles machen, alles erleben, alles aufsaugen. Das ist ja auch erst einmal relativ normal. Grenzenlose Vorfreude auf diese, so dachte ich damals, »Once-in-a-lifetime«-Erfahrung. Klar, ich hatte es vorher nicht vollkommen ausgeblendet, doch während der Reise wurde immer klarer: Niemand schlägt sich die ganze Zeit durch den Dschungel oder stapft im Schneesturm im Gebirge umher.*

Viel Zeit verwendeten wir auf alltägliche Dinge. Besorgten uns was zu essen, suchten eine Wäscherei oder »gingen kurz ins Internet«.

Es liegt ja in der Natur des Reisens und ist dennoch eine erwähnenswerte Erkenntnis: die stete Fortbewegung wirft immer wieder sehr grundlegende Fragen auf.

Wo schlafe ich? Was esse ich? Wem kann ich vertrauen?

Stefan: *Kombiniert mit der Tatsache, dass die rein geografische Orientierung parallel erfolgen muss, kostet das mehr Kraft, als mir vorher bewusst war. Sowohl die Abstinenz von Routine als auch von Vertrautem unterschätzte ich.*

Wenn jeder Tag anders ist, wenn es keine festen Strukturen im Leben gibt, kann das sehr ermüdend sein. Mit zunehmender Reisedauer schufen wir, eigentlich unbewusst, kleine Oasen der Beständigkeit: Filme auf dem PC schauen, selber kochen, lange Kaffee trinken, schreiben.

Stefan: *Was mir zunehmend schwerfiel: Weiterzuziehen, wenn gerade etwas Schönes entsteht; sei es eine Freundschaft, eine Lieblingsbar oder wenn ich meinen Rhythmus in einer neuen Umgebung gefunden hatte. Mit zunehmender Reisedauer verlor ich die Lust, ständig wieder bei null anzufangen. Auch wenn die Menschen, die wir kennenlernten, noch so nett waren – ich sehnte mich nach denen, die mich schon kennen, bei denen ich an etwas anknüpfen kann, eine gemeinsame Geschichte teile.*

Stefan: Erkenntnisse

*Was bleibt von einer Reise? Und gibt es sie überhaupt,
die ganz großen Reiseerkenntnisse?*

Es ist schwer, zu sagen, welche Persönlichkeitsentwicklungen auf die Reise zurückzuführen sind. Wir wären ja (hoffentlich) in unserer Entwicklung nicht einfach stehen geblieben, wenn wir die letzten eineinhalb Jahre in Deutschland verbracht hätten. Man gewinnt ja »auch so« stetig an Lebenserfahrung. Auf einer Langzeitreise bewegt man sich allerdings auf einem dafür besonders fruchtbaren Nährboden. Deshalb haben wir in diesem Kapitel ein paar Erkenntnisse zusammengetragen, die nur während dieser Reise möglich waren. Eins vorweg: Es gab so viele Erkenntnisse, dass man sie unmöglich alle zusammentragen kann. Je mehr wir reisten, umso größer und umso reicher wurde die Welt. Wir haben vor allem gelernt, dass es noch viel zu lernen für uns gibt.

Die gesellschaftliche Erkenntnis oder: Endlich normale Probleme

Als Angehörige der westeuropäischen Wohlstandsgesellschaft haben wir in unserem Alltag mit eher abstrakten Schwierigkeiten zu kämpfen. Wie kann ich die Zahlen im Meeting verantworten? Hol ich mir einen Mac oder einen PC? Lohnt sich die Getränkeflat im Fitnessstudio? So ungefähr – grob vereinfacht gesagt.

Auf Reisen ist man gezwungen, sich mit echten, realen Problemen oder Bedrohungen auseinanderzusetzen. Ist mir mein Gegenüber wohlgesonnen? Wie verständige ich mich, wenn keiner meine Sprache spricht? Wie reagiere ich, wenn mich jemand überfällt? Beißen mich in diesem Bett Wanzen? Man ist oft, vor allem unbewusst, damit beschäftigt, Antworten auf solche Fragen zu finden.

Genau an diesem Punkt kommen viele Erkenntnisse zusammen. Zum einen ist es bemerkenswert, wie weit unsere vertraute Gesellschaft zu Hause entfernt ist von natürlichen, realen Herausforderungen, die die Menschen anderswo beschäftigen. Man hat Kenntnisse in Excel, jedoch keine Ahnung, wie man überlebt, wenn eine Meute aggressiver Straßenhunde auf einen zurennt. Zum anderen liegt grundsätzlich viel Aufregung darin, sich auf welche Art auch immer derart ursprünglichen Herausforderungen zu stellen. Vor allem, wenn man unsicher wird, gewisse Situationen schwer »lesen« kann, weil man in der Kultur fremd ist. Hier entstehen genau die Geschichten, die man rückblickend am spannendsten findet, die auch die Intensität einer Reise maßgeblich prägen.

»Wir liefen bereits zwei Stunden durch die Dunkelheit, offensichtlich hatten wir uns verlaufen, als ein Auto dicht an uns heranfuhr. Der Fahrer bot uns an einzusteigen, doch wir konnten schwer einschätzen, wie vertrauenswürdig er war.« So etwas erzählt man sich noch Jahre später. »Wir nahmen die Fähre zur Liberty Island. Die Freiheitsstatue sah beeindruckend aus«, löst dagegen kaum Emotionen aus. Ist es nicht irre, dass die Randnotizen, die vom Scheitern, von Bedrohungen und von Unsicherheit erzählen, spannender sind als jene Erlebnisse, wegen deren wir die Reise überhaupt angetreten hatten?

Die traurige Erkenntnis
oder: In der Fremde ist man selbst der Fremde

Als Reisender bewegt man sich immer in einem Vakuum. Ganz gleich, wie gut die Vorbereitung auf das Reiseland war, wie viel Reiseliteratur vorher studiert wurde, man wird immer als Fremder wahrgenommen und dementsprechend anders behandelt. Das ist zunächst nicht schlimm, und zum Glück wurden wir überall auf der Welt warmherzig und offen empfangen. Letztlich ist jedoch die reifste Erkenntnis, die man nach dem Besuch einer fremden Kultur erlangen kann, oft die der eigenen Unwissenheit. Man kann beobachten, sich unterhalten, sich »ein Bild« von der Lage machen. Doch bleibt man ein Betrachter von außen und interpretiert lediglich aus dem eigenen Erfahrungsschatz, der eigenen Sozialisation und damit aus der eigenen Beschränktheit heraus. Aussagen wie »Die Menschen hier sind total glücklich, obwohl sie so wenig besitzen« halte ich für sehr gewagt. Es gibt Ethnologen, die jahrelange Forschungsaufenthalte in fremden Kulturen nahezu ergebnislos abbrachen, da sie als Fremde keinen echten Zugang fanden.

Die Selbsterkenntnis
oder: Wir mögen Äpfel, Birnen und exotische Früchte

Das Internet ist voll von Reisetypologien. Es scheint, als sollte sich jeder irgendwo zuordnen, sobald er aufbricht. Backpacker? Flashpacker? Couchsurfer? Pauschaltourist? Aussteiger? (Digitaler) Nomade? Es gibt Menschen, die lassen sich das Wort »Tourist« nicht gefallen, sondern sind immer nur Reisende.

Ein bisschen verstehe ich das. Natürlich will derjenige, der enormen Aufwand betreibt und an seine eigenen Grenzen geht, um eine fremde Kultur kennenzulernen, nicht mit dem bequemen Pauschaltouristen verglichen werden. Das sind ja auch wirklich Äpfel und Birnen. Allerdings, und das ist eine entscheidende Erkenntnis: Die Bereitschaft, während dieser Reise in jede der oben genannten Rollen irgendwann einmal zu schlüpfen, hat diese wirklich bereichert. Monotonie ist nie inspirierend, und der Ausbruch aus einer Routine kann sogar beim Reisen eine durchaus beflügelnde Wirkung haben. Manchmal hatten wir Lust auf Äpfel, manchmal auf Birnen und manchmal sogar auf ganz exotische Früchte.

Die kulturelle Erkenntnis
oder: Zeit ist nicht immer Geld

Es ist der grundsätzliche Umgang mit Zeit, der überall neu erlernt werden muss. In fast jedem Land wird anders mit Zeit umgegangen, wir haben allerdings festgestellt, dass fast nirgends so schnell gelebt wird wie in Deutschland. Der Klassiker: die Bushaltestelle und minutengenaue Fahrpläne. In Indonesien steckten wir einmal zwei Tage in einem Städtchen namens Pare Pare fest, weil sich nicht ermitteln ließ, wann ein Bus abfuhr. Die Ironie: Wir saßen an diesen zwei Tagen mit den Beamten der Verkehrsbehörde zusammen, die uns nicht helfen konnten. Dafür kochten sie für uns, riefen Bekannte an, die sich zu uns gesellten, offensichtlich genossen alle die Anwesenheit zweier Exoten, Fotos wurden geschossen. Als Tag eins sich dem Ende neigte, trotteten wir mit unseren Rucksäcken zurück in die Unterkunft. Die Beamten gaben uns noch die Empfehlung mit auf den Weg, wir sollten am nächsten Tag besser an der Hauptstraße stehen, manchmal habe der Busfahrer keine Lust, zum Busbahnhof zu fahren.

Aus Deutschland ist man es gewohnt, Anerkennung dafür zu bekommen, besonders beschäftigt zu sein. Selbst kleinste Zeitfenster müssen sinnvoll ausgefüllt werden.

Time is money?

Einfach nur nichts zu machen, Zeit zu verschwenden, ist nicht gerade respektabel. In vielen Ländern auf unserer Reise war das genau umgekehrt: Jener, der sich zu viel Arbeit aufhalst, der keine Zeit für Gespräche, seine Familie oder Erholung aufbringt, ist doch ein bemitleidenswerter Sonderling. Unseren Tag in der Verkehrsbehörde werten wir (mittlerweile) nicht als verlorenen Tag: Wir saßen doch mit netten Leuten zusammen, hatten Zeit für Gespräche und aßen gemeinsam.

Wer ständig über Zeitmangel klagt und sich über jede freie Minute freut, wird das vielleicht zunächst schwer nachvollziehen können. Aber auch zu viel Zeit zu haben kann sich unter Umständen belastend anfühlen. Eine Langzeitreise ist ja zunächst einmal nur ein riesiger leerer Zeitraum, den man selbst mit Aktivitäten füllen muss. Man ist ständig damit beschäftigt, sich neue Reiseziele, Aktivitäten und Aufgaben zu suchen. Dabei keine Fristen zu haben hat uns manchmal zu Trägheit verführt. Immer, wenn wir unendlich Zeit hatten, verlernten wir, diese zu schätzen. Manchmal schien es daher sinnvoll, uns selbst Ziele zu setzen und künstliche Zeitlimits einzubauen. Als wir unseren Rückflug gebucht hatten, sind wir plötzlich wieder wesentlich zackiger unterwegs gewesen und haben unsere Tage sehr bewusst eingeteilt. Die Zeit hatte plötzlich wieder einen Wert.

Aylin: Wir haben keine Angst. Oder?

»Man muss vor nichts im Leben Angst haben,
wenn man seine eigene Angst versteht.«

Marie Curie

Große Augen. In Falten gelegte Stirn. Und dann: »Mensch, du bist ja mutig!« So oder ähnlich reagierten viele, als ich verkündete, dass ich meinen Job kündigte, um anschließend auf Weltreise zu gehen. Das sagt natürlich viel mehr über die jeweilige Person aus als über mich. Meistens würde dann noch ein »Ich würde das ja gern auch mal machen, ABER ...« hinterhergeschoben, und dieser Konjunktiv verwies dann wahlweise auf Jobsicherheit, abzuzahlendes Eigentum, Versicherungen, die Rente, das wenige Geld (gern von Leuten, deren Einkommen definitiv über dem bundesdeutschen Durchschnittseinkommen liegt), die gängigen Verpflichtungen, die Gefahren im Ausland und und und. Ganz gleich, was dem ABER folgte – bricht man die Aussagen herunter, dann lag ihnen doch immer Angst zugrunde. Und ich fragte mich: Bin ich tatsächlich mutig, ohne es selber zu wissen?

Rückblick: Tatort Küchentisch

Das Jahr 2012 neigt sich dem Ende, Weihnachten steht vor der Tür. Es ist Sonntagabend, das Wochenende ging wieder zu schnell vorbei. Stefan sitzt am Küchentisch und schnippelt Zucchini, während ich den Abwasch erledige, damit wir den *Tatort* schauen können.

»Wollen wir denn nun in Hamburg bleiben?« Diese Frage steht schon länger im Raum. Meinen ersten Job nach der Uni trat ich vor einem Jahr an. Stefan arbeitet schon seit über zwei Jahren. »Und was ist mit der Wohnung? Wenn wir uns irgendwo niederlassen, wäre ein Balkon super.« Unsere Studentenbude ist gemütlich, aber mittlerweile leben wir schon seit vier Jahren auf dreiundvierzig Quadratmetern. Dazu gesellen sich Fragen der beruflichen Weiterentwicklung, Lebensplanung und der ganze Kram, der zum »vernünftigen« Erwachsenenleben dazugehört. Wir sind schließlich keine zwanzig mehr. Irgendwann drängt sich dann die Frage aller Fragen zwischen Zucchini und Abwasch: »Wann machen wir dann noch unsere Reise?« Hm. Grübeln. Wir teilen diesen vagen Wunsch, irgendwann mal auf eine große Reise zu gehen, ohne Endtermin, mit Neugier im Gepäck, aber ohne fixen Plan. Rasch ist klar, jetzt und nicht irgendwann ist der beste Zeitpunkt. Oder eben nie.

Meine Eltern finden sich ziemlich schnell mit meinen eigensinnigen Plänen ab, die zukünftigen Exkollegen gewöhnen sich an den mich ersetzenden Kollegen, unser weniges Hab und Gut verschwindet in blauen Säcken. Bestätigungen über Kündigungen flattern ins Haus, der Vorratsschrank wird leer. Und ich habe: keine Angst. Die Abnabelung von allem Fixem, von Verträgen, Materiellem, von Mitgliedschaften und Abos, ist ein freudiger, erwartungsvoller Prozess. In dieser Phase – es war passenderweise ein überaus angenehmer Hamburger Sommer – war nur Raum für Vorfreude, für Neugierde, für Aufbruchstimmung und Euphorie.

Während mir die Entscheidung für diese Reise recht leichtfiel, merkte ich erst unterwegs, was meinen unfreiwilligen Mut erforderte: zurückzukehren.

Und da hatte ich sie also entdeckt – meine Angst.

Es ist kein ganz unbekannter Gefährte, dieses hässliche Gefühl von Zukunftssorge und Orientierungslosigkeit. Es kam bereits während meines Studiums herangeschlichen, vielleicht ein Symptom meiner Generation: der Fragenden, der Suchenden, der Desillusionierten und trotzdem optimistisch Hoffenden. Immer auf dem Grat zwischen arbeitsmarktorientiertem, verwertbarem Wissen und selbstverwirklichendem Neigungsstudium changierend, suchte ich die Antwort auf die Frage: Was will ich eigentlich mit mir anstellen? Mit all den Wahlmöglichkeiten, mit der unsere flexible, digitale, globalisierte Welt zumindest einem Teil unserer Generation die Türe öffnet, entstehen eben auch Entscheidungszwänge.

Die Selbstverwirklichung, das große Heilsversprechen unserer Zeit, zeigt sich im ewigen Konjunktiv: hätte, könnte, würde ...

Und da liegt der Hund begraben: Jede Entscheidung schließt immer andere Möglichkeiten aus. Der Betriebswirt nennt dies die Opportunitätskosten, und mich machen diese in regelmäßigen Abständen – gelinde gesagt – nervös bis verzweifelt.

Zurück zur Angst, die mich nun also einholte. Während vor der Reise zumindest feststand, was wir machen wollten – reisen, fotografieren, schreiben, leben –, war die Rückkehr lange Zeit ein unbestimmter, geheimnisvoller, verschwommener Zukunftszustand, den es nun zu befüllen galt. *Carpe diem* habe ich in den vergangenen eineinhalb Jahren ziemlich erfolgreich gelebt. Man könnte etwas pessimistischer sagen: Ich habe die Zukunft erfolgreich aufgeschoben. Das Ende der Reise bedeutet auch das Ansteuern von neuen Ufern. Der große, weiße, leer stehende Raum Zukunft liegt direkt hinter dem Frankfurter Flughafen.

Ich stehe also wieder auf Los, sitze an einem gedeckten Tisch voller Möglichkeiten, Optionen und appetitlich angerichteten Versprechen unserer Zeit. Doch das ist nicht allein Kern des Unbehagens. Es ist eine viel tiefer gehende, grundlegende Furcht, die sich meist nur schleierhaft zeigt. Ist die beste Zeit meines Lebens jetzt vorbei?

Ist das also die Urangst, der Kern, warum mir Zurückkehren tatsächlich Angst macht?

Das größte Abenteuer

Vielleicht ist das Zurückkommen in die Heimat das größte Wagnis der gesamten Reise. Doch: was bedeutet Heimat überhaupt?

»Heimat. Im allgemeinen Sprachgebrauch ist Heimat zunächst auf den Ort (auch als Landschaft verstanden) bezogen, in den der Mensch hineingeboren wird, wo die frühen Sozialisationserlebnisse stattfinden, die weithin Identität, Charakter, Mentalität, Einstellungen und schließlich auch Weltauffassungen prägen.«

Brockhaus, 1989

Was ist Heimat? Es gibt unzählige Definitionsversuche, doch am Ende bleibt der Begriff »Heimat« individuell auslegbar. Wir erinnern uns noch genau an das Gefühl, als wir unsere Wohnungstür abschlossen, die Rucksäcke gefüllt mit süßer Vorfreude und garniert mit einer kleinen Haube Melancholie. Waren doch die vergangenen Wochen voll Sonnenschein und lauen Sommerabenden, Picknicks auf der Wiese, rasanten Fahrradfahrten durch die wuselige Großstadt, Beisammensein mit lieben Menschen gewesen. Auf Wiedersehen, Hamburg. Auf Wiedersehen, Heimat?

Auf dieser Reise erlebten wir auch Phasen der Müdigkeit, der Trägheit, und beschlossen des Öfteren zu bleiben. Der Annäherung an ein Heimatgefühl wegen. Doch wahre Heimat, kann es diese überhaupt mehrfach geben?

Ist Heimat ein Ort, ein Zustand oder eine bloße Emotion? Oder alles gleichzeitig?

Stefan: Bei all den verschiedenen Definitionen – ich glaube, dies kann zweifelsfrei gesagt werden: Heimat ist individuell. Heimat ist existenziell. Heimat ist subjektiv.

Für den einen mag Heimat ein konkreter Ort sein, da, wo man geboren wurde, da, wo die Lieblingsrutsche steht und es den Kiosk mit Gummibonbons gibt (ihr wisst schon, die Kirschen, die giftgrünen sauren Schlangen, die weiß-rosa Schaumpilze). Für andere ist Heimat an Menschen geknüpft. Heimat, das ist die Familie, das sind die Freunde. Heimat ist auch ein Ort der Vergangenheit, denn speist sich nicht das Heimatgefühl aus (schönen) Erinnerungen? Und wiederum, ist Heimat vielleicht auch ganz banal da, wo das eigene Bett steht, dort, wo Routine, Alltag, Gewohnheit, entlastende Stabilität in unseren bewegten Zeiten existieren? Wie auch immer man nun Heimat definiert, sie ist ein wichtiger Teil unserer Existenz. Ein Bezugspunkt, der hilft, sich zu orientieren in einer Welt, die immer größer und kleiner zugleich wird.

Stefan: Ich brauche Heimat. Um fortgehen zu können. Um heimzukehren. Vor der Rückkehr habe ich meine Reisemütze zurückgelassen. Es war ein symbolischer Akt. Die Reise ist vorbei, und die Herausforderungen in naher Zukunft werden sich drastisch von denen unserer Reise unterscheiden. Jeden Morgen hatte ich sie aufgesetzt, um mich vor allzu aggressiver Sonnenstrahlung zu schützen. Das wird im deutschen Winter jetzt erst einmal nicht nötig sein. Ich werde sie wohl durch eine Wollmütze ersetzen müssen.

Und genau das symbolisiert das Zurücklassen der Mütze auch: Man sollte nie zu lange an Vergangenem festhalten. Unser Blick richtet sich jetzt schon in eine ungewisse, spannende Zukunft.

Auch wenn sich die Mütze immer noch in Santiago de Chile befindet – mitgenommen haben wir unendlich viel: Erinnerungen. Neue Passionen. Die Bestätigung, dass wir mit weniger mehr haben. Das Wissen, das die Welt noch viel größer ist, als wir es vorher erahnten. Und letzten Endes: neue Ziele.

Jetzt heißt es jedoch: ankommen.

Und das ist ein neues Kapitel für sich.

Ostfriesische Inseln

MEIN LIEBESBRIEF AN LANGEOOG

Zum ersten Date musste man mich noch zwingen.
Umgehauen hast Du mich bereits am zweiten Abend.
Was meinst Du, Langeoog: Eine Fernbeziehung?
Wollen wir es versuchen?

Von Johanna Stöckl

Kaum zu glauben. Vierzehn Stunden Anreise. Und trotzdem werde ich meine Heimat nicht verlassen. Man muss nur im Süden des Landes, in meinem Fall München, starten. Und nach ganz oben, in den Norden fahren. Das Verrückte ist: Ich schenke dieser Reise im Vorfeld deutlich weniger Beachtung als anderen Trips. Der Grund ist so simpel wie banal: Weil ich nicht ins Ausland fahre, sondern in Deutschland bleibe. Mein Ziel ist die kleine ostfriesische Insel Langeoog.

Erwartungen? Halten sich – das muss man in meinem Fall wörtlich nehmen – in Grenzen. Eigentlich ist das ungerecht. Fahre ich beispielsweise nur für ein paar Tage an den Gardasee – er ist ab München in knapp vier Stunden zu erreichen –, stellt sich eine deutlich größere Vorfreude ein. Ich reise schließlich ins Trentino. Über die Grenze eben, nach Italien. Andere Sprache, köstliches Essen, feiner Wein und so.

Grenzen? Wie absurd. Es gibt sie nicht mehr im vereinigten Europa. Und dennoch übt das Übertreten dieser eine gewisse Faszination aus. Als würde dahinter das große Fremde, das ewig Unbekannte auf mich warten. Umgekehrt: Bewege ich mich innerhalb meiner Grenzen, in meiner Heimat also, mangelt es mir ganz offenkundig an Fantasie und Neugier.

Im ICE nach Hannover sitzend, wird mir bewusst, wie wenig ich von Deutschland kenne. Ingolstadt, Nürnberg, Würzburg, Fulda, Kassel, Göttingen. In Nürnberg war ich mehrmals im Fußballstadion. Immerhin. Würzburg? Wie hübsch diese Stadt alleine schon vom Bahnhof aus anmutet. Jetzt muss ich schmunzeln. Das Fehlen an Erwartungen hat den großen Vorteil, dass man nicht enttäuscht, lediglich überrascht werden kann. Langsam, aber sicher gefällt mir meine Reise durch die Republik. Deutschland von unten nach oben.

Warum nicht schon viel früher?

Ab Hannover – ich verlasse den schnellen ICE – tickt meine innere Uhr langsamer. Ich bin ruhiger, gelassener, entspannter. Im Zug nach

Oldenburg sitzen vorwiegend Hausfrauen, Schulkinder, Studenten, keine Geschäftsreisenden mehr. Schultaschen und Einkaufstüten statt Tablets und Aktenkoffer. Mit jeder Stunde, die ich weiter nördlich rattere, verlangsamt sich mein Tempo. Auch in meinem Kopf. Ich schreibe keine Nachrichten mehr auf meinem Handy, checke keine Mails, sondern starre gedankenverloren aus dem Fenster. Stunde um Stunde. Nordwärts, immer weiter. Dem Meer entgegen.

Nach zehn Stunden in diversen Zügen lande ich im Bus nach Bensersiel. Am Fährhafen angekommen, atme ich auf. Entgegen aller Befürchtungen kriege ich die letzte Fähre auf die Insel. Es regnet stark, nein, es schüttet. Ein idealer Zeitpunkt, um geknickt, genervt zu sein. Aber ich bin glücklich. Es riecht nach Meer. Ich spüre, wie mich dieser Geruch wieder zum Leben erweckt, wie er die lang vermisste Neugier in mir hervorruft. Eine Art Grenze überschreite ich auch. Auf der knapp einstündigen Überfahrt lasse ich nicht nur das Festland, sondern auch meine vertraute Welt hinter mir.

Jetzt bin ich bereit. Jetzt erst bin ich reif für die Insel.

Niemand steht auf dem Oberdeck. Nur ich. Der starke Wind bläst die Regenwolken fort, während ich in den zaghaften Sonnenuntergang schippere. Es ist bitterkalt und zugleich wunderschön. Diese Weite! Das Endlose! Dreihundertsechzig Grad pures Sehvergnügen!

> Man muss die Weite mit eigenen Augen
> erfassen und spüren, ehe man erkennt,
> wie sehr man sie vermisst hat.

In der Stadt ist mein Sichtfeld zwischen Häuserblocks immer begrenzt. In meinen geliebten Alpen sind es die Berge, die meine Sicht blockieren. Ein Grund vielleicht, warum ich so gerne auf Gipfel steige?

Von wegen: *Flat is boring!* Das Gegenteil ist hier der Fall: Ich kann mich nicht sattsehen an der Weite.

Atmen, atmen, atmen ...

PS: Meine Anreise ist noch nicht zu Ende. Nach der Fähre sitze ich für ein paar Minuten in der putzigen Inselbahn, ehe ich den Bahnhof Langeoog erreiche. Um mein Hotel zu erreichen, steige ich – ehrlich jetzt – in eine Kutsche. Langeoog ist nämlich autofrei. Wie ich mich unmittelbar nach meiner Ankunft fühle? In eine andere Welt versetzt, in eine, die ich aus meiner Kindheit kenne: wie Lisa aus Astrid Lindgrens Buch *Wir Kinder aus Bullerbü*. Hier ist alles klein, niedlich, überschaubar, muckelig, überaus heimelig. Wer hätte das gedacht? Ich bin in Deutschland und dennoch ganz weit fort!

Spaziergang durch den Tag

Der Wind fegt nicht nur die letzten Wolkenfetzen
am Himmel, sondern auch mich beinahe fort.
Zeit haben, auf Details achten, wachsam sein
und trotzdem träumen können.

Die Nacht war göttlich. Tiefschlaf in der Stille. Zehn Stunden am Stück. Wann habe ich eigentlich das letzte Mal so lange geschlafen? Nun liegt ein ganzer Tag vor mir. Ich habe nicht den geringsten Plan, wie ich ihn verbringen werde. Mich einfach treiben lassen. Die kleine Insel – Langeoog misst keine zwanzig Quadratkilometer – will ich erkunden. Heute zu Fuß. Morgen mit dem Fahrrad.

Das moderate Tempo, mit dem man der Insel zwangsläufig begegnen muss, da sie autofrei ist, behagt mir. Zumindest in der Vorstellung. Sich durch die Stunden bummeln. Zeit haben, auf Details achten, wachsam sein und trotzdem träumen können.

Wer wie ich in einer Stadt lebt, ist mit der Langsamkeit anfangs allerdings auch etwas überfordert. Oder besser: unterfordert.

Ich lege ein viel zu hohes Tempo an den Tag und hechte durch den Ortskern, in dessen Gassen gerade das Leben zögerlich erwacht. Ganz

Im Krüger-Nationalpark in Südafrika kommt man den wilden Tieren ziemlich nah. Und selbst der hartherzigste Mensch wird beim Anblick eines spielenden Elefantenbabys seine weiche Seite entdecken. Und die ängstliche, wenn der Löwe sich nähert ...

Wer es schafft, die großen Touristengruppen hinter sich zu lassen, kann in den Ruinen Angkors den Zyklen von Hochkulturen zwischen Aufstieg, Größe und Verfall nachspüren.

Lena Kuhlmann findet in Panama viel mehr als nur Reisebekanntschaften: echte Freundschaften.

Bevor es mit dem Nachtzug in die Berge geht, noch mal den müden Reisekopf abstützen: In Hanoi entdeckt Markus Steiner das Warten.

Wer Hanois berstende Wuselei überlebt, hungert nach Ruhe - Markus Steiner findet sie an der Küste.

Wer sich in den hohen Norden Deutschlands wagt, wird mit der rauen Schönheit der Nordsee belohnt. Die ostfriesische Insel Langeoog ist ein Sehnsuchtsort für Ruhesuchende und Wattfreunde.

Vom Hafen fährt einen die Inselbahn in den Ort. Auf Langeoog gibt es keine Autos, das Hauptverkehrsmittel ist das Fahrrad.

Je mehr Philipp Laage unterwegs ist, desto deutlicher wird ihm, dass Reisen per se nicht zu einem glücklicheren Menschen macht. Jeden Tag wie den Beginn einer neuen Reise zu sehen dagegen schon.

Eineinhalb Jahre gemeinsam um die Welt: Aylin Berktas und Stefan Krieger kehren heim, voller Freude, Erwartungen – aber auch mit einer Portion Zukunftsangst.

»Mein Name ist Gesa Neitzel und ich leide an Fernweh. Ich vermisse die Freiheit und die Wildnis und das Abenteuer.«

so, als könnte ich etwas verpassen. Doch das werde ich nicht. Es ist ruhig Anfang März. Sehr ruhig. Vereinzelt sind ein paar Touristen unterwegs. Sie holen ganz gemächlich frische Brötchen und Tageszeitungen. Jederzeit bereit, sich auf einen Schnack einzulassen. Man muss dafür nur anhalten und lächeln. Schon ist man in ein Gespräch verwickelt.

Vor den kleinen Läden, nur eine Handvoll ist in der Nebensaison geöffnet, werden Postkarten- und Souvenirstände aufgebaut, die letzten Lieferungen eingeräumt, die Türen geöffnet, ein paar Tische und Stühle auf die Freischankflächen gestellt. Ich drossle mein Tempo, passe mich dem Rhythmus der Insel an. Sie scheint mir zuzuflüstern:

»Langsam, ganz langsam! Ich schenke dir zum Einstand Zeit!«

Den berühmtesten Langeooger lernt man zwangsläufig kennen, wenn man durch die Gassen schlendert. Er hat acht Ecken, misst stolze achtzehn Meter und ist richtig alt. 2009 feierte er seinen hundertsten Geburtstag.

Er ist das Wahrzeichen Langeoogs, das am häufigsten fotografierte Motiv der Insel und in einer Nebenrolle Erkennungszeichen für die Küstenschifffahrt. Jeder Tourist verbindet seine Silhouette mit Langeoog.

Aber auch für Insulaner bedeutet der Wasserturm mit seinem roten Dach ein Stück Heimat. 1909 wurde er auf den zehn Meter hohen Kaapdünen errichtet und brachte als Hochbehälter reichlich Druck und so fließendes Wasser in die Haushalte. Ende der 1980er-Jahre wurde der Wasserturm außer Betrieb genommen. Das Museum in seinem Inneren ist heute noch geschlossen.

Auch gut, dann geht es jetzt zum Strand, den man ab hier, wenn auch leise, hören kann. Ein Dünenstreifen trennt mich noch vom Meer. Ein paar Schritte den Strandübergang hoch, und dann? Berauschend: *Voilà*, liegt sie mir zu Füßen, die Nordsee. Rau und windig präsentiert sie sich, alles andere als lieblich. Mit starkem Getose scheinen mich ihre Wellen zu begrüßen:

»Schnell, ganz schnell, komm an mein Wasser!«

Der Wind fegt nicht nur die letzten Wolkenfetzen am Himmel, sondern auch mich beinahe fort. Der Sand, der durch die Luft gewirbelt wird, wirkt wie ein natürliches Peeling auf meiner Haut. Von wegen Schlendrian! An der Nordsee kann sich bei starkem Gegenwind wie heute ein Strandspaziergang rasch zu einem ordentlichen Workout mausern.

Ich muss mich richtig anstrengen, um voranzukommen. Was sich auf dem Boden abspielt, ist ein Schauspiel, das mich sehr an die Alpen erinnert. Sand- statt Schneetreiben.

Der ganze Strand ist in Bewegung! Am Boden liegende Muscheln nehmen den Kampf gegen den Wind erstaunlich erfolgreich auf. Sand lagert sich an ihren Schalen, die als natürliches Hindernis dienen, ab. Wie im Lehrbuch, nur in echt und live: *en miniature* – die Entstehung einer Düne!

Drei Stunden lasse ich mir auf meinem Walk von der Insel eine kostenlose Thalasso-Therapie verpassen. Sonne, Sand, Wellen, Wasser, Luft, Gischt, vereinzelt Wolken. Obwohl es sich verdammt gut anfühlt, vom Wind einmal so richtig durchgepustet zu werden, entziehe ich mich nach drei Stunden dem Naturschauspiel am Strand. Den Rückweg trete ich durch das windgeschützte Pirolatal an. Verwunschen und bezaubernd seine sanfte Dünenlandschaft. Stille. Das Tosen der Nordsee ist hier nicht mehr zu hören. Nur ein paar Vogelstimmen. Eine schöner als die andere. Ob hier Feen und Elfen wohnen? Vorbei am Schloppsee erreiche ich die höchste Erhebung der Insel, die Melkhörndüne.

Davon abgesehen, dass ich von ihrer Aussichtsplattform, auf der ich mutterseelenalleine stehe, den fantastischen 360-Grad-Blick genießen kann, lässt das Gebiet um diese zwanzig Meter hohe Graudüne mein Botanikerherz höher schlagen: Kartoffelrose, Sanddorn, Holunder, Dünenveilchen, Moose und seltene Flechten wachsen hier.

Von der Wattlandschaft auf Langeoog ganz zu schweigen. Das Great Barrier Reef in Australien, der Grand Canyon in den USA, die Galapagosinseln im Pazifik, die Südtiroler Dolomiten zählen unter anderem zum UNESCO-Weltnaturerbe. Naturwunder, die weltweit einmalig und so wertvoll sind, dass sie als Erbe der Menschheit geschützt werden. Seit Juni 2009 gehört auch das Nordsee-Wattenmeer dazu. Langeoog ist Teil dieser einzigartigen Naturlandschaft, die in ihrer Vielfalt kaum zu überbieten ist. An einer geführten Wattwanderung – es mag touristisch klingen – möchte ich bei meinem nächsten Besuch unbedingt teilnehmen. Dass diese braun-graue Schlickmasse mehr als zehntausend Tier- und Pflanzenarten ein Zuhause bietet, macht mich neugierig.

Mich einmal splitterfasernackt in diesem Matsch zu wälzen, stelle ich mir wahnsinnig lustig und belebend vor.

Der Gedanke verankert sich als fixer Wunsch in meinem Kopf.

Abends lese ich im Internet: Aktuell leben 1720 Menschen auf Langeoog. Das entspricht 86 Einwohnern pro Quadratkilometer. Allerdings leben diese auf weniger als einem Zehntel der Inselfläche. Der Rest der Insel ist dauerhaft als Nationalpark für Wildnis und unberührte Naturlandschaft reserviert.

Zurück im Ort, muss ich mir etwas gönnen, was für Ostfriesland typisch ist: eine Sahnewolke im Tee. Die »Teetied«, also Teezeit, prägt die ostfriesische Geselligkeit und ist ein wesentlicher Bestandteil ostfriesischer Willkommenskultur. Im Durchschnitt trinkt jeder Ostfriese rund dreihundert Liter Tee pro Jahr. Das entspricht dem Zwölffachen des deutschen Durchschnittsverbrauchs. Damit haben die Ostfriesen den weltweit größten Teeverbrauch pro Kopf. Aufgegossen wird hauptsächlich kräftiger, dunkler Assamtee.

Typisch für eine richtige Teezeremonie in Ostfriesland und damit auch auf Langeoog: »Kluntje« und frische Sahne. Beides wird ungerührt im Tee versenkt. Ich kann das Knistern des Kandiszuckers hören. Gut, dass mich keiner dabei sieht, wie ich mein linkes Ohr senke, um das fröhliche Zuckerschmelzen akustisch zu verfolgen.

Inselmenschen

Die Natur steht hier im Mittelpunkt. Sie verändert
klammheimlich, aber stetig meinen Modus.
Ich komme zur Ruhe. Bin machtlos. Es geschieht mit mir.

Ich trinke Tee, viel Tee.

Ich esse Fischbrötchen. Immer wieder Fischbrötchen.

Und starre stundenlang aufs Wasser. Als eintönig empfinde ich das nicht. Im Gegenteil: Es ist die reinste Wohltat. Die milde Sonne genieße ich, als würde sie ein letztes Mal für mich scheinen. Während ich mein Gesicht in den Wind halte, spüre ich, wie meine Haut, sich fröhlich rötend, dankbar reagiert. In der Ruhe der Nebensaison gehe ich ungewöhnlich früh ins Bett. Jede Nachricht, die mich vom Festland über mein Mobiltelefon erreicht, empfinde ich als störend. Zum ersten Mal auf einer Reise stelle ich das Handy auf Flugmodus.

Schön ist es. Doch möchte ich hier leben? Könnte ich das überhaupt? Was sind das wohl für Menschen, die dauerhaft auf so einer kleinen Insel wohnen? Weit ab vom Schuss. Ob sie sich hier draußen in der Nordsee vor dem Rest der Welt verstecken? Wie hat es sie wohl hierher verschlagen? Lockt das beschauliche Leben? Was hält sie hier? Die Ruhe? Die Übersicht? Die Natur? Was stellt die Insel wohl mit ihnen an?

Mayk D. Opiolla arbeitet an der Rezeption in meinem Hotel und gibt mir tolle Tipps für eine Radtour. Hinter seinem Tresen präsentiert er sich souverän. Adrett gekleidet, überaus höflich, sehr zuvorkommend. Ein netter Bursche, der seinen Job beherrscht und mir gleich sympathisch ist. Wie geschliffen er spricht, und wie gut er sich ausdrücken kann! Er beeindruckt mich irgendwie sofort.

Am Abend kommen wir endlich ins Gespräch. Mayk lebt seit April 2014 fest auf der Insel. Einen wahrhaft goldenen Oktober erlebte er im Jahr 2012 während der Zugvogeltage. Frisch verliebt erlag der gelernte Bibliothekar und Werbetexter – wusst' ich's doch! – dem Zauber der Insel, die er seit Kindheitstagen kennt, endgültig. Langeoog präsentierte sich noch schöner, romantischer und inspirierender denn je. Ein Traumurlaub mit vielerlei Folgen.

Mayk lebt nun nicht mehr in Berlin, sondern auf Langeoog, wo er im Hotel »Logierhus« seine Brötchen verdient. In seiner Freizeit genießt er die Natur, die ihn ganz offensichtlich dauerhaft inspiriert: Auf der Insel entstehen wunderschöne Zeichnungen – am liebsten malt er Vögel – und ein zauberhafter Blog, *Geflügel mit Worten*. Gerade sei sein erstes Buch erschienen, sagt er. Als Mayk mir dieses, mit einer Widmung versehen, schenkt, bin ich regelrecht gerührt.

Noch am selben Abend beginne ich zu lesen. Ich verschlinge dieses Buch. In *Momentaufnahmen* sinniert Mayk auf einhundertdreißig Seiten vom Schmerz einer gescheiterten Beziehung und einer ewigen Liebe: der zu Langeoog.

Aus Liebe zur See wurde Holger Damwerth, der auf Langeoog aufgewachsen ist, Kapitän. Vier Streifen zieren seine Uniformjacke. Früher war er auf großer Fahrt unterwegs, hat die Weltmeere, ja sogar das Eismeer befahren. Nicole, die als Lektorin gearbeitet hat, wiederum lockte die Liebe zum Kapitän auf die Insel und zugleich auch aufs Schiff. Seit die beiden verheiratet sind und eine Familie mit sage und schreibe acht Kindern (!) gegründet haben, bilden sie nicht nur privat, sondern auch beruflich ein starkes Team. Die »MS Flinthörn«, ihr Schiff, nennen sie selbst ein gemütliches »Allwetterschiff« und meinen damit, dass man auf der »Flinthörn« nicht nur bei strahlendem

293

Sonnenschein schöne und vor allem unterhaltsame Touren drehen kann. In den zwei Salons sei es sogar bei Schietwetter muckelig warm. Außerdem wärmen heiße Schokolade, Kaffee oder Sanddorn-Grog aus der Kombüse bekanntlich von innen. Gäste, so liest man auf der Webseite der Reederei »Damwerth« bezeichnen die »Flinthörn« auch mal liebevoll als »Badewannendampfer«, weil sie aussieht wie die bauchigen Spielzeugschiffe, die man Kindern zum Plantschen in die Wanne setzt. Ein bisschen rundlich eben.

Auch schon bei Gästen gefallen, die Bezeichnung »Waffeldampfer«, weil Nicole Damwerth bei Bedarf *en gros* in ihrer Kombüse leckere Waffeln nach ihrem Geheimrezept produziert. Während der Sommermonate fahren die beiden mehrmals täglich samt Touristen mit der »MS Flinthörn« raus aufs Meer. Cocktail-, Wattlehrfahrt und so. Als mir Holger Damwerth seine »Flinthörn«, die nach einem Inselabschnitt im Südwesten von Langeoog benannt ist, von innen zeigt, ist dies außerhalb der Saison.

Während der Kapitän letzte Vorbereitungen für die morgen anstehende Seebestattung trifft, dafür die Tische im Salon mit schwarzen Tüchern deckt, philosophiert er gelassen über den Lauf des Lebens. Es gibt Tage, da fährt er morgens Richtung Baltrum zu den Lieblingen der Nordsee, den drolligen Seehunden, die dort auf Sandbänken liegen und für Touristen posieren. Später schippert er mit einer fröhlichen Hochzeitsgesellschaft an der Küste entlang.

Am Nachmittag gehen dann bei der Piraten- und Meerjungfrauenfahrt vierzig kreischende Kinder an Bord. In der untergehenden Sonne folgt eine Seebestattung wie morgen.

Hochzeiten, Kinder, Todesfälle, Firmenfeiern, Liebesschwüre, Abschied, Glück und Tränen – alle Facetten des Lebens vereint auf einem Pott. Das mache zwar gelassen, aber nicht gleichgültig. Einen Tag später bin ich bei Damwerths zu Hause eingeladen. So viel geballte Lebensfreude auf relativ kleinem Raum habe ich nie zuvor erlebt. Dabei sind nur vier von acht Kindern daheim. Eines der anwesenden

Mädchen hat Geburtstag. Im Wohnzimmer dominiert am Gabentisch daher die Farbe Rosa. Nicole Damwerth ist mindestens so gelassen wie ihr Mann. Im Gekreische und Gewusel erzählt sie – ganz *en passant* – von Kinderbüchern, die sie schreibt und illustriert.

Am nächsten Morgen stehe ich in der Inselbuchhandlung. Mit *Amelie und der Schatz des Wikingerschiffs* unterm Arm verlasse ich den Laden. Dann sitze ich am Strand und vertiefe mich genüsslich in einem Kinderbuch …

Liebes Langeoog,

meine Liebe zu Dir kam überraschend.
Völlig unvorhergesehen. Aber so ist das nun mal mit der Liebe.
Planen lässt sie sich ja nicht.

Als ich das erste Mal – ich will ehrlich zu Dir sein – von Dir hörte, musste ich die Suchmaschine Google bemühen, um Dich geografisch einzuordnen.
Dass Du Dich irgendwo in der Nordsee vor mir versteckst, war mir klar, aber wo genau ich Dich zwischen Deinen Geschwistern, den sechs anderen Ostfriesischen Inseln, finden und wie ich Dich erreichen kann, musste ich erst einmal recherchieren.
Verzeihe mir dieses Unwissen, aber ich lebe in München. Und wenn man bei uns an Meer denkt, orientiert man sich gen Süden. Brennerautobahn, Italien und so.
Dass man mich zu meinem ersten Date mit Dir beinahe zwingen musste, ist dem Abstand geschuldet, mit dem Du mir begegnest. Uns trennen über neunhundert Kilometer mit dem Auto. Einmal quer durch die Republik. Gut zehn Stunden saß ich schließlich im Zug, ehe ich bei Esens allmählich in Deinen Dunstkreis kam. Dann noch ein Stück mit dem Bus, weiter mit der Fähre, schließlich

Inselbahn und Kutsche. Ganze zwölf Stunden hat es gedauert, um vor Deiner Tür zu stehen. In der gleichen Zeit hätte ich auch einen Badeort im entfernten Mexiko erreicht oder eine Insel der Malediven.

Wobei: Die Art, mich Dir anzunähern, so behutsam, hat mich irgendwie beeindruckt. Man kriegt Dich nicht »mal eben so«.

Wer bei Dir landen will, muss Geduld und Zeit mitbringen.

Vielleicht sollte ich noch erwähnen, wieso ich zu Dir kam. Ich gestehe: Man bezahlte mich dafür.

Ich sollte Dich erkunden und erleben, um später in einer Tageszeitung alles über unsere erste Verabredung auszuplaudern.

So gesehen, war ich käuflich.

Zurück zu Dir: Umgehauen hast Du mich bereits am zweiten Abend, als ich an Deinen Strand lief. Du geizt gelegentlich mit Deinen Zuckerseiten. Gehst nicht damit hausieren.

Deinen Strand etwa sieht man nicht von überall und sofort.

Man muss immer ein paar Schritte laufen, um Dir Deine Schönheit zu entlocken. Vorbei am Wasserturm also, durch die Kaapdünen hoch, ein paar Schritte noch.

Und dann?

Schenkst Du mir zur Belohnung für den weiten Weg plötzlich Deinen ganzen Charme, offenbarst Du Deinen märchenhaften Zauber. Die Nordsee zu Deinen Füßen. Bis zum Horizont scheint alles Dir – und damit für den Moment auch mir – zu gehören.

Im Sonnenuntergang strahlst Du eine Ruhe aus, die ich spüren, fühlen und atmen kann. Mein Blick weitet sich, die Gedanken ruhen, die Seele schläft.

Die Zeit steht still, wenn sich der Himmel im Wasser Deiner Priele spiegelt.

Für einen Augenblick fühle ich, wie Du mich mit Deiner ganzen Pracht umarmst.

Dass ich meine Liebe zu Dir, obwohl ich es sonst im Leben monogam mag, mit vielen anderen Menschen teile, muss ich wohl hinnehmen. Ich bin schließlich nicht die Einzige, die Dich verehrt. Doch es gibt Zeiten, da gehörst Du nur mir. In den frühen Morgenstunden etwa oder bei richtig miesem Wetter.

Was meinst Du, Langeoog: Eine Fernbeziehung? Wollen wir es versuchen?

Johanna

Kambodscha

ANDACHT IN RUINEN

Seit Jahren zogen mich Berichte über die Ruinen von Angkor magisch an. Nachdem ich die letzten Wochen tiefenentspannt auf ein paar der viertausend Inseln im südlichen Laos verbracht hatte, war es Zeit, diese Sehnsucht zu stillen.

Von Oleander Auffarth

Nach Mitternacht erreichte ich einen schäbigen Busbahnhof in Siam Reap und vertraute mich einem Tuk-Tuk-Fahrer an, der mir eine günstige Unterkunft in einem Schlafsaal in Aussicht stellte. Um diese Uhrzeit konnte ich nicht wählerisch sein. Umso erfreuter war ich, dass es sich bei meiner Schlafstatt um einen von drei offenen Bungalows im Freien handelte. Der Haken war, dass sie zu einem großen Hotel gehörten und sich direkt davor befanden. Dieser Umstand war nicht unbedingt schlaffördernd, aber am Ende verbrachte ich zehn Nächte dort.

Es handelt sich mit einiger Wahrscheinlichkeit um einen einsamen Rekord, denn von Privatsphäre konnte keine Rede sein: Nur ein transparenter Vorhang trennte mich von der Außenwelt. Nicht nur einmal entwickelte ich Mordgelüste. Der nächtliche Lärm der betrunkenen Hotelgäste, die am nahe gelegenen Pool ihre gute Kinderstube vergaßen, stellte mich auf eine harte Probe. Als eine besonders extreme Truppe dieser heiteren Gesellen weitergezogen war, erklang auch noch in aller Frühe vom Nachbargrundstück ohrenbetäubende Musik: Eine zweitägige Hochzeit wurde mithilfe einer völlig übersteuerten Höllenmaschine orchestriert. Ich hatte das Gefühl, mein Kopf würde zerspringen.

Großartig war es hingegen, hier mit den Hotelangestellten und den Tuk-Tuk-Fahrern, die nach Kundschaft suchten, zu plaudern, Späße zu machen, zu kiffen oder Badminton zu spielen. Die Unterkunft war ungewöhnlich genug, um mir zu gefallen. Meinen Außenseiterstatus konnte ich kaum eindrücklicher unterstreichen. Jeder Gast musste auf dem Weg zum Hotel an meinem Bungalow vorbeigehen. Die meisten bedachten den langhaarigen, obskuren Hippie, der da draußen lebte, mit einem belustigten oder verschwörerischen Lächeln. Kurzum, ich fühlte mich wohl.

Das Nachtleben stieß mich allerdings ab. Die Pub Street kam mir wie eine Miniaturausgabe der Khaosan Road in Bangkok vor. Bei meinem Besuch dort bekam ich so lange Kokain und Frauen von schmierigen Gestalten angeboten, bis ich angeekelt das Weite suchte.

Trotz aller Angebote der umtriebigen Tuk-Tuk-Fahrer, direkt nach Angkor aufzubrechen, spannte ich erst mal aus und erkundete die Stadt. Ich wollte mich in Ruhe vorbereiten. Ich studierte einen Kulturführer und hielt nach einem passenden Fahrer Ausschau, mit dem ich die Ruinen erkunden konnte.

Siam Reap liegt direkt vor den Toren Angkors. Der Stadt ist deutlich anzumerken, wie rasant sie in den letzten zwei Jahrzehnten gewachsen ist, seit zu Beginn der 90er-Jahre die Demokratisierung der kambodschanischen Gesellschaft eingesetzt hat.

Wenn ich die gewaltigen Hauptverkehrsadern verließ und mich mit dem Fahrrad auf einer Erkundungsfahrt in die kleinen Gassen treiben ließ, landete ich schnell in Gebieten, die fast ländlich anmuteten. Der Kontrast zwischen den herrschaftlichen Hotelanlagen und den ärmlichen Behausungen, die nur einen Steinwurf entfernt liegen, erschlug mich glatt.

Mich beeindruckte von Anfang an die Freundlichkeit der Kambodschaner. Ich hatte vermutet, dass ich nach dem Frieden von Laos mit dem Land fremdeln würde. Zwar bestätigte sich, was ich gehört hatte: Das Leben war hier viel hektischer. Aber die pulsierende Kraft des Lebens zog mich unerwartet stark an. Während ich im Kontakt mit Laoten oft das Gefühl hatte, erst das Eis brechen zu müssen, so erschienen mir die Khmer offener und direkter. Ständig blieb ich stehen, unterhielt mich mit Moto- und Tuk-Tuk-Fahrern, mit Händlern, Soldaten und behinderten Menschen, die von Minen verstümmelt worden waren.

Viele erzählten erstaunlich offen vom Krieg und ihrem Schicksal. Die Großelterngeneration war während der Schreckensherrschaft der Roten Khmer in einem bestialischen Genozid dezimiert worden. Wer auch nur im Verdacht stand, ein Intellektueller zu sein, war seines Lebens nicht mehr sicher. Mit Gewalt siedelte Pol Pot die Bevölkerung wieder aufs Land um und träumte von einer kommunistischen Bauerngesellschaft. Nicht mal die Roten Khmer selbst waren im Strudel von Misstrauen und Denunziation vor den Schergen aus ihren eigenen Reihen sicher. Pol Pot hatte das denkbar grausamste Regime geschaffen. Noch heute ist das dunkle Kapitel nicht aufgearbeitet. Der aktuelle Premierminister ist früherer Offizier der Roten Khmer, und alte Seilschaften haben noch immer Bestand.

Trotzdem schien mir die Hoffnung vieler junger Menschen auf eine bessere Zukunft groß. Selten habe ich eine dynamischere Jugend erlebt – trotz lähmender Korruption und himmelschreiender Ungerechtigkeiten. Die jungen Khmer blicken nach vorne.

Schließlich fand ich einen sympathischen Fahrer, der mir die Erkundung der Tempel auf dem Rücksitz seines Motorrollers anbot. Mir gefiel sofort seine freundliche Zurückhaltung. Er konnte gegen die aufgekratzte Konkurrenz der Tuk-Tuk-Fahrer wohl eher selten einen Stich machen. Ganz zu schweigen von den Fahrern, die für die größeren Hotels arbeiten und mafiös organisiert sind. Der Wettbewerb ist hart. Man muss sich etwas einfallen lassen, um bestehen zu können. Ich erinnere mich an aufwendig dekorierte Tuk-Tuks, mit Motiven eines Super- oder Batmans.

Längst ist Angkor wieder eine der meistbesuchten Touristenattraktionen Südostasiens. Die Anzahl der jährlichen Besucher ist inzwischen so stark angestiegen, dass den Ruinen der erneute Verfall droht. Sie sind dem Ansturm kaum noch gewachsen.

Wer sich auf die Standardtour begibt und sich nur einen Tag Zeit nimmt, um die Tempel in einem Rundumschlag zu besuchen, dem entgeht zwangsläufig viel von dem Zauber, der von den Bauwerken ausgeht. Der wird zwar immer noch staunend vor den gigantischen Tempeln stehen, aber es wird schwierig sein, inmitten von Menschenmassen, Geschnatter und Blitzlichtgewitter ein Gefühl von Mystik zu empfinden. Am Abend mag man dann in einer Bar sitzen und der Meinung sein, für die nächsten zehn Jahre genug Tempel gesehen zu haben. Die unzähligen Bilder verschwinden in der Schublade. Ein weiterer Strich auf der *Bucket List.*

Als ich am zweiten Abend loszog, um den Sonnenuntergang über den Tempeln zu betrachten, wusste ich endgültig, was ich nicht wollte. Der Tempel, den alle Touristen ansteuern, liegt auf einer Anhöhe. Einige nutzen den Service, auf einem Elefanten nach oben getragen zu werden. Von oben hat man einen wunderbaren Blick auf den Dschungel und die größte der Tempelanlagen, die von Angkor Wat. Man bekommt einen guten Eindruck von den immensen Dimensionen. Alles wäre wunderbar, stünde man nicht in einer Menschentraube. Unter diesen Umständen kann kaum Atmosphäre aufkommen.

Ich hatte mir hingegen eine essenzielle Erfahrung erhofft und nahm mir daher alle Zeit, die Erhabenheit der Kulisse auf mich wirken zu lassen. Also begann ich, die Tempel in meinem ganz eigenen Rhythmus zu erkunden. Es gelang mir häufig, den Massen zu entgehen, die die Stätten wie die Lemminge besichtigten, indem ich die einzelnen Bauten in anderer Reihenfolge erkundete. Wenn mir doch eine Gruppe in die Quere kam, die mit großen Bussen eingefallen war, wartete ich geduldig ab, bis sie weitergezogen war und ich mich wieder in die Atmosphäre versenken und sie tief in mich einsaugen konnte.

Ich brach nur dann zu den Tempeln auf, wenn das Feuer der Neugier in mir brannte, kehrte zum Hotel zurück, wenn ich genug Bilder in mich aufgesogen hatte und ließ die Impressionen lange auf mich wirken. Die Wahl einsamer Streifzüge mit dem freundlichen Fahrer, der geduldig vor den Tempeln wartete, war Gold wert. Schon die Fahrten auf dem Rücksitz seines Motorrollers berauschten mich, gemächlich fuhren wir durch die Dschungellandschaften und weitläufigen Tempelanlagen.

Noch faszinierender war jedoch die Erkundung mit dem Fahrrad, bei der sich mir die wahre Größe der untergegangenen Zivilisation am eindrucksvollsten offenbarte.

Angkor war vom 9. bis zum 15. Jahrhundert das Zentrum des Khmer-Königreichs Kambuja. Als das Khmer-Reich durch Landgewinne in fortwährenden Kriegen mit Cham, Thai und Vietnamesen seine größte Ausdehnung erreichte, umfasste es neben Kambodscha Teile der modernen Staaten Thailand, Vietnam, Laos und Myanmar. Das mächtige Imperium erstreckte sich über ein Drittel des südostasiatischen Festlandes. Schriftliche Aufzeichnungen haben nicht überdauert. Einzig die detaillierten Berichte chinesischer Diplomaten, Händler und Reisender geben Zeugnis ab über das Leben in der Stadt.

Angkor liegt in einer Ebene nördlich des Tonle-Sap, eines Sees im Westen Kambodschas. Eine ganz wesentliche Voraussetzung für die blühende Hochkultur Angkors war der Bau eines ausgeklügelten und weit verzweigten Bewässerungssystems. Das Wetter in der Region hängt vom Sommermonsun ab, der zwischen Juni und November für Niederschlag sorgt. Entsprechend kurz ist die Wachstumsperiode für die Pflanzen. Dazu kommen heftige jährliche Schwankungen. Manchmal bleibt der Monsun ganz aus. So sind Missernten durch Dürren oder Überschwemmungen die Regel. Die Lösung bestand in gigantischen Wasserspeichern, um den Regen in feuchten Jahren aufzufangen und in trockenen wieder abzugeben. Bei drohenden Überschwemmungen konnte man das Wasser schnell in den Tonle-See ablaufen lassen.

Dieses Bewässerungssystem ist ein Meisterwerk der Ingenieurskunst, und bis heute sind nicht alle Geheimnisse seiner Funktionsweise gelüftet. Der Tonle-See, der in der Trockenzeit dem Mekong zufließt, kehrt unter dem Monsunregen seine Richtung um, und der See vergrößert sich immens. Es entstehen Überschwemmungsebenen – ideale Voraussetzungen für den Anbau von Reis. Der gewaltige Fischbestand im See stellt zudem eine wichtige Proteinquelle dar. Diese Faktoren boten die Voraussetzung für die Khmer, intensiven Reisanbau zu betreiben und damit die Grundlage für ihre Hochkultur zu schaffen. Nur mit mehreren Reisernten konnte ein großes Volk ernährt und Überschüsse erzielt werden. Handel blühte auf, der den Bau der Tempelanlagen finanzierte. Ich war vom ersten Moment an gebannt vom Anblick der Ruinen. Beim Streifzug durch die Tempel ergriff mich tiefe

Andacht. Ich war wie geblendet von der außergewöhnlichen Architektur. Ich empfand Demut vor der Schöpfungskraft der Erbauer. Sie hatten sich über Jahrhunderte mit immer gewaltigeren Tempeln, Bewässerungsanlagen und Palästen gegenseitig übertrumpft.

Trotz aller Bewunderung sollte man sich jedoch nicht darüber hinwegtäuschen, dass es am Ende Sklaven und einfache Bauern waren, die sich hier zu Tode schufteten, um die Visionen der Mächtigen wahr werden zu lassen.

Angkor Wat ist rein von den Dimensionen das eindrücklichste Bauwerk. Schon der erste Blick aus der Ferne auf diese Tempelanlage sprengt jegliche Vorstellungskraft, egal, wie oft man schon entsprechende Bilder oder Videos gesehen hat. Die Spitzen der Tempel ragen lockend über die Umfassung der Außenmauer. Der Tempelkomplex liegt dahinter wie eine Insel – umschlossen von einem gewaltigen Wassergraben. Er scheint übermächtig und uneinnehmbar.

Gebannt lief ich auf einem dreihundert Meter langen Damm über den Wassergraben. Er symbolisierte den Ur-Ozean und diente zugleich als Wasserreservoir. Die Außenmauer ist mit lebhaften Reliefs bedeckt, die ganze Mythenzyklen von Kriegszügen, Ritualen und dem Alltagsleben der Khmer darstellen.

Ich ließ den ersten Wall hinter mir und stand nun auf einem weiten Vorplatz. Unwillkürlich fragte ich mich, wie es möglich war, solche monumentalen Anlagen zu errichten. Was hatte die Herrscher zu solchen Visionen inspiriert?

Nach einigen hundert Metern gelangte ich zum zentralen Komplex. Ich betrat fünf konzentrische und rechtwinklige Höfe mit Türmen in Form von Lotusblüten, die Brahma, den Schöpfergott, symbolisieren. Im Zentrum steht der mit fünfundsechzig Metern höchste Turm. Darin befindet sich das Hauptheiligtum für den Gott Vishnu – den Erhalter der Welt. Der Turm symbolisiert den Berg Meru aus der Hindumythologie, den Mittelpunkt des Universums. Er ist ein Abbild des Kailash in Westtibet.

Unweit von Angkor Wat befindet sich das Areal von Angkor Thom (die große Stadt). Im Großraum Angkor sollen etwa 750 000 Menschen gelebt haben – eine für die damalige Zeit unvorstellbare Zahl! Noch eindrücklicher als die Einwohnerzahl war die gigantische Ausdehnung der Stadt.

Das interessanteste Bauwerk ist hier gleichzeitig das Hauptheiligtum – der Bayon. Es besteht aus gewaltigen Skulptur-Türmen, die auf allen vier Seiten mit dem Antlitz Buddhas geschmückt sind. Man vermutet, dass die Gesichter gleichzeitig den Herrscher Jayavaram VII. darstellen. Die Könige des Khmer-Reiches betrachteten sich als irdische Inkarnation der Götter. Es hat mich immer wieder aufs Neue erstaunt, welch lebendige Ausdruckskraft in diesen aus massiven Steinblöcken zusammengefügten Gesichtern liegt. Mir schien die Mimik der Gesichter tiefe Güte, Anmut und Weisheit auszustrahlen. Besonders zur Zeit des Sonnenuntergangs kam ich regelmäßig hierher. Die meisten Touristen strömten dann stets zum Aussichtspunkt für den Sonnenuntergang, sodass es am Bayon angenehm ruhig wurde. Im schwindenden Licht war die Majestät des Bauwerks am eindrücklichsten. Die Gesichter schienen in der goldenen Abendsonne zu lächeln. Dann verwandelten sie sich in Schemen. Im Dämmerlicht verwischten sich Vergangenheit und Gegenwart.

Besonders faszinierend ist die Anlage von Bantey Srei, die sich einige Kilometer abseits der Hauptheiligtümer befindet. Sie wurde der Legende nach von einem Brahmanen in Auftrag gegeben – als Priester und Gelehrter war er Angehöriger der höchsten indischen Kaste –, und er war der Guru eines Herrschers von Angkor. Die Tempel sind mit lebendigen Darstellungen aus der Mahabharata geschmückt, einem der Epen in den Veden, den Ursprungstexten, auf denen der Hinduismus basiert. Mythologische Bilder mit Tempeltänzerinnen, Göttern und Dämonen schmücken die Tempel genauso wie Alltagsszenen. Der Hinduismus gelangte durch Händler und später folgende Brahmanen von Indien aus nach Kambodscha. Für mich war es spannend, der

305

indischen Kultur in den Tempeln von Angkor zu begegnen. Genau dieser Route war ich selbst gefolgt: von den Höhen des Himalaja bis nach Südostasien.

Erst später wurden die Heiligtümer Angkors in buddhistische Wats (Klöster) umgewandelt. Dabei vermischten sich hinduistische und buddhistische Elemente mit den früher vorherrschenden von Geistern und Dämonen.

Am meisten Zeit verbrachte ich im Ta Prohm. Im Gegensatz zu den anderen Tempeln lässt man hier die Baumriesen auf den Mauern und Tempeln wachsen. Das erweckt den Eindruck, als eroberte sich der Dschungel die Tempel zurück, und vermittelt ein Gefühl davon, wie Angkor gewirkt haben muss, als es nach seinem Niedergang vollständig von der Wildnis überwuchert war. Gerade das grüne Labyrinth des Dschungels trägt erheblich zur mystischen Atmosphäre bei, einer Aura vergangener Zeiten und einer vergangenen Welt. Die Natur zeigt deutlich, wie schnell sie sich nach dem Niedergang einer Hochkultur zurückholt, was ihr der Mensch in Jahrhunderten abgerungen hat.

Ich meinte zu erahnen, wie sich Henri Mouhot gefühlt hatte, als er 1860 auf diese unglaublichen Bauwerke inmitten des Dschungels stieß. Sein Bericht machte Angkor in Europa bekannt. Angkor war nie in Vergessenheit geraten. Die Khmer wussten auch nach dem Niedergang um die Existenz der alten Tempel. Angkor Wat wurde durchgängig verehrt, das Umland von Reisbauern und Fischern bewohnt.

Immer wieder ließ ich mich in einsamen Nischen nieder und genoss die Atmosphäre: Ich lauschte den Klängen des umgebenden Dschungels; lautes Vogelgeschrei übertönte das Rauschen des Windes. Ich war umgeben von mächtigen Bäumen, Tempeln und Mauern, fühlte mich erfüllt und glücklich. Ich spürte, wie sich tiefer innerer Frieden in meinem Herzen ausbreitete. Ich gab mich diesem Gefühl voll hin. Ich liebte es, durch die dunklen Räume zu schleichen, jeden Winkel zu erkunden, dem Schattenspiel zu folgen und dann wieder im gleißenden Licht der Sonne zu stehen und auf den Dschungel zu blicken. Wann immer ich die Tempel durchstreifte, empfand ich kindliches Staunen und Ehrfurcht. Das Gefühl von Zeitlosigkeit und Frieden war vollkommen. Die Macht der Herrscher Angkors ist lange vergangen, aber sie haben etwas geschaffen, was uns noch heute tief im Inneren berührt und uns daran erinnert, welche Schöpferkraft wir in uns tragen. Die Frage ist nur, wie wir sie einsetzen: zum Wohl oder zum Verderb der Menschheit.

Der Verfall der Bauwerke, die noch heute solche Andacht auslösen können, war am eindrücklichsten für mich. Weltreiche gelangten zu Größe, Macht und Ruhm. Sie entwickelten außergewöhnliche Kultur. Doch diese Konzentration an Macht war nur möglich, weil sie auf dem Rücken vieler Menschen ausgebildet wurde, die viel Verachtung, Unterordnung und Leid kannten. Irgendwann ist jedes Großreich durch seine Dekadenz zugrunde gegangen. Auch die Gesellschaft von Angkor kollabierte. Es war wohl eine ganze Reihe von Faktoren, die zum schleichenden Untergang des Khmer-Reiches führten. Schon lange waren die Bäume an den steilen Hängen der nahen Kulen-Berge im Norden der Stadt vollständig abgeholzt worden. Erosion führte zu Überschwemmungen, Sedimente setzten sich in den Bewässerungskanälen fest. Es kam zu einem Klimawandel. Sowohl die Dürren als auch die Überschwemmungen wurden immer verheerender. Es gelang nicht mehr, das Wassersystem an diese Extreme anzupassen. Das Khmer-Reich stellte sich neu auf und verlagerte seinen Schwerpunkt von der Landwirtschaft in den Ebenen von Angkor auf den Seehandel mit Indien, China und der islamischen Welt von Phnom Penh aus, bis die Vietnamesen die Khmer überflügelten. Schließlich konnte man dem Druck der Thai aus dem Westen und den Vietnamesen aus dem Osten nichts mehr entgegensetzen.

Vielleicht liegen diese Wellenbewegungen in der Natur der Schöpfung: Geburt, Aufstieg, Größe, Übermaß und Niedergang. Weltreiche sind entstanden und wieder vergangen.

Doch niemals zuvor besaß die Menschheit solch zerstörerische Waffen und einen solch (selbst-)destruktiven Lebensstil, wie wir ihn heute pflegen. So stellt sich mir die Frage, ob wir als ganze Spezies vor dem Untergang stehen, ob sich die Natur überhaupt noch von unserem drohenden Kollaps erholen kann oder ob wir nicht doch einen Weg finden, aus den wiederkehrenden Fehlern der Geschichte zu lernen und eine weitere Stufe in der Evolution zu erklimmen.

Und so zu einem Gleichgewicht finden, das uns auch in Zukunft Existenz ermöglicht.

Südafrika
THE BIG FIVE

*Ein Besuch im Garten Eden Südafrikas,
im Krüger-Nationalpark. Doch dies ist nicht das Paradies.
Denn der Mensch ist ein wildes, tödliches Tier.*

Von Johannes Klaus

Wenn ich auf mein bisheriges Leben zurückblicke – und das tue ich hiermit –, zeichnen meine Begegnungen mit Tieren ein sehr deutliches Bild meiner Schwächen.

Vielleicht war es vorherbestimmt, und ich kann gar nichts dafür. Hineingeboren in eine Familie, der viele Talente geschenkt wurden, aber eines ganz sicher nicht: ein glückliches Händchen für Tiere.

Haustiere hatten wir einige! Schon in Zeiten, in denen ich noch nicht gerade laufen konnte, fanden die Schützlinge meiner älteren Geschwister meist nach nur kurzem Leben ein tragisches Ende. Von den drei Kaninchen meiner ältesten Schwester hingen nach dem Urlaub nur noch die Felle an einer Leine im Hof des Bauern, der die Urlaubsbetreuung übernommen hatte (mein Vater bestreitet bis heute vehement seine Zustimmung zu dieser sehr unkonventionellen Auslegung von Gastlichkeit). Die Fische in unserem neuen Aquarium entdeckten nach kurzer Zeit ihre Fähigkeit, toter Mann zu spielen. Und Hansi, der manisch-depressive Kanarienvogel meiner Schwester Steffi, erhängte sich verstimmt zwischen den Gitterstäben seines Vogelbauers.

Mir selbst wurde mein dringlicher Wunsch nach einem sprechenden Papagei, der mit mir durch dick und dünn geht, nie erfüllt. Stattdessen bekam ich von meinen Eltern erst einen, dann einen zweiten Nymphensittich geschenkt. Ich nannte den ersten Hugo, den zweiten Adelheid. Obwohl sich später herausstellte, dass Hugo wohl die Frau und Adelheid der Mann war, wollten die beiden weder darüber sprechen noch Eier legen. Dafür genossen sie meine Bücher als Knabbersnack und schissen mir auf den Kopf. Ich mochte sie.

Eines schönen Sommertages stellte ich wie so oft den Käfig auf das Balkongeländer, um den beiden Spaßvögeln ein bisschen Sonnenschein und frische Luft zu schenken. Gut gemeint, sagt man da wohl. Nun, ihr ahnt es sicher: Als ich wiederkam, lag das Vogelhaus entzwei auf dem Boden, und die beiden hatten die Flatter gemacht. Sie wurden nie mehr gesehen.

Ich könnte noch weiter derlei Anekdoten erzählen, von kranken Mäusen, schnappatmenden Meerschweinchen und anderen Versuchen der privaten Tierhaltung. Auch von dem nach anfänglicher Begeisterung mit jedem Lebensjahr wachsenden Bedauern, das mich beim Anblick der eingesperrten Tiere im Zoo beschlich. Doch das würde zu weit führen, und irgendwie muss ich nun den Dreh finden zum Thema dieses Berichts: Safari.

Vermutlich hat so ein Elefant – um willkürlich eines der wilden Tiere dieser Geschichte herauszugreifen – in der Handhabung mit einem gewöhnlichen Haustier, sagen wir einem Goldfisch, nicht allzu viel gemein. Oder ein Warzenschwein. Ein Krokodil. Die wollen gar nicht, dass man sie füttert und knuddelt! Die machen einfach ihr Ding. Das finde ich sympathisch.

Dies ist die letzte Chance, die ich meiner Tier-Beziehungskiste gebe – und keine kleine! Nichts weniger als Großwild kommt infrage. Giraffen. Zebras. Riesenspinnen. Ich reise in den sogenannten Busch. Nach Südafrika.

Mein Ziel habe ich fest vor Augen: Safari in der Singita-Konzession im Krüger-Nationalpark.

Ob das noch etwas wird, mit mir und den Tieren?

Safari

Was zum Teufel ist dieses Big Five?
Eine Obsession und ihre Geschichte.

Liebe Leserin, lieber Leser, ich weiß, was du dich schon seit Langem fragst, immer wenn der viel gereiste Bekannte wieder ungefragt von seinen Afrikaabenteuern anfängt, die er einmal mehr erstaunlicherweise überlebt hat. Ja, genau der, der nicht von *Safari*, sondern *Game Drive* spricht, der dir gerne den Unterschied zwischen *Field Guide* und

Ranger erklärt, und der so einfache Lösungen kennt, wenn es um die Probleme »der Afrikaner« geht und ein Glas Wein seine Zunge gelöst hat. Also so einer wie ich. Du fragst dich: »Was zum Teufel ist denn dieses Big Five?«

Wir befinden uns im Jahre 1910 nach Christus. Ganz Afrika ist von Europäern besetzt ... Ganz Afrika? Ja, ganz Afrika. Eines der größten Hobbys der reichen Kolonialherren ist es, Jagdreisen in die afrikanische Wildnis zu unternehmen, mit vielen Trägern und Schießgewehren. Und Eis für den Gin Tonic zum Sonnenuntergang.

Safari nannte man diese Ausflüge, es ist das Wort der Swahili für Reise. Viel Ruhm und Ehre erwartete die, die sich mit den gefährlichsten Tieren der Savanne anlegten (und sie erlegten): Es waren der Elefant, das Nashorn, der Büffel, der Löwe und der Leopard. Die Größe spielte bei dieser Auswahl zwar durchaus eine Rolle, aber vor allem musste es spannend werden. Ein riesiges Nilpferd zu erschießen, das still im Fluss rumsteht und alle paar Minuten gähnt, ist nämlich keine wirklich sportliche Leistung.

Warum man sich genau auf diese fünf Tiere festlegte, und nicht auch beispielsweise auf den ebenso interessanten Gepard – ich und Wikipedia wissen es nicht.

Irgendwann in den letzten Jahrzehnten kam es aus der Mode, alles zu töten, was sich in Afrika bewegt, und aus den Großwildjagden wurden meist unblutige Ausflüge für Touristen, die zwar mit ihren riesigen Objektiven immer noch furchterregend genug aussehen, aber in der Regel (für Tiere) harmlos sind.

Was gleich geblieben ist: die Obsession nach den Großen Fünf. Und der Gin Tonic, der beim abendlichen *Game Drive* zum Sonnenuntergang gereicht wird.

Ach ja, aber diese Großwildjagd gibt es immer noch. Für sehr viel Geld können kleine Menschen große Tiere töten. Es sind spezielle Gebiete, wo einzelne Tierarten zum Abschuss freigegeben werden. Das ist nicht unbedingt ein Skandal, denn es gibt gute Argumente dafür, aus ökologischer Sicht – ich finde den Gedanken trotzdem äußerst abwegig.

Warum sollte ich die unglaublich elegant durchs Gras streifende Leopardin töten wollen? Oder den ehrwürdigen Elefanten?

Wow. Wow. Wow.

Es geht hinaus! Großwild, ich komme!

Wenn man sich mit Safari beschäftigt, ist der vermutlich berühmteste Ort dafür der riesige Krüger-Nationalpark im Westen Südafrikas. In diesem Park gibt es ein paar Gebiete, die für nicht wenig Geld an private Lodges verpachtet werden. Diese dürfen die gepachteten Konzessionen exklusiv für ihre Gäste touristisch nutzen.

Das »Singita Game Reserve Lebombo« liegt im südlichen Teil des Krüger-Nationalparks in genau so einer Konzession. In nur etwa fünf Kilometer Entfernung Luftlinie trennt ein langer Zaun Südafrika von Mosambik. An einem Hang liegen in großzügiger Entfernung voneinander eine Handvoll puristisch luxuriöser Lodges. Dreißig Meter weiter unten plätschern Nilpferde in der Mitte des kleinen Flusses. Weiter vorne bricht die stille Wasseroberfläche, es lugt das Krokodil nach dem Frühstück heraus. Am anderen Ufer stehen ein paar Impala-Antilopen und versuchen, beim Trinken nicht gefressen zu werden. Die Sonne geht auf.

Ich könnte hier ewig sitzen und dieses Schauspiel mit dem grandiosen Busch-Soundtrack aufsaugen. Auf meinem großen Balkon, mit einem Kaffee in der einen, meiner Kamera in der anderen Hand. Hier will ich bleiben.

Bleibe ich aber nicht – um halb sechs geht der *Game Drive* los! Aber mal ehrlich, kann dieser Morgen noch getoppt werden?

Okay, Leute. Ich bin beeindruckt. Hingerissen. Verliebt. Mit so etwas hatte ich nicht gerechnet. Die epische Landschaft. Mächtige Tiere, mit ihren herzerwärmenden Kleinen. Nur zwei Meter bin ich von einem Rudel Löwen entfernt, bestaune spielende Elefantenkinder und verfolge atemlos einen Leoparden auf der Jagd.

Zeitweise fühle ich mich, als wäre ich leibhaftig in die Dinosaurier-Urwelt des *Jurassic Park* versetzt worden (am Anfang des Films, als alles noch friedlich ist und die wiederauferstandenen Dinos gemütlich vor sich hin grasen und jagen).

Im Film dauert es nicht lang, bis alles gehörig den Bach runtergeht. Und auch hier im Krüger-Nationalpark droht eine Katastrophe. Denn der Mensch ist ein wildes, tödliches Tier.

Unter Geiern

Unser Tracker Charles springt von seinem Sitz vorne am Land Rover. Er bindet sich ein weißes Tuch um den rechten Oberarm und nimmt das Gewehr. Dann verschwindet er im Busch.

»Letztes Jahr wurde beinahe einer unserer Guides vom Militär erschossen. Sie dachten, es wäre ein Wilderer«, erklärt unser Field Guide Enos. »Deswegen tragen wir nun immer eine weiße Binde um den Arm, wenn wir zu Fuß unterwegs sind, um zu zeigen, dass wir hier sein dürfen.«

»Und wenn die Wilderer das auch machen?«, frage ich.

»Dann wechseln wir die Farbe.«

Im fernen Asien gibt es Menschen, die sehr verzweifelt sein müssen. Sie bekommen keinen hoch und haben deswegen etwas ausnehmend aufrecht Stehendes als Lösung entdeckt: das mächtige, stabile Horn des Nashorns. Es wäre witzig, wenn es nicht so schlimme Folgen hätte.

Auch Fieber und Krebs heilt das pulverisierte Horn, so denken sie. Und geben ein Heidengeld aus, um es zu ergattern: bis zu achtzigtausend US-Dollar werden für ein Kilo bezahlt – es ist teurer als Gold.

Dreitausend Euro bekommt ein Wilderer für ein ganzes Horn, bis zehn Kilo schwer. Ein unvorstellbares Vermögen für viele. Im Krüger-Nationalpark sind die Nashörner vor allem durch Wilderer aus Mosambik bedroht. Über die Hälfte der Bevölkerung von Mosambik lebt in absoluter Armut – und ein einziges Horn kann das Leben des Wilderers verändern. 2013 wurden über eintausend Nashörner allein in Südafrika getötet, 2014 sogar über eintausendzweihundert. Zwar unterstützt das Militär die Ranger bei der Verfolgung der Wilderer, doch der Krüger-Park ist etwa so groß wie Hessen. Und der Zaun zwischen Mosambik und Südafrika ist mehr Dekoration denn Hindernis.

Auch im Gebiet der Singita-Konzession sind die Nashörner rar geworden.

»Vor ein paar Jahren hat man hier noch mit großer Sicherheit Nashörner getroffen«, erzählt Enos. »Jetzt ist es extrem ungewiss – und wenn, dann laufen sie sofort weg, wenn sie Menschen wittern. Die Nashörner wissen, warum. Ihre Angst ist leider berechtigt.«

Zusammen mit Charles setzt er sich für Aufklärung ein. Immer wieder geht er in die Schulen Südafrikas, um den Kindern zu zeigen, welche Bedeutung die Nashörner für jeden von ihnen haben. »Die Touristen kommen hierher, um Nashörner zu sehen. Und der Tourismus ist extrem wichtig für ganz viele hier, natürlich für die Guides und die Mitarbeiter der Lodges, aber auch für viele andere, die indirekt profitieren.«

Wir kommen an einer Herde Büffel vorbei. Die mächtigen Tiere sehen nicht so aus, als würden sie mit sich spaßen lassen. Nummer vier der *Big Five*! Auch uns hat der Ehrgeiz befallen, die Fünf vollzumachen.

Doch ein Tier ist uns bisher nicht begegnet: das Nashorn.

Das letzte Einhorn

Urplötzlich taucht Charles wieder aus dem Busch auf.
Er hat eine Fährte gefunden.
Wir sollen vom Safari-Land-Rover absteigen.

»Ihr bleibt hinter mir«, erklärt Enos die Regeln. »Immer in einer Linie bleiben, und ganz leise sein. Wir müssen einen großen Bogen machen, denn Nashörner haben einen sehr guten Geruchssinn – wir müssen uns ihnen also gegen den Wind annähern. Sehen können diese Tiere aber erstaunlich schlecht.«

Oh Mann, das ist aufregend. Wenn man im Auto durch den Park fährt, ist man recht sicher, selbst wenn man in unmittelbare Nähe von Löwen, Elefanten, den ganzen wilden Tieren kommt. Die Tiere sehen nur ein großes Autoungeheuer und lassen sich davon selten stören.

Zu Fuß ist das aber eine ganz andere Geschichte!

Enos lädt sein Gewehr mit ein paar der riesigen Patronen, die an seinem Gürtel hängen (»*better safe than sorry*«, murmelt er), und dann geht es los. Im Gänsemarsch laufen wir in eine grasige Savanne hinein und folgen Spuren, die ich nicht sehe. Immer wieder werden wir mit einem Handzeichen aufgefordert anzuhalten, während unser Tracker Charles die Windrichtung prüft und unsere Richtung korrigiert. Eine kleine Herde Zebras steht zu unserer Linken und macht das Unterfangen noch schwieriger, denn die Tiere warnen sich gegenseitig mit Alarmrufen vor Gefahren. Langsam gehen wir durch das hüfthohe Gras weiter.

Dornige Akazienbäume und karge Büsche versperren uns den Blick, doch wir sollen uns niederknien. Und dann entdecke ich sie! Zwei Nashörner grasen gemütlich in etwa fünfzig Metern Entfernung.

So friedlich sehen sie aus, gutmütig und ein bisschen doof, wäre da nicht das mächtige Horn, ergänzt mit einem kleineren direkt darüber.

Noch haben sie uns nicht entdeckt, nein, sie kommen sogar immer näher!

Ha, da dreht der Wind ein wenig, und schon hebt das eine den Kopf in die Höhe, schnuppert, erstarrt – und nimmt die Beine in die Hand! Auch das zweite Nashorn wetzt davon (riechen wir wirklich so schlimm?), und schon sind sie hinter einer Gruppe Akazien verschwunden. Die Zebras rennen hysterisch hinterher.

Beseelt machen wir uns auf den Rückweg. Ja, wir haben unsere *Big Five* voll.

Doch es ist erschütternd, zu sehen, welche Angst die Nashörner haben – und das völlig berechtigt! Jedes Jahr werden Tausende von ihnen für das große Business abgeschlachtet. Wenn das so weitergeht, wird es nicht mehr lang dauern, bis man es vergeblich sucht: *the last unicorn*.

Epilog

Die Tiere und ich. Ja, ich mag sie. Sie mögen mich vielleicht nicht sonderlich, aber ich mag sie schon. Vor allem, wenn sie frei und fidel ihr Ding machen dürfen.

Solange sie mich nicht essen, ist alles gut.

Ich lass sie einfach da, wo sie hingehören, und besuch sie immer mal wieder. Adieu, Nashorn, bis zum nächsten Mal!

Selbstfindung

MEINE WICHTIGSTE ERKENNTNIS ÜBER DAS REISEN

*Reisen macht nicht glücklich. Das ist die wichtigste Erkenntnis über das Reisen,
die ich im vergangenen Lebensjahr gewonnen habe.*

Von Philipp Laage

Es klingt ziemlich negativ, das so zu sagen. Dabei ist es gar nicht so gemeint. Ich bin vergangenes Jahr viel gereist: in den Libanon, nach Südamerika, nach Japan und Südkorea, nach Finnland, Sierra Leone. Ich hatte die Möglichkeiten dazu. Je öfter man reist, umso selbstverständlicher wird es. Das ist ganz natürlich. Das gilt für alles, was man im Leben tut.

Ich habe mir in der Travel-Blogger-Szene einen Namen erschrieben. Das ist schön, weil es zeigt, dass man mit dem vorankommt, was man gerne macht. Man fühlt sich bestätigt in dem, was man tut.

Aber was macht das für einen Unterschied?

In einem Interview habe ich einmal erklärt: »Das Unterwegssein wird gerne als Sehnsuchtszustand verklärt. Nur die praktischen Reiseabläufe sind oft ermüdend und ernüchternd. Man stellt fest, dass Reisen per se auch kein dauerhaftes Glück bedeutet, weil die euphorischen Momente wie sonst auch im Leben nur punktuell auftreten.«

Genau so ist es.

Für viele mag das deprimierend klingen. Wenn ich Leuten von meinen Reisen erzähle oder wenn sie davon im Internet lesen, dann folgen oft Kommentare wie »Beneidenswert« oder »Wahnsinn, wo du immer unterwegs bist«.

Das stimmt einerseits.

Andererseits habe ich mich auf Reisen oft schon ziemlich einsam gefühlt. Ich wusste an den schönsten Orten der Welt nichts mit mir anzufangen. Ich habe mir über das Für und Wider dieses oder jenes Lebensstils, dieser oder jener Entscheidung den Kopf zerbrochen, statt einfach den Moment zu genießen.

Im besten Fall habe ich das Reisen wie im Rausch erlebt. Ich habe mich nicht mit mir selbst, sondern mit der Welt beschäftigt und dem, was sie zu bieten hat.

Aber nach fast jeder Reise kam irgendwann der Moment, in dem ich in meinem Zimmer in Berlin saß und mich gefragt habe: Was hat sich eigentlich verändert? Diese Frage wurde im Anschluss an meine Reise nach Peru immer größer. Die Geschichte darüber handelt von diesem Widerspruch aus Erwartung und Enttäuschung.

In der Ferne, beim Sich-Treiben-Lassen spürt man nämlich sehr stark die Energie des Lebens. Zu Hause am Abend in der eigenen Wohnung schrumpft die große Welt jedoch wieder zusammen. Als wäre man nie wirklich weg gewesen.

Wie kann das sein?

Ich bin überzeugt, dass es ein Irrglaube ist, zu meinen, das Reisen lade einen mit einer positiven Energie auf, mit der man sein Leben dauerhaft ändern könne. Das mag gelingen, wenn man wirklich lange fortgeht und sich in existenzielle Extreme begibt – ein halbes Jahr in ein Kloster in Asien, Wochen allein durch die Wüste, mit dem Segelboot über den Atlantik, eine Expedition auf einen hohen Berg.

Aber das gewöhnliche, zeitlich beschränkte Reisen macht aus dir keinen besseren oder glücklicheren Menschen. Es ändert meist auch nur wenig an deiner Haltung. Man trägt seine Sorgen und seine großen Fragen an das Leben im Rucksack durch die Welt. Im besten Fall vergisst man sie eine Weile. Aber sie verschwinden nicht.

Eine ernüchternde Erkenntnis.

Aber zumindest für mich trifft sie zu.

Die Möglichkeit, in ein Flugzeug zu steigen und wegfliegen zu können, verändert überhaupt nichts.

Diese Feststellung ist keinesfalls so negativ, wie sie vielleicht klingt. Im Gegenteil – sie ist von einem Bewusstsein getragen, das am Ende zu viel mehr Zufriedenheit führen kann als jeder Selbstfindungstrip in Südostasien.

Ebenso wenig wie die große Backpacking-Tour ein *life changer* ist, sind es andere herausragende Erlebnisse wie ein Bungee-Sprung, das lang ersehnte Auslandssemester in Soundso oder ein Sportwagen.

Es sind vielmehr die Dinge, die wir jeden Tag tun, die den größten Unterschied in unserem Leben bewirken. Und die tatsächlich langfristig zu einer größeren Zufriedenheit mit unserem, für sich genommen unfassbar privilegierten Leben beitragen.

Es ist nicht das einmalige Erlebnis, das Außergewöhnliche, das Extrem. Sondern die Beständigkeit, das Alltägliche, die konstante Arbeit an sich selbst.

Es geht darum, negative Routinen abzustellen und Gewohnheiten zu entwickeln, die positiv zum Wohlbefinden beitragen.

Meist sind das ganz profane Dinge: früher aufstehen, häufiger Menschen ansprechen, besser zuhören, sich immer nur einer einzelnen Sache mit voller Konzentration widmen.

Es geht darum, im Kleinen und Stück für Stück an seinen Interessen und Potenzialen zu arbeiten, um den sogenannten großen Zielen näher zu kommen.

Dinge als richtig erkennen und sie dann umsetzen.

Es geht also um den gesamten *state of mind*, um die Haltung, die man gegenüber den Dingen entwickelt, und die Art und Weise, mit der man den Alltag lebt. In jedem Moment.

Das formt den Charakter. Alles andere ist Attitüde.

Aber was ist nun mit dem Reisen anzustellen, wenn es langfristig gar kein so großer Glücksbringer ist?

Das Reisen zu lernen heißt, das Leben zu lernen. Es gibt dabei keinen Unterschied.

Am Anfang schrieb ich: Reisen macht nicht glücklich. Man müsste vielleicht konkreter sagen: Die Möglichkeit, reisen zu können, macht nicht glücklicher als das normale Leben.

Natürlich, Reisen ist oft spektakulärer als der Alltag. Jede Form von Abwechslung und ungewohntem Erlebnis hinterlässt stärkere Erinnerungen als die monotone Abfolge von Aufstehen, Arbeiten, Essen und Schlafen.

Wahrscheinlich muss jeder die Frage, warum er irgendwo hinreist und nicht woanders hin oder eben überhaupt nicht, für sich selbst beantworten.

Ich kann nur für mich sprechen: Ich sehe Reisen als wertvolle Bereicherung meiner Erfahrungswelt.

Das geschieht auf ganz unterschiedliche Art und Weise. Das Motiv einer Reise kann das Interesse an der Lebenswirklichkeit eines bestimmten Kulturkreises sein. Eine journalistische Recherche. Der Reiz, über körperliche Grenzen hinauszugehen. Das Bedürfnis nach Entspannung und Kontemplation. Der Wunsch, sich der Welt zu entziehen. Der Versuch, sich selbst zu finden (oder wiederzufinden).

Ich denke, das sind alles gute Gründe.

Aber das Reisen sollte nicht zum Sehnsuchtszustand verklärt und zur Glücksfantasie erhoben werden.

Wahrscheinlich sollte man jeden Tag beginnen wie die große Reise, von der man sich so vieles erhofft.

So funktioniert es vielleicht irgendwann, gelassener und gleichzeitig fokussierter durch das Leben zu gehen. Mit wachem Verstand und offenem Herzen statt mit Desinteresse und Zynismus. Seine eigene Bedeutung zurückzustellen vor der Größe und Fülle der Dinge, die einen jeden Tag umgeben. Mehr zu genießen statt endlos in der Reflexion über sich selbst zu verharren.

Das gelingt mir noch lange nicht so oft, wie ich mir das wünsche.

Aber es fällt eben nicht mit einer Reise vom Himmel. Es ist ein langer Weg.

Vietnam

DIE ENTDECKUNG DES WARTENS

*Hanoi. Weiterreise. An der Ecke die schmale Kneipe,
in der ich heute vom Vergnügen des Wartens koste.
Ich weiß: Warten ist nicht so gefragt.
Denn Verweilen hungert nach Schwerkraft.*

Von Markus Steiner

Es kommt einem vor wie die Gesellschaft grauer Herren, die Zigarren rauchen und eine endlose Straße hinunterschleichen. Wie eine blutende Wunde. Hässlich, qualvoll, diebisch. Und so saß ich einige Stunden herum, als ich endlich, ja endlich, den wärmenden Blitzstrahl bemerkte, der mich jubelnd umnietete.

Mit meinem gesamten Vermögen – dem 10-Kilo-Rucksack, meiner Zeit plus einem Glas Bier – hockte ich in der Pinte von Son, dem irrefröhlichen Besitzer der Bretterbude. Bei Son kostet das Bier aus dem Fass zehn Cent. Für das Glück, von hier aus das Treiben auf der Straße zu beobachten, dieses brummende Verschwenden von Lebendigkeit, und in Ruhe warten zu können, zahle ich: *không*. Nichts.

Aufbruch später am Abend, mit dem Zug. Raus aus der erdrosselten Stadt, hoch in das weite, grüne Yunnan-Hochland, das einen sogleich mit einem klirrenden Wohlgefühl versöhnt. Die erbamungslos-triumphierenden Mittagsstunden hatten uns bereits überfallen. Dann drückt die glühende Sonne in Hanoi, nichts wirft mehr einen Schatten, und man meint, man höre alsbald auf zu existieren.

Über einem 10-Cent-Bier kann man prächtig warten und nachdenken. Der Kopf will platzen. Will mal für einen Augenblick abgestützt werden. Weil man verloren ist oder nur mal vergessen hat, wohin es weitergehen soll, in den vielen Monaten unterwegs. Dann will man Inventur machen und nachsehen, ob es noch so ist, wie es einmal war.

Das englische Wort für Reisen, *travel*, und das französische Wort für Arbeit, *travail*, haben identische Wurzeln. Reisen ist Arbeit. Reisen ist die Mühsal, die etwas bewegt. Reisen ist Bewegung.

Ist Warten dann Stillstand? Weil es dem Reisen den Rhythmus nimmt? Die natürliche Bewegung raubt? Oder ist Warten auch Bewegung? Weil es der Übergang von einem Zustand zum nächsten ist?

Heute Nacht würde ich vierhundert Kilometer machen. Vierhundert Kilometer, für die der schaukelnde Zug sich sechzehn Stunden schindet, um tief in das vietnamesische Hochland hineinzukriechen.

Eine Brutalität, denn diese Askese ist erzwungen. Der Raum krallt sich seine Zeit zurück. Gerade so, damit das Warten sich mechanisch seinen Weg bahnen kann und Grenzsteine verrückt, Demarkationslinien frisch gezogen werden, wie bei einem ausgewaschenen Haltestreifen an einer Kreuzung. Die Widerstände. Die reizen beim Reisen. Und deren Früchte flehen um Fasson, wollen reif und süß werden – genau dann, wenn der müde Reisende wartet. Das Warten: Träumen mit wachen Augen.

Reisende brauchen das Warten wie die Taucher den Sauerstoff. Die Atempause, wenn sich alles bewegt, man im Bann des eigenen Rhythmus ist. Warten verlangsamt das Reisen, weil alles zur Ruhe kommt, alles intensiver wird. Schon Versickertes wieder aufsteigt, als wäre es eine Packung rostiger Edelsteine, weil es doch wichtig ist und bleiben und ein nostalgisches Schmunzeln sein will. Nostalgie, der Kompass unserer Liebe. Es gibt dem Reisen den richtigen Rhythmus, den verweilenden Sinn, eine Distanz. Warten ist Reisen. Und wer es aufmerksam anstellt, wer verweilen, wer hinschauen, wer staunen kann, den nietet das pure Glück um, dieses Wimpernschlag-Glück, wie ein maßloser Atemzug, der die fernsten Landstriche deines Leibes mit Leben überschwemmt.

Am Bahnhof warten Diesellock und ein 16-Stunden-Ritt. Warmer Wind atmet, Sterne schwimmen mit, die Musik der Grillen. Manchmal glimmt eine rote *Bastos* vor dem Fenster. Noch einmal schinden, damit sich diese prachtvolle Welt vor mir ausbreiten kann. Damit ich fiebrig bin und wach bleibe. Und noch einmal vom Warten kosten. Bis ich satt bin. Einmal noch.

Australien

DAS BLUMENMÄDCHEN

Ich traf das Blumenmädchen im Schlafsaal eines Hostels in Sydney vor ziemlich genau sechs Jahren. Nun, ich nenne sie Blumenmädchen, weil das hübsch klingt, aber eigentlich war sie gar kein Mädchen mehr. Sie war eine junge Frau, vielleicht Mitte zwanzig, und kam aus England.

Von Gesa Neitzel

»Hi, ich bin Trish«, stellte sie sich vor, ihr fröhliches Gesicht von roten Pausbäckchen geziert.

»Hi, ich bin Gesa. Seit wann bist du schon in Australien, Trish?«

»Seit drei Stunden. Ich komme gerade vom Flughafen.«

»Wie aufregend! Du steckst bestimmt noch völlig im Jetlag. Und wie lange willst du bleiben?«

»Oh, das weiß ich auch noch nicht so genau«, erzählte mir Trish, »kommt darauf an, ob ich in Australien einen Job finden kann oder nicht. Weißt du, ich habe zu Hause in einem Blumenladen gearbeitet – ein wunderschöner Laden, wirklich. Wenn ich zurückkehre nach England, dann werd ich da auf jeden Fall wieder arbeiten. Meine Chefin hat gesagt, sie hält die Stelle für mich frei. Mein Mann hat seine Firma gleich in der Nähe, darum ist es perfekt.«

»O wow, das klingt toll«, sagte ich. »Muss wundervoll sein, Blumen zu verkaufen. Zu dir kommen nur Leute, die anderen eine Freude machen wollen.«

»Es ist der beste Job der Welt!«, schwärmte Trish.

»Und du willst hier in Australien auch als Floristin arbeiten?«

»Ja, so ist der Plan. Ich habe lange überlegt, ob ich das machen soll. Aber alle meine Freunde haben gesagt, ich solle noch mal raus, bevor es zu spät ist – ich bin noch nie außerhalb von Europa gewesen, musst du wissen. Und mein Mann hat auch gesagt, ich solle das machen, damit ich es später nicht bereue. Und darum bin ich jetzt hier. Um später nichts zu bereuen.«

»Das klingt doch nach einem guten Plan«, sagte ich, und dann noch: »Viel Glück bei der Jobsuche.«

Trish und ich sahen uns nicht oft in den nächsten Tagen. Sie war tagsüber unterwegs, um ihren Lebenslauf in Geschäften abzugeben, ich war abends nicht da, weil ich in einer Kunstgalerie kellnerte. Am Morgen des dritten Tages nach Trishs Ankunft weckten mich dann aber die typischen Packgeräusche: Ratschen vom Reißverschluss, Rascheln von Plastiktüten, Knarzen von alten Bettmatratzen. Ich blinzelte hinter dem Handtuch hervor, das mir als Sichtschutz diente, und war plötzlich hellwach.

Trish hatte vollständig gepackt und saß auf der Bettkante.

»Guten Morgen, Trish. Checkst du aus?«

»Hi, Gesa. Entschuldige, dass ich dich geweckt habe. Ja, ich checke aus.«

»Warum? Hast du etwa so schnell einen Job gefunden?«

»Ja … das heißt, nein. Das heißt … ja, ich hab tatsächlich einen Laden gefunden in einem Einkaufszentrum. Da hätte ich nächste Woche anfangen können. Aber … also … ehrlich gesagt: Ich fliege heute wieder nach Hause.«

Auf einmal saß ich kerzengerade im Bett. Dass jemand nach nur drei Tagen *down under* bereits die Heimreise antrat, hatte ich noch nie gehört.

»Warum? Ist etwas Schlimmes passiert?«

»Nein … Gott, nein. Es ist alles in Ordnung. Das hier … das hier ist einfach nichts für mich. Ich meine, was will ich eigentlich hier? Ich habe einen guten Job zu Hause und einen Mann, der mich liebt. Warum soll ich allein am anderen Ende der Welt meine Zeit verbringen? Mir fehlen meine Blumen und meine Freunde. Das klingt wahrscheinlich total bescheuert, ich weiß. Aber mein Bauchgefühl sagt mir irgendwie, dass ich hier nichts verloren hab. Gott, ich bin wirklich total bescheuert, oder?«

Darauf hatte ich damals keine Antwort.

Natürlich war Trish nicht total bescheuert. Was ich aber nicht ganz begreifen konnte, war, wie jemand nach nur drei Tagen einfach so das Handtuch werfen konnte! Ich meine, selbst wenn sie nicht in Australien bleiben und arbeiten wollte, hätte sie sich doch wenigstens noch ein bisschen das Land ansehen können, so teuer wie der Flug hierher war. Also wirklich, nach nur drei Tagen in Kings Cross gleich wieder abzuziehen, das fand ich schon etwas bescheuert, ja.

Gesagt habe ich ihr das aber nicht. Und heute bin ich froh darüber. Denn damals verstand ich noch nicht, warum Trish, das Blumenmädchen, nach nur drei Tagen wieder nach Hause wollte.

Es war, weil sie eins hatte. Ein Zuhause.

Es gab überhaupt keinen Grund für Trish, hinaus in die Welt zu ziehen, um Antworten zu suchen – sie hatte ja gar keine Fragen! Und nur weil ihre Freunde ihr eingeredet hatten, sie müsse »noch mal raus«, hatte sie sich auf den Weg gemacht. Trish aber gehörte zu den glücklichen Menschen, die direkt in ein Leben hineingeboren wurden, das ihnen zusagt und in dem sie sich wohlfühlen.

Trish kannte kein Fernweh.

Im Gegenteil, sie kannte Heimweh – und das nach nur drei Tagen.

Erst heute verstehe ich: Nur weil meine Wahrheit für mich und mein Leben Sinn macht, heißt das noch lange nicht, dass sie das auch für irgendjemand anderen tut. Und eine Lösung, die mir schmeckt, darf für andere völlig ungenießbar sein.

Nicht jeder muss reisen, um zu finden.

Und wer es nicht muss, hat vielleicht schon längst gefunden, was er sucht.

Panama

ICH GLAUBE, ICH WOHNE HIER

Ein ausgepackter Rucksack. Ein Haustürschlüssel.
Auf ein Bier mit einem Supermarktverkäufer.
Das erste Mal nach einer langen Reise wohne ich wieder an einem Ort, und zwar auf dem Inselarchipel Bocas del Toro.

Von Lena Kuhlmann

Ich bin auf Bocas del Toro. Ja, noch mal. Ich bin zurückgekehrt und habe damit mein eigenes Dogma gebrochen, nie an einen Ort zurückzukehren. Denn nie ist es, wie es zuvor einmal war. Und weil es zuvor einmal toll war, will man ja zurückkehren. Also kann man eigentlich nur enttäuscht werden.

Doch dieses Mal will ich es gar nicht, wie es zuvor einmal war. Nach sechs Monaten Unterwegssein, nie länger als drei Tage an einem Ort, irgendwie irgendwo im Hostel unterkommen, Rucksack packen, Rucksack schleppen, ewig Bus fahren, wollte ich jetzt mal meinen Rucksack auspacken. Und ausgepackt lassen.

Nach sechs Monaten Gemeinsamkeit, vierundzwanzig Stunden am Tag, sieben Tage die Woche, pausiere ich auch mit meiner Reise-, Herz- und Seelenfreundin unser Beisammensein.

Nach sechs Monaten Hostelleben habe ich jetzt ein Apartment. Ohne Rezeption, an der ich alles erfragen kann. Ohne Gemeinschaftsraum, in dem ich Gleichgesinnte treffe. Ich habe einen Job, ein Fahrrad, eine lokale Telefonnummer, Hobbys, Freunde und noch mehr Bekannte. Nach sechs Monaten Besuchersein bin ich jetzt Bewohner.

So toll das Reisen auch ist, noch toller fühlt sich gerade das Wohnen an. Auf der Hauptstraße, auf der ich mich als Besucher hauptsächlich aufhielt, bewege ich mich als Bewohner kaum mehr. Und wenn, treffe ich alle zehn Meter auf einen Bekannten.

All die verschiedenen Restaurants mit ihren verführerischen exotischen Düften, nehme ich nicht einmal mehr wahr. Ich fahre gezielt zu dem Supermarkt, der mein Lieblingsbohnenmus verkauft, und zu der Gemüsehütte in der vierten Straße, der das frischste und günstigste Gemüse hat.

Wenn ich nach Hause komme, lasse ich mich einfach auf mein Bett fallen. Ich besitze wieder einen Haustürschlüssel. Und einen fixen Ort, an dem ich diesen immer ablege. Im Bad lasse ich meine Sachen einfach stehen und stopfe sie nicht in den Kulturbeutel. Auch mein Handtuch hat dort einen ganz eigenen Haken. Im Kühlschrank sind allein meine Sachen, und keiner trinkt mir die Milch weg.

Meinen Rucksack habe ich komplett ausgepackt, meine wenige Kleidung hängt auf Bügeln in der Ecke meines Apartments, der Rucksack liegt leer und nutzlos unter dem Bett. Ich besitze mittlerweile einen eigenen Ventilator und eigene Kissen für mein Bett. So große Gegenstände habe ich schon lange nicht mehr gekauft. Denn Kaufkriterium war stets, ob es noch in den Rucksack passt oder sich dort dranschnallen lässt. In so einem eigenen Zuhause kommt tatsächlich mehr unter als in so einem Rucksack, der bis jetzt mein Zuhause war.

Ich fahre meine eigenen Wege, ich putze mein eigenes Bad, ich treffe meine eigenen Freunde an meinen eigenen Lieblingsorten. Anstatt von frühem Reißverschlusszippen anderer im Schlafsaal wach zu werden, weckt mich mein Wecker, damit ich pünktlich zur Arbeit oder in die Wellen komme. Anstatt meinen Reisepass stets an mir oder im Schließfach zu haben, ruht er jetzt in der hintersten Ecke hinter der Kleidung. Anstatt nur eine Scheibe Käse und eine halbe Tomate für eine Mahlzeit zu kaufen, mache ich jetzt richtige Supermarkteinkäufe, die ich kaum nach Hause geschleppt bekomme, die meinen kleinen Kühlschrank bis zum Rand füllen und die mich mit dem chinesischen Verkäufer so bekannt machen, dass er mich abends beim zufälligen Aufeinandertreffen auf ein Bier einlädt.

Vor sechs Monaten waren Dinge wie diese noch normal. Jetzt sind sie wieder besonders. Damals habe ich mich von allem befreit. Strukturen, Verantwortlichkeiten, Uhrzeiten, Abhängigkeiten. All dies habe ich gesprengt und bin einfach losgezogen. Das war das ultimative Freiheitsgefühl und tat wahnsinnig gut. Jetzt lasse ich Dinge wie diese wieder in mein Leben. Jedoch an einem ganz anderen Ort und in ganz anderem Umfang und ganz selbstbestimmt. Aber auch dies ist das ultimative Freiheitsgefühl und tut wahnsinnig gut.

Momentan überlege ich, mir einen Mixer zu kaufen, um morgens frische Säfte zu machen. Aber das ist mir momentan noch zu viel

Investment, Besitz und Bindung. Und passt gemeinsam mit dem Ventilator und den Kissen erst recht nicht in den Rucksack. Freunde und Familie fragen mich, was denn nun mein Plan sei. Ich habe keine Ahnung. Ich weiß nur, dass es mir momentan hier so gefällt. Und ich weiß, dass ich in ein paar Wochen entweder den Mixer gekauft oder aber den Rucksack wieder gepackt haben werde.

Weltreise

20 ERKENNTNISSE AUS VIER JAHREN REISE

Vor gut vier Jahren bin ich auf eine einjährige Weltreise aufgebrochen. Zweiundfünfzig Monate später bin ich immer noch unterwegs. Was habe ich aus diesen Jahren Langzeitreise gelernt?

Von Florian Blümm

1
Das Schlimmste was auf Reisen passiert,
ist nicht besonders schlimm

Reisen ist gefährlich? Ich kann dir gar nicht mehr berichten, was das schlimmste Ereignis war, das mir in vier Jahren Dauerreise passiert ist.

War es eine Lebensmittelvergiftung in Bangladesch, eine Rangelei in Laos, ein gebrochener Zeh in Vietnam, ein gebrochenes Herz in Peru oder einer von mehreren Diebstählen?

Was auch immer das schlimmste Erlebnis war, es hätte auch daheim passieren können.

2
Reisen ist unglaublich einfach

Du musst keine Reiseblogs und Reiseforen studieren, du weißt schon alles Notwendige. Zum Reisen in Asien und Lateinamerika musst du nämlich gar nichts können.

Die Infrastruktur ist super, und es gibt Reiseführer für jeden Winkel. Du musst auch nichts planen, weder Busse noch Übernachtungen vorher buchen. Du gehst einfach zur Ecke mit den *Guesthouses* und bekommst ein Zimmer – immer!

Reisen ist kinderleicht.

3
Reisepläne sind im Prinzip nutzlos

Du musst also nicht planen, und du kannst auch gar nicht planen. Klar, du kannst vor der Reise Reiseführer wälzen und dir deine Reiseroute tagesgenau zurechtlegen.

Aber: Kein Schlachtplan besteht den ersten Feindkontakt, und kein Reiseplan besteht den ersten Kontakt mit neuen Freunden, neuen Lebensweisen, deinen neuen Vorlieben und einer deiner neuen Wertschätzungen für das Reisen selbst.

Sei flexibel und plane nur das Nötigste.

4
Reisen muss nicht teuer sein,
wenn du reich an Zeit und offen bist

Zeit ist eine Währung! Du kannst auf einer Reise genauso Zeit gegen Geld tauschen wie auf der Arbeit.

Wenn du einen Monat Zeit hast, um ganz Südostasien zu sehen, dann kostet das zweitausend Euro, und du bist danach urlaubsreif. Wenn du dir viele Monate Zeit nimmst, dann kostet ein Monat fünfhundert Euro oder sogar weniger.

Reisen kann günstiger sein als deine Miete daheim.

5
Es geht um Erlebnisse und nicht um Listen zum Abhaken

Ich habe als Langsamreisender eher das Gefühl, etwas zu verpassen, wenn ich zu kurz an einem Ort bin, als wenn ich »zu lange« an einem Ort bin.

Es geht beim Reisen nicht darum, möglichst schnell eine *Bucket List* abzuarbeiten. Der Weg ist das Ziel, wie es so schön heißt, und die besten Erlebnisse kannst du nicht planen.

Mach langsam, damit die Geschichten dich finden können.

6
Die wenig besuchten Orte sind oft aus gutem Grund wenig besucht

Der Traum eines »echten« Reisenden ist, *off the beaten path* zu gehen, abseits der Touristenpfade. Mach das ruhig, aber bitte verpasse trotzdem nicht die beliebten Reiseziele.

Wenn du lange genug reist, kommst du von ganz allein immer wieder in wenig besuchte Gegenden. Es ist meistens viel schwieriger, die anderen Touristen zu finden, als ihnen zu entkommen.

Off the beaten path musst du nicht erzwingen.

7
Eine Langzeitreise ist kein Urlaub

Reisen heißt nicht am Strand liegen oder an der Hotelbar sitzen. Reisen kostet viel Zeit und Aufmerksamkeit. Reisen ist ein Vollzeitjob.

Wenn du einen Reise-Burn-out vermeiden willst, musst du langsam reisen und viele Pausen machen. Du kannst auch nicht gleichzeitig reisen und produktiv arbeiten, zumindest ich kann das nicht.

Gönn dir vom Reisen auch mal einen Urlaub!

8
Je mehr du gesehen hast, desto mehr willst du sehen

Die Welt ist groß und vielfältig. Je länger du reist, desto größer scheint sie zu werden. Du stellst erst auf einer langen Reise fest, wie wenig maßstabsgetreu deine innere Weltkarte war.

Es braucht Jahrzehnte, um die ganze Welt zu sehen. Und wenn du alles gesehen hast, musst du gleich wieder von vorne anfangen, weil sich die Welt heute so schnell verändert.

Reisen wird nicht so schnell langweilig!

9
Menschen sind unglaublich freundlich und grundsätzlich gut

Fünf Minuten *Tagesschau*, und du denkst, die Welt ist schlecht.

Fünf Minuten mit einem beinahe x-beliebigen Menschen irgendwo auf der Welt, und du denkst, wir sind alle Brüder und Schwestern.

Die Menschen mit dem einfachsten Leben sind oft die herzlichsten.

10
Auf einer Reise bist du nie allein

Auch wenn du solo unterwegs bist, du musst nie einsam sein. Es sind zu jedem Zeitpunkt unglaublich viele Individualreisende in aller Welt unterwegs.

Nach einer gemeinsamen Busfahrt hast du manchmal einen Reisepartner für die nächsten Wochen oder für den Rest des Lebens. Wenn du länger an einem Ort bleibst, kommst du mit Einheimischen in Kontakt.

Du bleibst nur dann allein, wenn du es so willst.

11
Europäer? Amerikaner? Australier?
Wir sind alle Westler

In Deutschland scheint es so, als gäbe es große Unterschiede zwischen einem Polen und mir. In Asien oder Lateinamerika sehe ich nur noch Gemeinsamkeiten.

Meine Freundin ist aus den USA, und trotzdem ist unser kultureller Hintergrund fast identisch, verglichen mit dem der Asiaten, Latinos und Afrikaner.

Und zu guter Letzt sind wir alle Erdenbürger.

12
Was wir für ein Naturgesetz halten, ist für andere Menschen völlig absurd, und anders herum

In den USA wirst du für das Trinken eines Bieres in der Öffentlichkeit verhaftet, und in manchen muslimischen Ländern wird dies mit der Todesstrafe geahndet. Wir sind gerne braun gebrannt, aber die meisten Menschen versuchen, ihre Haut möglichst blass zu belassen.

Viele kulturelle Regeln und Gesetze sind beliebig, und in den meisten Ländern wuselt man sich um diese Regeln wie um die vielen Schlaglöcher.

Es gibt ganz sicher nicht den einen, richtigen Weg, etwas zu tun.

13
Deutsche, Österreicher und Schweizer sind überall

Wir deutschsprachigen D/A/CH-ler zählen zwar nur circa hundert Millionen Menschen. Aber wir haben im globalen Vergleich fast die meisten Urlaubstage und mit das höchste verfügbare Einkommen. Noch dazu sind wir neugierig auf die Welt und überall gerne gesehen.

Du kannst nach Timbuktu fahren, und am Nachbartisch spricht jemand deutsch.

14
In Deutschland, Österreich und der Schweiz geht es uns sehr gut

Uns geht es in Deutschland, Österreich und der Schweiz so gut wie nur ganz wenigen anderen Menschen auf der Welt.

Es ist Teil unserer Kultur, gemeinsam zu jammern und die negative Seite zu suchen. Ironischerweise ist unser einzig guter Grund zu jammern das schlechte Wetter in unseren Breitengraden.

Fast jeder andere Mensch auf der Welt würde sofort mit dir tauschen.

15
Reisen ist die absolute persönliche Freiheit

Du kannst dich auf Reisen neu erfinden, jeden Tag. Niemand weiß, wer du bist. Du kannst ohne Widerstand neue Rollen ausprobieren, bis du eine findest, die dir passt.

Du bist wahrscheinlich gerade in einer Rolle gefangen, wie in einem Theaterstück. Dein Umfeld hat Erwartungshaltungen an dich, und es fällt schwer, daraus auszubrechen.

Erst wenn du Abstand von dir nimmst, kannst du dich finden.

16
Mit dir selbst klarzukommen ist die wichtigste Fähigkeit

Du kannst auf Reisen vor fast allem davonlaufen. Aber anders als im Alltag kannst du nicht mehr vor dir selbst davonlaufen.

Wenn die ganzen beinahe minütlichen Ablenkungen wegfallen und der erste Kulturschock abklingt, bist du plötzlich mit dir und deinen Gedanken allein.

Kenne und liebe dich selbst, je früher, desto besser.

17
Du musst keine Sachen kaufen

»Konsum macht glücklich«, das ist der rote Faden unseres Zeitalters. Aber mal unter uns: Konsum macht nicht glücklich, oder wenn, dann ist es nicht der einzige Weg. Ich kaufe nur noch das Allernötigste und bin glücklicher als vorher.

Wir brauchen nicht immer den neuesten Scheiß. Mein Rucksack ist immer noch der von vor vier Jahren, mein Laptop auch.

Du brauchst nicht viel, und dir fehlt es an nichts, ohne Mangel und Entbehrung.

18
Du gewöhnst dich an fast alles

Der erste 40-Stunden-Zug zum Auftakt meiner Reise nach Moskau war noch so eindrucksvoll, dass ich danach eine Postkarte nach Hause geschrieben habe.

Der zehnte 40-Stunden-Zug/Bus ein oder zwei Jahre später war schon längst Reisealltag und nicht mehr der Rede wert.

Der Bus ist übervoll und ein paar Stunden zu spät? Heute Nacht war es eine zu harte oder zu weiche Matratze? Bei extremem Verkehr Roller fahren? Dauer-Hupkonzert? Hocktoiletten? Gar kein Klo? Na und?

Du musst kein Zen-Meister sein, um dich an fast alles zu gewöhnen.

19
Mit Sonne und gutem Essen ist das Leben doppelt so schön

Meine Geduld fällt von mir ab wie ein welkes Blatt im Herbst, wenn ich die Sonne ein paar Tage nicht sehe oder wenn ich wochenlang *Bakso* und *Soto* essen muss.

Ich messe meinen Reichtum in Sonnenstrahlen, in scharfem Curry und in *Som-Tam*-Papaya-Salaten. Fünfzehn Grad Celsius ist der neue Gefrierpunkt, und auf Jahreszeiten kann ich gerne verzichten.

Wie du dein Leben gestaltest, ist eine Frage von Prioritäten.

20
»Eines Tages« ist heute

Benjamin Franklin meinte: »Viele Menschen sterben mit fünfundzwanzig, aber werden erst mit fünfundsiebzig beerdigt.«

Du hast Träume? Gut! Das heißt, du lebst noch. Aber Träume sind nicht zum Träumen da, sondern zum Leben.

Morgen ist der zweitbeste Tag, um deine Träume zu verwirklichen. Der beste ist heute.

Die Autoren

OLEANDER AUFFARTH zog 2009 grenzenlose Neugier auf fremde Kulturen und die Suche nach einer neuen Essenz für sich selbst und die Welt nach Indien. Seitdem ist er dem Reisen und der Magie der Suche verfallen.
› reflexioneneinessuchenden.blogspot.de

AYLIN BERKTAS und **STEFAN KRIEGER** reisten eineinhalb Jahre um die Welt. Jetzt sind sie wieder in heimischen Gefilden und hecken die nächsten Streiche aus. Es wird also weiter gereist, geschrieben, fotografiert und vor allem: auf ihrem Blog über das Reiseleben nachgedacht und berichtet. › todaywetravel.de

FLORIAN BLÜMM ist Diplom-Informatiker. 2011 kündigte er seinen Mietvertrag und seinen Job als Programmierer und begann eine einjährige Weltreise. Heute ist er immer noch unterwegs. › flocutus.de

MARCO BUCH ist Filmschaffender, Autor dreier Bücher, Blogger, Weltreisender. Er ist ein neugieriger Mensch und viel unterwegs. Marco hat in über 130 unterschiedlichen Jobs gearbeitet und 60 Länder dieser Welt bereist. Er liebt es, Erfahrungen zu sammeln und später anderen davon zu erzählen. Mit seinem Blog möchte er die Tradition des Geschichtenerzählens am Lagerfeuer ins digitale Zeitalter hinüberretten.
› life-is-a-trip.com

FELICIA ENGLMANN liebt es, Geschichten zu hören und zu erzählen. Sie ist freie Autorin und Journalistin in München und schreibt über ferne und nahe Länder, über Politik und Kulturgeschichte. Sie liebt Musik von Richard Wagner, hat acht Fremdsprachen gelernt und wünscht sich ein Motorrad.

JENNIFER und **PETER GLAS** geht es um Menschen, um außergewöhnliche und entlegene Orte, um das Leben auf den Straßen, um skurrile, nachdenklich stimmende, spannende oder einfach wunderschöne Situationen. Und manchmal geht es ihnen auch einfach nur um den Alltag ihrer Reise in einem 28 Jahre alten ausgebauten Unimog. › glaarkshouse.com

MARIANNA HILLMER ist Hamburgerin mit griechischen Wurzeln, studierte in Berlin Kultur- und Rechtswissenschaften und arbeitete in Indien, Griechenland und Bayern. Reisen macht glücklich und darüber lesen auch, findet sie. Sie lebt in Berlin und ist als Autorin, Webdesignerin und Fotografin tätig. › weltenbummlermag.de

JOHANNES KLAUS ist Blogger, Grafiker, Reisender. Sein Blog »Reisedepesche« wurde 2011 mit dem Grimme Online Award ausgezeichnet. Seit 2013 ist Johannes Klaus Herausgeber von Reisedepeschen.de, seit 2015 von »The Travel Episodes«. Er mag Apfelschorle in 0,5l-Flaschen und lebt in Berlin. › travelepisodes.com

ARIANE KOVAC hat ihr Herz irgendwo zwischen Lamas und rostigen Kleinbussen in Peru verloren. Seitdem möchte sie so viel wie möglich über andere Länder und Kulturen erfahren – wenn möglich, aus erster Hand. Wenn sie gerade nicht unterwegs sein kann, verbringt sie viel Zeit damit, den Finger über Landkarten wandern zu lassen und ihre eigene Heimat ein bisschen besser zu erkunden, am liebsten zu Fuß. › heldenwetter.de

LENA KUHLMANN geht es nicht um Orte. Sondern um Begegnungen, Menschen, Erlebnisse. Es geht ihr darum, in Lebenswelten einzutauchen und dabei in den kleinsten Details das Größte zu finden. Und das findet Lena an den Orten da draußen. › stories-i-tell.com

PHILIPP LAAGE ist ausgebildeter Nachrichtenjournalist und verantwortet beim Themendienst der Deutschen Presse-Agentur (dpa) das Ressort Reise & Tourismus. Seine Reisen führten ihn unter anderem nach Kolumbien, Kamerun, Sudan, Sierra Leone, Simbabwe und in den Libanon. Am wohlsten fühlt er sich aber wahrscheinlich in einer Berghütte in den Alpen. › runtravelgrow.de

DIRK LEHMANN war mehr als zehn Jahre Redakteur von »Geo Saison«. Er verantwortet diverse Corporate-Storytelling-Projekte und den Reiseblog »push:RESET«. **SUSANNE BAADE** hat beim »Art«-Magazin gearbeitet, sie ist Fotografin und Blog-Designerin und der Kopf hinter »Susies Local Food«. Die kleine Agentur der beiden heißt »The Smiling Moon«. › pushandreset.com

KARIN LOCHNER bastelte sich mit 13 Jahren ein Faschingskostüm als Rasende Reporterin. Fünf Jahre später veröffentlichte sie ihren ersten Artikel im Münchner

Merkur. Seither schreibt sie über Reisen, Essen und Brauchtum. 2013 gewann sie den Walliser Medienpreis. **PETER VON FELBERT** ist in Oberhausen aufgewachsen und studierte in Bielefeld Fotografie. Er fotografiert alles, was lebendig ist, und arbeitet zur Zeit an einem Buch über das Ruhrgebiet.

GESA NEITZEL ist eigentlich Fernsehredakteurin, aber viel lieber unterwegs. Gesa erzählt auf ihrem Blog von ihren Reisen um die Welt und vor allem zu sich selbst. In ihren Geschichten geht es um Fernweh, Heimweh, Bauchweh … und all die anderen Wehwehchen, die ein Nomadenleben so mit sich bringt. › bedouinwriter.com

ROCHSSARE NEROMAND-SOMA und **MORTEN HÜBBE** zog es aus dem hohen Norden Deutschlands hinein in die Welt. Zwei Jahre reisten sie per Anhalter und couchsurfend zwischen Feuerland und der Karibik. In die andere Richtung geht es nun weiter: Überland nach Indien, natürlich wieder per Anhalter. Schotterpisten und endlose Straßen sind ihr Zuhause, Tankstellen ihre Rettungsanker in kalten Nächten. Das Zelt ersetzt die eigenen vier Wände. Von Sesshaftigkeit keine Spur. Es gibt noch viel zu entdecken. › nuestra-america.de

STEPHAN ORTH arbeitet als Autor, Reporter und Redakteur und ist seit zehn Jahren begeisterter Couchsurfer. In mehr als 30 Ländern hat er auf seinen Reisen bei Einheimischen übernachtet. »Die gastfreundlichsten Menschen der Welt habe ich im Iran getroffen«, sagt er. Davon berichtet er in dem Buch »Couchsurfing im Iran«. › stephan-orth.de

PIA RÖDER kennt das Fernweh. Ihr Leiden hat sie von Argentinien bis nach Venezuela getrieben. Es zwang sie quer durch Israel in die jordanische Wüste, peitschte sie Tausende Kilometer durch Osteuropa und ließ sie rastlos durch Polynesien und Südostasien reisen. Pia leidet an der schönsten Krankheit der Welt und schreibt über ihre Methoden zur Fernwehbewältigung. › pia-roeder.de/methoden-zur-fernwehbewaeltigung

DIRK ROHRBACH ist Reisender, Fotograf, Journalist und Arzt. Er erzählt von seinen Reisen in preisgekrönten Livereportagen, bloggt Weltgeschichten, schreibt Bücher und engagiert sich für die Rettung der Sprachen der amerikanischen Ureinwohner. Seit 25 Jahren bereist er intensiv Nordamerika. Dirk pendelt ohne festen Wohnsitz zwischen Amerika und Europa. › dirk-rohrbach.de

MARTIN SCHACHT lebt in Bangkok und Berlin, erkundet oft Südostasien, dreht Reportagen fürs Fernsehen, arbeitet als Reisejournalist und schreibt Bücher, etwa die »Gebrauchsanweisung für Burma«. **KEN SCHLUCHTMANN** ist Fotograf. Er wurde mehrfach ausgezeichnet, u. a. 2012 und 2013 als World Architectual Photographer of the Year. › diephotodesigner.de

MARKUS STEINER hörte 2011 das letzte Mal das dumpfe Klacken der Bürotür hinter sich und beschloss, seiner Rastlosigkeit und brennenden Wanderlust nachzugeben. Seitdem ist er in der Welt zu Hause. Markus sammelt die Wörter ein, die sich am Wegesrand rumtreiben und bis zu seinem Herzen durchbeißen. Es sind Geschichten aus der Fremde. Über Mut, Neugier und Freiheit. Von Menschen, der schrecklichen Schönheit der Welt und den Blitzschlägen, wenn die Welt wieder durch einen hindurch reist. › weltreisender.in

JOHANNA STÖCKL schreibt als freie Journalistin für diverse Tageszeitungen und Magazine. Ihre Themen: Sport und Reise. In ihrer Freizeit zieht es die gebürtige Österreicherin zu allen Jahreszeiten regelmäßig in die Berge. Johanna lebt in München. Sie liebt die Natur, gute Bücher und spannende Sportreportagen.
› johannastoeckl.de

Bildnachweis

FOTOS IM TEXT

S. 12, 15, 16, 139, 211, 267, 268, 298, 309, 318, 334: Johannes Klaus; S. 38: Ken Schlucht-mann; S. 53, 323: Markus Steiner; S. 58: Morten Hübbe; S. 88: Philipp Laage; S. 105: Susanne Baade; S. 121: Marco Buch; S. 144: Vladimirs Koskins; S. 161, 205: Jennifer Glas; S. 181, 182: Marianna Hillmer; S. 200: Johannes Lampel; S. 217: Dirk Rohrbach; S. 231: Pia Röder; S. 235: Peter von Felbert; S. 244, 326: Gesa Neitzel; S. 250: Stephan Orth; S. 260: Ariane Kovac; S. 271: Aylin Berktas; S. 285: Johanna Stöckl; S. 330: Lena Kuhlmann

FOTOS IM BILDTEIL

S. 1 oben und unten, S. 9 oben, S. 17 oben und unten, S. 18/19, S. 22 oben und unten: Johannes Klaus; S. 2 oben, S. 20 unten, S. 21: Markus Steiner; S. 2 unten, S. 23 oben: Philipp Laage; S. 3 oben und unten: Ken Schluchtmann; S. 4 oben und unten, S. 5: Susanne Baade; S. 6 oben und unten: Morten Hübbe; S. 7 oben, S. 11: Jennifer Glas; S. 7 unten, S. 20 oben: Lena Kuhlmann; S. 8 oben: Felicia Englmann; S. 8 unten: Marco Buch; S. 9 unten: Marianna Hillmer; S. 10 oben und unten: Johannes Lampel; S. 12 oben und unten: Pia Röder; S. 13 oben und unten: Oleander Auffarth; S. 14 oben: Dirk Rohrbach; S. 14 unten: Ariane Kovac; S. 15: Stephan Orth; S. 16 oben und unten: Peter von Felbert; S. 23 unten: Aylin Berktas; S. 24: Gesa Neitzel

Von verheißungsvollen Wegen ...

Simon Michalowicz
Norwegen der Länge nach
3000 Kilometer zu Fuß bis zum Nordkap

»Dieses Buch zeigt herbes Norwegen. Vor allem aber ist es eine Geschichte darüber, warum es sich lohnt, auch mal einen Schritt ins Ungewisse zu wagen.«
Free Men's World

Manuel Andrack
Gesammelte Wanderabenteuer
Warum Wandern glücklich macht

Genaue Schilderung der Wege, absolut ehrliche Bewertungen und vor allem große persönliche Abenteuerlust: Diese Mischung machte Manuel Andrack zum Wanderpapst unter Amateuren wie Profis.

Jens Franke
100 Tage Heimat
Zu Fuß durch Deutschland

Jens Franke macht sich zusammen mit seinem Husky Aiko auf den Weg vom geografischen Mittelpunkt Deutschlands bis in die südlichen Natur- und Nationalparks. Eine Liebeserklärung an Deutschlands wilde Schönheit.

MALIK NATIONAL GEOGRAPHIC